Vincenzo Jacomuzzi - Luisa Ferrari

LEGGERE SENZA FINE

Pagine per leggere e per scrivere

SOCIETÀ EDITRICE INTERNAZIONALE - TORINO

07459
07460

Coordinamento editoriale: Lia Ferrara
Progetto editoriale: Lia Ferrara, Vania Panfili
Redazione: Rosalba Maestro, Studio Kalamos di Claudio Cristiani
Ricerca iconografica: Enrico Badellino

Coordinamento tecnico-grafico: Michele Pomponio
Progetto grafico: Studio Mizar - Piergiuseppe Anselmo
Impaginazione: LIV - Cascine Vica (TO)

Coordinamento multimediale: Nicola Prinetti
Redazione multimediale: Roberta Ricca

Copertina: Piergiuseppe Anselmo

Si ringraziano:
il professor Valerio Rossi per la stesura degli apparati didattici e i preziosi consigli scaturiti dalla sua esperienza;
la professoressa Anna Maria Longobardi per la competenza nelle scelte testuali;
il professor Enrico Badellino per la stesura del percorso iconografico attraverso le didascalie;
la professoressa Enrica Varaldi per la stesura della rubrica *Le radici del genere*.

**AZIENDA CON SISTEMA DI GESTIONE
PER LA QUALITÀ CERTIFICATO DA DNV
= UNI EN ISO 9001:2008 =**

www.seieditrice.com

Prima edizione: 2014

Ristampa
2 3 4 5 6 7 8 9 10
2015 2016 2017 2018

Stampa: V. Bona S.p.A. - Torino

Indice generale

I testi non letterari

3 Le tipologie testuali miste

Percorsi tematici

1 Lottare

2 Conoscere

La scrittura creativa

1 Tecniche di prescrittura

2 Immaginazione

3 Visibilità e concretezza

4 I personaggi

LA PROPOSTA DIDATTICA

L'intera proposta antologica, che si articola secondo la suddivisione in **generi** e **sottogeneri**, è finalizzata al conseguimento delle **COMPETENZE RELATIVE ALL'ASSE DEI LINGUAGGI**.
La **competenza di lettura** (leggere, comprendere, interpretare) si raggiunge attraverso un uso sinergico di tre articolazioni fondamentali dell'opera:

- l'esame dei testi attraverso **l'analisi delle tecniche**, che permette di impadronirsi dei meccanismi di costruzione del testo necessari alla sua comprensione;
- la **scelta antologica**, che, grazie anche agli apparati introduttivi, fornisce il quadro contestuale necessario ai fini dell'interpretazione;
- gli **esercizi** di comprensione (anche globale e inferenziale) e di analisi, che corredano ogni testo antologizzato.

L'ampio spazio e la cura che l'opera riserva alla **parte operativa** ha il preciso intento di costituire uno strumento utile anche allo sviluppo delle **competenze di interazione orale e di produzione scritta**, stimolando all'acquisizione della padronanza linguistica attraverso esercizi specifici sulla lingua e invitando alla produzione di testi finalizzati a scopi comunicativi tra loro differenti.

Il tuo libro è anche un eBook+

Questo corso esiste anche in forma di **eBook+**, cioè in forma **digitale interattiva**, scaricabile seguendo le istruzioni che trovi sul sito della casa editrice, alla pagina:
www.seieditrice.com/libri-digitali.

L'eBook+ è una **versione digitale del libro cartaceo**, **leggera e sempre disponibile**, arricchita da numerosi **contenuti digitali integrativi**, **accessibili direttamente dalle pagine del testo** con un clic sui punti sensibili.
Sulle pagine del tuo libro troverai una serie di **icone**, che segnalano i contenuti digitali integrativi presenti nell'eBook+.

Verifiche ulteriori in forma interattiva e autocorrettiva.

Materiale scaricabile.

Contributi multipli
(profili, autori, brani antologici didatticizzati, integrativi, rispetto al cartaceo).

Rimando alle biografie degli Autori citati.
N.B. I nomi riportati in nero sono corredati da nota biografica situata anche in *Appendice*.

I testi non letterari

Testi e scritture non letterarie

Analizzando le diverse forme di scrittura letteraria in prosa e in versi siamo giunti alla conclusione che le scelte espositive e linguistiche variano notevolmente in rapporto al contesto culturale, al genere e al tipo di effetto che l'autore vuole produrre sul lettore ideale cui si rivolge.

Questo discorso vale anche per i **testi non letterari**, che sono progettati non per raccontare una storia o descrivere situazioni e stati d'animo ma per **esporre contenuti**, **fornire informazioni** e **prendere posizione su un determinato argomento**: a questa categoria appartengono forme di scrittura diverse – alcune più libere, altre strutturate su schemi precisi – ma accomunate da una finalità prevalentemente pratica e da un linguaggio modellato su quello del pubblico di riferimento.

Una peculiarità dei testi non letterari sta nel fatto che in essi possono confluire **elementi tipici di generi diversi**: è frequente, infatti, che un testo assolva al tempo stesso a una funzione informativa e argomentativa, oppure che contenga segmenti narrativi o descrittivi caratteristici della scrittura letteraria, che però in quel particolare contesto sono utilizzati esclusivamente per rendere più efficace la comunicazione.

Nelle prossime pagine presenteremo alcune delle più diffuse tipologie non letterarie, delle quali analizzeremo gli schemi testuali ricorrenti e le scelte stilistiche più significative.

COMPETENZA

LEGGERE, COMPRENDERE, INTERPRETARE, SCRIVERE TESTI SCRITTI DI VARIO TIPO

Il testo non letterario (espositivo e argomentativo)

CONOSCENZE
Criteri di organizzazione del testo espositivo e argomentativo
ABILITÀ
Saper riconoscere le caratteristiche specifiche del testo non letterario in relazione ai suoi scopi comunicativi e al destinatario; saper riconoscere tematiche comuni e caratteristiche espositive affini in testi differenti.

• **Il tema espositivo**
CONOSCENZE
Le caratteristiche del tema espositivo
ABILITÀ
Saper pianificare, strutturare e svolgere il tema argomentativo

• **Il tema argomentativo**
CONOSCENZE
Le caratteristiche del tema argomentativo
ABILITÀ
Saper pianificare, strutturare e svolgere il tema espositivo

Juan Gris, *Natura morta con finestra aperta* (Place Ravignan), 1915. Philadelphia, Museum of Art.

1 Leggere per esporre

Le caratteristiche del testo espositivo

La principale funzione dei testi espositivi consiste nel **trasmettere informazioni e conoscenze**, e per questa ragione essi vengono anche definiti **testi informativi**, una categoria a cui appartengono articoli scientifici, manuali scolastici, voci di dizionari ed enciclopedie, guide turistiche, ma anche elenchi e tabelle di varia natura.
La **struttura** e la **forma** dei testi espositivi sono **molto varie** e dipendono dalle circostanze in cui vengono utilizzati, dagli obiettivi che si prefiggono di conseguire e dal livello culturale dei potenziali destinatari, per cui i contenuti saranno più o meno ricchi e le spiegazioni più o meno complesse in rapporto al bagaglio di conoscenze terminologiche e concettuali attribuibili al lettore.

Espositivo
Dal latino *expónere* che significa "mettere in mostra".

La funzione esplicativa

Oltre a proporre dati e informazioni, molti testi espositivi hanno anche la funzione di **rispondere e fornire spiegazioni alle domande implicite dei lettori**: in questo caso si parla di testi espositivo-esplicativi o più semplicemente di **testi esplicativi**.
Iniziamo a illustrare le caratteristiche di questa tipologia testuale prendendo in esame alcuni materiali prodotti nell'ambito della Campagna **IO NON VOGLIO IL FALSO!** promossa dal Ministero dello Sviluppo Economico e da varie Associazioni di Consumatori allo scopo di sensibilizzare i cittadini sul fenomeno della contraffazione e, in particolar modo, sulla pericolosità delle merci contraffatte e sull'illegalità che esse alimentano.

L'industria tessile è inquinante

L'industria tessile può essere considerata tra le più inquinanti, poiché utilizza massicciamente sostanze nocive: la gamma di detergenti, coloranti e fissanti che lasciano le proprie tracce sui tessuti è infinitamente ampia. Lo stesso cotone, pur essendo considerata una fibra naturale e quindi "sicura", viene spesso da colture intensive che usano massicciamente sostanze chimiche, le quali permangono sulle fibre anche dopo la trasformazione in stoffa.
I tessuti, inclusi quelli di fibre naturali (oltre al cotone, anche lana, seta o lino), vengono sottoposti a innumerevoli trattamenti quali sbiancatura, impregnazione con prodotti ausiliari per aumentare la resistenza in fase di tessitura,

lucidatura, stabilizzazione nonché a tutti i processi protettivi (antimuffa, antinfeltrimento, antipiega, ecc.), che prevedono l'utilizzo di sostanze chimiche, anchetossiche, che lasciano residui significativi nella confezione finale.
In numerosi capi contraffatti – compresi quelli dei bambini – si possono trovare facilmente tracce di sostanze, come certi coloranti e pitture, nocive alla salute.

IO NON VOGLIO IL FALSO! - Vademecum per il consumatore,
a cura del Ministero dello Sviluppo Economico, 2012

Scrivere un tema +

Il brano è tratto dal fascicolo dedicato alla **contraffazione di abbigliamento e accessori** ed è costruito in modo **da illustrare con chiarezza** la nocività di alcuni procedimenti abitualmente utilizzati nella produzione industriale dei tessuti.
In questo caso la comunicazione è destinata a **un pubblico ampio ed eterogeneo**, una condizione che implica l'adozione di un **registro linguistico medio** in grado di raggiungere il numero più ampio possibile di cittadini-consumatori: per questa ragione le dettagliate informazioni sui rischi dell'attività industriale sulla salute umana sono esposte in uno **stile chiaro e lineare**, caratterizzato da **brevi proposizioni** al **presente indicativo** organizzate in modo **paratattico** e da un **lessico semplice** e **comune** utilizzato nel suo valore **denotativo**.

I procedimenti

Per essere efficace un'esposizione deve essere **chiara e ordinata**, e, anche se non esiste un criterio che definisca in maniera univoca la migliore modalità di presentazione di dati, alcune tecniche hanno la finalità di facilitare la comprensione dei diversi aspetti del problema trattato. Vediamole di seguito.

La definizione

Un procedimento frequentemente adottato nella costruzione del testo espositivo è la **definizione**, che si realizza presentando in forma schematica le informazioni fondamentali su un determinato argomento, come accade nei vocabolari e nei testi scientifici.
Nel caso della Campagna anticontraffazione, uno dei fascicoli si apre con la definizione del termine «*giocattolo*»:

Che cos'è un giocattolo

Per giocattolo si intende, ai fini della legge (D. Lgs. 54/2011), qualsiasi prodotto progettato o destinato, in modo esclusivo o meno, ad essere utilizzato per fini di gioco da bambini di età inferiore a 14 anni.

IO NON VOGLIO IL FALSO! - Vademecum per il consumatore,
a cura del Ministero dello Sviluppo Economico, 2012

Poiché lo scopo di una definizione è far sì che a un termine venga attribuito **il giusto significato** evitando equivoci e fraintendimenti, essa deve essere **precisa e puntuale**, e infatti nel brano l'indicazione della finalità dell'oggetto in questione e dell'età massima dei fruitori allontana la parola "giocattolo" dalla genericità che assume nel linguaggio quotidiano.

Enumerazione, elencazione, causa-effetto

Altri procedimenti utilizzati di frequente nella costruzione di un testo espositivo sono l'enumerazione, la relazione causa-effetto e l'esemplificazione:

- l'**enumerazione** si realizza elencando una serie di casi particolari allo scopo di agevolare la comprensione di un argomento complesso;
- la **relazione causa-effetto** spiega i fenomeni in esame ricostruendo ed esplicitando i rapporti logici e cronologici che li legano;
- l'**esemplificazione** consiste nel presentare un caso concreto per spiegare un concetto astratto.

Osserviamo l'azione di queste strategie analizzando il volantino realizzato dalla Polizia Municipale di Milano nell'ambito della stessa campagna di comunicazione

Compri contraffatto? Forse non sai che...

1. Quasi tutti gli oggetti e i prodotti di moda contraffatti contengono sostanze chimiche e coloranti nocivi alla salute.
2. I giocattoli con marchio contraffatto sono pericolosi per i bambini.
3. In Italia il giro d'affari della contraffazione arriva a 6,9 miliardi di euro sottraendo 110 mila posti di lavoro regolari.
4. Nel mondo, 115 milioni di bambini sotto i 14 anni sono costretti a lavorare invece di andare a scuola, spesso producendo oggetti con marchio contraffatto.
5. Chi acquista prodotti con marchio contraffatto rischia una multa da 100 a 7000 euro.

Il nostro impegno

Dal 1 gennaio al 30 novembre 2012 la Polizia Locale di Milano ha effettuato 1200 operazioni, individuato 10 magazzini, denunciato 120 persone e sequestrato 600.000 oggetti contraffatti tra borse, cinture, scarpe, portafogli, occhiali, bigiotteria, cosmetici, profumi, farmaci e giocattoli a tutela della legalità, della salute dei consumatori e contro la concorrenza sleale. Il valore delle merci sequestrate è di 12 milioni di euro.

http://www.federmodamilano.it/pdf/Volantino-Anticontraffazione.pdf

La parte iniziale del foglio è costruita su un'**enumerazione** che presenta punto per punto le differenti sfaccettature del fenomeno allo scopo di informare i potenziali acquirenti di merci fasulle dei possibili rischi per la salute («*quasi tutti gli oggetti e i prodotti di moda* [...] *sono pericolosi per i bambini*») e per la sicurezza («*Chi acquista prodotti con marchio contraffatto rischia una multa da 100 a 7000 euro*»).
I punti evidenziati chiariscono ulteriormente il **rapporto causa-effetto** tra i dati esposti mettendo in relazione l'acquisto di merci contraffatte alla disoccupazione («*In Italia il giro d'affari della contraffazione arriva a 6,9 miliardi di euro sottraendo 110 mila posti di lavoro regolari*») e allo sfruttamento minorile nei Paesi in via di sviluppo («*Nel mondo, 115 milioni di bambini sotto i 14 anni sono costretti a lavorare invece di andare a scuola, spesso producendo oggetti con marchio contraffatto*»).
Infine, l'enorme portata del fenomeno **viene esemplificata** fornendo informazioni dettagliate sulle azioni compiute dalle forze dell'ordine per arginarlo e combatterlo: la collocazione di questi ultimi dati in un **riquadro** è una peculiarità dei testi espositivi, che spesso si servono di elementi paratestuali come schemi, grafici e tabelle per completare ed estendere le informazioni contenute nel testo vero e proprio.

Paratestuale
Termine composto dal greco *pará* (vicino) e dal latino *textus* (testo) che significa "vicino al testo".

La narrazione

Lo schematismo che caratterizza i brani finora esaminati non può essere applicato a tutti i testi espositivi dato che l'argomento trattato influisce sensibilmente sulle modalità e sullo stile di presentazione. I testi espositivi di argomento storico, per esempio, ricorrono spesso alla tecnica della **narrazione**, che consiste nel proporre gli avvenimenti ricostruendone la successione logico-cronologica; il brano che segue ne offre un esempio.

I popoli del mare

Intorno al 1200 a.C., un vero sconvolgimento si abbatté su tutta l'area del Mediterraneo orientale. Dalla Grecia e dalle isole del mar Egeo, probabilmente a causa di un mutamento climatico e di una serie di disastrose carestie che avevano reso quasi impossibile la vita in quei territori, si mise in moto un imponente flusso migratorio, diretto verso l'Asia Minore, la Siria-Palestina, l'Egitto e (forse) persino l'Occidente (Sardegna e Toscana).

Gli Egizi chiamarono queste genti i Popoli del mare, per il fatto che essi attaccarono l'Egitto provenendo dal Mediterraneo. Prima di aggredire l'Egitto, i Popoli del mare assalirono e distrussero l'impero hittita e conquistarono la fiorente città cananea di Ugarit, sulla costa della Siria.

Lo scontro decisivo tra Egizi e invasori avvenne intorno al 1180 a.C. Dopo una dura battaglia combattuta alla foce del Nilo il faraone Ramses III (1184-1153 a.C.) riuscì a respingere gli aggressori, ma non poté poi impedire che essi si insediassero nel sud della Palestina, nella zona costiera.

Francesco Maria Feltri, *Ulisse. Storia e culture del mondo antico*, SEI, Torino

La misteriosa apparizione di un popolo sconosciuto viene introdotta seguendo **il criterio logico-cronologico** tipico del racconto allo scopo di sintetizzare un cinquantennio di storia piuttosto oscuro in un modo comprensibile per gli studenti del primo anno di scuola superiore; la finalità didattica di questo scritto si riflette anche sul piano stilistico, nella scelta di privilegiare **frasi sintatticamente e lessicalmente semplici** e basate sul **passato remoto** che è il tempo della narrazione.

‹ Pablo Picasso (1881-1973), *Testa di donna, Fernande*, 1909, bronzo, particolare, New York, The Museum of Modern Art.

Il confronto

In altri casi, la materia trattata può essere spiegata attraverso un **confronto** che metta in luce **somiglianze e differenze** tra elementi diversi; si tratta di un procedimento più complesso di quello narrativo poiché presuppone conoscenze più ampie e una maggiore capacità di seguire i passaggi del ragionamento.
Per esemplificare questa procedura prendiamo in esame un altro testo, questa volta tratto da un manuale scolastico destinato a studenti del secondo biennio.

La rivalutazione delle "arti meccaniche"

Tra le innovazioni più rivoluzionarie del Rinascimento spiccò soprattutto la concezione dell'arte, che da una sorta di artigianato "manuale" divenne una vera e propria attività intellettuale dello stesso rango delle arti liberali[1]. Il Medioevo aveva infatti ereditato dall'Antichità l'idea che qualsiasi attività pratica, non rivolta a scopi puramente conoscitivi, fosse indegna di un uomo libero. Perciò le cosiddette "arti meccaniche", come pittura, architettura, medicina, erano considerate inferiori, in quanto manuali. Anche gli scritti dei pittori e degli architetti cambiarono. Non erano più semplici manuali tecnici in cui venivano descritte le varie fasi del lavoro di "bottega", ma divennero dei trattati teorici – come quello di Leon Battista Alberti – in cui si discutevano questioni concettuali, come ad esempio il rapporto tra prospettiva e geometria.

1. **arti liberali:** nel Medioevo, erano quelle del trivio (grammatica, retorica e dialettica) e del quadrivio (aritmetica, geometria, musica e astronomia).

Arte e scienza in Leonardo

La rivalutazione delle arti meccaniche costituì uno dei cambiamenti di paradigma culturale manifestatisi tra Umanesimo e Rinascimento e fu un passaggio fondamentale anche per gli sviluppi della scienza e della tecnica, poiché favorì lo sviluppo di una concezione pratica del sapere. A tal fine si rivelò determinante l'opera poliedrica di Leonardo da Vinci (1542-1519). Il suo interesse per una svariata gamma di argomenti e discipline (dall'ingegneria alla pittura, dalla meccanica all'idraulica all'anatomia all'architettura, all'invenzione di congegni di vario tipo) fece di lui il simbolo per eccellenza del superamento della separazione tra arti liberali e arti meccaniche.

Valerio Castronovo, *Mille Duemila. Dal Mille al Seicento*, La Nuova Italia, Firenze

Pablo Picasso (1881-1973), *Donna dalle mani intrecciate*, 1909, particolare, Eindhoven, Stedelijk van Abbemuseum.

L'evoluzione del concetto di arte viene spiegato mettendo a confronto il Medioevo e il Rinascimento, due periodi molto diversi sotto il profilo storico e culturale. Rispetto all'esempio precedente (*I popoli del mare*), il **registro linguistico** è più alto, come dimostrano l'inserimento della **nota esplicativa** e la presenza di alcuni termini (**sottolineati** nel testo) che non appartengono certo al linguaggio quotidiano. Inoltre, la trattazione del tema viene suddivisa in **paragrafi** il cui titolo ha lo scopo di focalizzare l'attenzione sul contenuto, secondo un'altra procedura tipica della scrittura espositiva: il risultato è un testo maggiormente complesso e articolato che si rivolge a lettori più esperti o comunque in grado di risolvere autonomamente eventuali difficoltà.

La cronaca

Alla tipologia dei testi espositivi che adottano le **tecniche della narrazione**, raccontando gli eventi secondo una successione logica o cronologica, appartengono quasi tutti gli articoli di attualità abitualmente presenti sui quotidiani che vanno sotto il nome di cronaca.

Cronaca
Dall'aggettivo greco *cronicá* che, accostato al sostantivo *biblía* (libri), definiva le prime esposizioni scritte di avvenimenti presentati secondo un criterio cronologico.

Le cinque W

Gli articoli di cronaca vengono costruiti mettendo in atto procedure convenzionali che i giornalisti anglosassoni del XIX secolo sintetizzarono nella cosiddetta **regola delle cinque W** secondo cui un articolo chiaro ed efficace dovrebbe rispondere in modo diretto o indiretto ai seguenti quesiti:

- ***WHO?*** = **chi?** (chi è coinvolto nella vicenda?)
- ***WHAT?*** = **che cosa?** (che cosa è accaduto?)
- ***WHERE?*** = **dove?** (dove è accaduto?)
- ***WHEN?*** = **quando?** (quando è accaduto?)
- ***WHY?*** = **perché?** (perché è accaduto?)

In realtà, questa regola non viene sempre applicata in modo rigido e può accadere che un testo informativo lasci alcune domande prive di risposta o, al contrario, contenga spiegazioni su aspetti diversi da quelli canonici: l'argomento e il livello di approfondimento dell'articolo rendono infatti necessari adattamenti dello schema di base che può essere integrato da ulteriori domande, tra cui le più diffuse sono:

Quali sono gli eventi precedenti?	(informazioni su ciò che è avvenuto prima)
Che cosa è accaduto dopo?	(esposizione dei fatti verificatisi successivamente)
Quali sono state le conseguenze?	(effetti dell'avvenimento)
Quali sono state le reazioni?	(commenti dei protagonisti sull'avvenimento)
Quali conclusioni si possono trarre?	(valutazione complessiva dei fatti)

Tipi di cronaca

A seconda del tema trattato, gli articoli di cronaca vengono distinti in:

- **cronaca nera**: contiene il resoconto di avvenimenti collegati a crimini di varia natura;
- **cronaca giudiziaria**: ha per argomento processi e indagini di cui si seguono tutte le tappe o si riportano solo gli esiti;
- **cronaca interna**: riguarda la vita sociale e politica di un paese;
- **cronaca estera**: ha per oggetto avvenimenti relativi a nazioni straniere o rapporti tra Stati;
- **cronaca rosa**: si occupa della vita mondana o sentimentale di personaggi famosi;
- **cronaca sportiva**: segue eventi relativi a gare sportive e tornei di ogni genere;
- **cronaca culturale**: riferisce fatti ed eventi significativi della vita culturale nel suo complesso;
- **cronaca di costume**: si occupa del modo di comportarsi, pensare e agire delle persone, privilegiando l'analisi dei cambiamenti sociali e delle nuove tendenze.

Prendiamo ora in esame alcune di queste categorie per individuarne le caratteristiche peculiari.

La cronaca nera

Uno degli elementi tipici della **cronaca nera** è la presenza di un **reato** da cui scaturisce un'indagine che a volte porta a un arresto, altre volte si conclude senza l'individuazione del colpevole.
Nell'esempio che segue il cronista cerca di ricostruire la complicata dinamica di un episodio nel quale i responsabili di un reato muoiono a distanza di poche ore per mano della loro vittima.

Rapina finita in tragedia a Posillipo

È indagato per omicidio colposo il conducente dell'auto che nella notte fra venerdì e sabato a Napoli ha urtato un motorino con due giovani malviventi, morti nello scontro. L'uomo, di 29 anni, ha raccontato di essere stato rapinato del cellulare da 4 ragazzi mentre era in auto con la fidanzata.
Mentre tornava a casa, è la sua versione, ha incrociato i 4 su due scooter, che hanno preso ad inseguirlo. Uno dei due motocicli ha urtato l'auto: i due a bordo, Alessandro Riccio di 18 anni ed E.S. di 16, già noti alle forze dell'ordine, sono finiti contro un muro e sono morti sul colpo.
Il conducente della Smart che ha investito il motorino provocando la morte dei due ragazzi e la ragazza che era in sua compagnia nel pomeriggio sono stati convocati negli uffici del Comando Provinciale dei Carabinieri di Napoli dove, fino alle ore 21 circa, sono stati ascoltati dal magistrato in merito all'episodio avvenuto nella notte in via Posillipo. L'automobilista si è avvalso della facoltà di non rispondere. La ventitreenne, invece, ha risposto fornendo alcune precisazioni.

"Rai News", 11 agosto 2013

Nell'articolo la **componente** narrativa prevale nettamente su quella esplicativa (sottolineato in rosso) e il giornalista espone sinteticamente gli avvenimenti mediante un'**alterazione della *fabula*** che conferisce al pezzo un **ritmo mosso e vivace**: il suo racconto parte infatti dall'epilogo – l'accusa di omicidio colposo nei confronti del conducente dell'autovettura – poi ricostruisce la dinamica dell'incidente dal punto di vista dell'inquisito ed infine torna alla situazione che ha determinato l'apertura dell'inchiesta, ossia l'interrogatorio da parte delle forze dell'ordine.
In questo caso la regola delle cinque W viene puntualmente rispettata anche se la risposta fornita dall'uomo alla domanda implicita "Perché?" non convince del tutto il cronista che si sente in dovere di aggiungere un inciso dubitativo («*Mentre tornava a casa, è la sua versione, ha incrociato i 4 su due scooter, che hanno preso ad inseguirlo*»).

La cronaca giudiziaria

La **cronaca giudiziaria** si concentra sull'aspetto conclusivo di un'indagine e cioè sul **processo**, che per suscitare interesse giornalistico deve avere come imputati gli autori di un delitto efferato oppure personaggi pubblici molto in vista o ancora esponenti di gruppi criminali artefici di reati gravissimi.
Oggetto di questo articolo è la condanna di 110 imputati coinvolti in un maxiprocesso (cioè un processo penale che coinvolge più persone accusate di aver commesso lo stesso crimine) perché sospettati di far parte della criminalità organizzata calabrese.

‹ Giovanni Fattori (1825-1908), *Il riposo*, 1887 ca., particolare, Milano, Pinacoteca di Brera.

Mafia in Lombardia: 110 condanne ai boss della 'ndrangheta

Il giudice per l'udienza preliminare di Milano, Roberto Arnaldi, ha condannato 110 presunti affiliati alla 'ndrangheta a pene fino a 16 anni di reclusione, nel maxi-processo per le infiltrazioni della mafia calabrese al Nord, celebrato con rito abbreviato. Quasi mille anni in tutto. Appena otto le assoluzioni. Confiscati tutti i beni sequestrati durante le indagini, per un valore superiore ai quindici milioni di euro. Saranno risarcite alcune amministrazioni comunali e la regione Lombardia, che si erano costituiti parte civile. [...]
Gli imputati, seduti nelle gabbie nell'aula bunker di via Ucelli di Nemi, hanno accolto la lettura del dispositivo con applausi polemici e pesanti insulti, rivolti sia ai magistrati sia ai loro stessi avvocati. Erano arrivati a Milano dalle carceri praticamente di tutta Italia. Pasquale Zappia, il presunto capo dei capi della 'ndrangheta in Lombardia, condannato a 12 anni di carcere, dopo la lettura della sentenza ha avuto un malore in aula ed è stato portato via in ambulanza. [...] Cosimo Barranca, presunto capo della cellula di Milano, è stato condannato a 14 anni; Pasquale Varca a 15; Vincenzo Mandalari, presunto boss di Bollate arrestato dopo una lunga latitanza, a 14. Dodici anni per Salvatore Strangio, accusato di essere l'uomo della 'ndrangheta nella Perego Strade, assegnataria di appalti pubblici.[...]

Componente narrativa

Il maxi-processo riguardava 119 imputati, arrestati nel luglio del 2010 nell'operazione "Infinito", contro presunti affiliati alla 'ndrangheta in Lombardia. Il blitz, guidato dalla Dda[1] milanese e condotto da 3.000 agenti, portò in carcere più di 170 persone. Le procure di Milano e Reggio Calabria avevano richiesto l'arresto di 304 persone.

Flashback

Le indagini hanno disvelato le infiltrazioni della mafia calabrese sul territorio lombardo, anche in ambito imprenditoriale e politico. Secondo il procuratore Ilda Boccassini, soltanto in Lombardia ci sono circa 500 affiliati alla 'ndrangheta. La pubblica accusa aveva chiesto 118 condanne.
La sentenza ha un valore storico, paragonabile quasi al verdetto del primo maxiprocesso contro la mafia siciliana istruito da Giovanni Falcone. Il processo non solo conferma l'irresistibile espansione al Nord della 'ndrangheta. Ma sancisce per la prima volta il principio che la mafia calabrese si muove come un'entità unitaria e sotto una direzione unica. La cupola non c'è solo in Sicilia: i clan calabresi, un tempo allergici alla struttura verticale, si sono adeguati al modello siciliano, e ora si muovono compatti alla conquista dei mercati del Nord Italia.

Componente esplicativa

riduzione e adattamento da Massimo Laganà, in www.Oggi.it aggiornato al 10 gennaio 2013

Anche in questo caso l'articolo prende avvio dalla conclusione dei fatti – che corrisponde alla **notizia centrale** – e si sviluppa inizialmente con un **andamento narrativo**: prima il giornalista riassume la vicenda nelle sue linee generali, poi sintetizza le disposizioni del Tribunale (*«Quasi mille anni in tutto* [...] *per un valore superiore ai quindici milioni di euro»*), successivamente **restringe** la sua **prospettiva** fino a focalizzarsi sul momento della sentenza ed **elenca analiticamente** le condanne degli imputati più noti, infine, grazie allo spostamento dell'asse cronologico realizzato da un ***flashback*** espone rapidamente le tappe che hanno determinato l'inizio del procedimento giudiziario.
Nella **parte finale del testo** predomina invece la **componente esplicativa** e il cronista propone una sua chiave di lettura del processo illustrando le nuove modalità organizzative della criminalità calabrese (*«i clan calabresi* [...] *compatti alla conquista dei mercati del Nord Italia»*).

1. **Dda:** Direzione distrettuale antimafia.

La cronaca rosa

La **cronaca rosa** riferisce i particolari della vita privata – amori, matrimoni, tradimenti, separazioni – di personaggi noti e irraggiungibili dal grande pubblico, e per la sua intrinseca leggerezza ha esclusivamente finalità di **intrattenimento.**
Ne troviamo un esempio in questo articolo che racconta la cerimonia del battesimo del piccolo George, pronipote della Regina d'Inghilterra Elisabetta II.

La torta del matrimonio per il battesimo del Royal Baby

Londra, 23 ottobre – Il giorno del battesimo del principino George è arrivato. Il piccolo George Alexander Louis ha fatto la sua seconda uscita pubblica da quando era stato presentato al pubblico il giorno dopo la nascita, il 22 luglio scorso. Il futuro re ha indossato un vestitino tradizionale, una replica di quello di raso e pizzo cucito per la figlia maggiore della regina Vittoria nel 1841 e poi indossato da 60 neonati reali.
In bianco anche la mamma, Kate Middleton che ha indossato un elegantissimo vestito chiaro con un cappellino d'ordinanza. In bianco anche Camilla e la sorella Pippa. La regina Elisabetta ha, invece, sfoggiato un tailleur celeste dello stesso colore del cappellino. In blu la mamma di Kate. Questo lo stile delle donne della casa reale che hanno assistito al battesimo del principino George. Il papà e la mamma, William e Kate, si sono mostrati sorridenti e rilassati davanti alle telecamere. [...]
La cerimonia si è svolta nella Cappella reale di St James's Palace, e il royal baby, come la tradizione vuole quando si tratta di un futuro erede al trono, è stato battezzato con l'acqua del fiume Giordano. La tradizione è stata rispettata sia per quanto riguarda l'abbigliamento del piccolo sia per la torta che sarà servita durante il ricevimento. Dopo la cerimonia verrà servita una parte della torta di nozze dei genitori. La tradizione vuole, infatti, che l'ultimo piano della torta venga conservato proprio per la festa del battesimo del primo nato. [...]
Ora che sono passati più di due anni dal matrimonio, il 29 aprile 2011, molti non si spiegano come si possa essere conservata la torta. Il dolce, che sarà servito durante il tè privato, offerto dal nonno del principino, il principe Carlo, e dalla moglie Camilla dopo la cerimonia, è un fruitcake, ovvero una sorta di plumcake con frutta secca e candita, ricoperto di glassa e decorato dalla "cake designer" Fiona Cairns.

riduzione e adattamento da Ilaria Betti, "Huffington Post", 23 ottobre 2013

Il testo è costruito in modo da soddisfare la curiosità dei lettori cui è destinato e quindi presenta una **notevole quantità di dettagli descrittivi** relativi alle diverse fasi dell'avvenimento.
Se proviamo ad analizzare l'articolo dal punto di vista delle **cinque W** ci accorgiamo che esso risponde alle domande "**chi?**" («*il piccolo George e i suoi familiari*»), "**che cosa?**" («*è stato battezzato*»), "**dove?**" («*nella Cappella reale di St James's Palace a Londra*»), "**quando?**" («*il 23 ottobre 2013*»), ma non spiega il "**perché?**" dei fatti, mentre molte delle informazioni fornite dalla cronaca sono un'indiretta risposta al quesito "**Come? In che modo si sono svolti i fatti?**": è questo uno dei casi in cui il contenuto influenza in modo determinante la struttura dell'articolo, poiché la conoscenza dettagliata dello svolgimento dei fatti è un elemento specifico e rilevante del genere cronaca rosa.

Le scelte stilistiche

Al di là del contenuto informativo, ogni notizia può essere proposta al pubblico con un **tono** diverso: in linea generale, quando prevale l'esigenza di fornire dati imparziali l'autore adotta un **linguaggio oggettivo** e una **terminologia** prevalentemente **denotativa**; quando invece si vuole orientare il giudizio di chi legge o suscitarne le emozioni si adotta un **linguaggio soggettivo e ricco di sfumature connotative**.
Per illustrare queste diverse modalità espressive mettiamo a confronto due testi, il primo dei quali è tratto dalla **cronaca interna**, il genere che ha come oggetto un'ampia gamma di argomenti riguardanti sia la vita politica e amministrativa di uno Stato Paese sia gli eventi drammatici che ne alterano l'ordinaria quotidianità.
L'articolo in questione intende informare i lettori del naufragio di un barcone carico di centinaia di migranti nei pressi delle coste di Lampedusa.

Lampedusa, strage sul barcone dei migranti

Il naufragio, l'incendio a bordo causato dal tentativo di segnalare la propria presenza dando fuoco, pare, a una coperta. Ed è stato l'inizio di una tragedia senza precedenti nel pur lungo elenco di drammi dell'immigrazione. Decine e decine di migranti, in gran parte di origine somala ed eritrea, erano ammassati su un barcone che si trovava a mezzo miglio dall'isola dei Conigli, al largo di Lampedusa. Circa 500 disperati, raccontano i sopravvissuti, tutti alla ricerca di un futuro. La gran parte di loro ha trovato invece una morte orribile. A bordo le fiamme si sono propagate in fretta. Molti si sono gettati in mare, ma pochi anche tra loro sono sopravvissuti. Il bilancio, terribile, potrebbe arrivare a 300 vittime. Una strage. Con l'orrore di immagini come quelle girate dalla Guardia Costiera, che mostrano corpi che galleggiano visti dall'alto, riprese da un elicottero. I soccorritori hanno recuperato 127 corpi, compresi quelli di una donna incinta e di due bambini, un maschio e una femmina, mentre molti altri sarebbero sotto il barcone. Le persone tratte in salvo sono 155. Secondo la ricostruzione il barcone, si è rovesciato a poca distanza dalla riva e ha preso fuoco. L'allarme è stato dato dall'equipaggio di due pescherecci che transitavano nella zona.

riduzione e adattamento da "Corriere.it", 4 ottobre 2013

In questo caso l'autore non si limita a riferire i fatti ma si sforza di comunicare la tragicità dell'accaduto adottando un **linguaggio connotativo** ricco di termini appartenenti all'area semantica della "disperazione", dell'"orrore" e della "morte" e scegliendo le **immagini di maggiore impatto drammatico** (tutto sottolineato nel testo) allo scopo di suscitare la **partecipazione emotiva** dei destinatari della comunicazione.

Fortunato Depero (1892-1960), *Paese di tarantelle*, 1916, particolare, Milano, collezione privata.

Il secondo testo appartiene invece alla **cronaca estera**, che ha la funzione di offrire uno sguardo su quanto accade al di fuori dei confini operando una selezione tra le notizie e privilegiando quelle che hanno ricadute internazionali (il risultato di un'elezione politica, l'esplosione di una guerra civile o di una crisi diplomatica, un trattato di cooperazione economica ecc.).
In questo caso la notizia centrale è l'accordo stipulato tra gli Stati Uniti e l'Afghanistan per il ritiro delle truppe NATO dal territorio afghano.

Afghanistan, dopo il 2014 rimarrebbero 15.000 soldati stranieri.

Kabul – Fino a quindicimila soldati stranieri potranno rimanere in Afghanistan anche dopo la fine del 2014, dopo cioè che sarà stato completato il ritiro del contingente della Nato. È quanto prevede la bozza di intesa bilaterale con gli Stati Uniti in materia di sicurezza sottoposta all'approvazione della Loya Jirga, la Grande Assemblea tradizionale afgana.
Sotto un'enorme tenda a Kabul circa 2.500 tra capi tribù, anziani e dignitari politici esamineranno il documento per quattro giorni. «Se il patto sarà sottoscritto – ha detto il presidente Hamid Karzai in apertura dei lavori – da diecimila a quindicimila dei loro militari rimarranno nel Paese». «Quando dico "loro"», ha precisato, «non mi riferisco soltanto agli americani». [...]
Il trattato bilaterale di sicurezza, composto da 26 articoli, potrebbe implicare che migliaia di militari statunitensi addestrino e assistano le forze afgane dopo la fine della missione internazionale nel 2014.
Il testo dell'accordo non è comunque da considerarsi definitivo. La Loya Jirga ha il diritto di rivedere o respingere qualsiasi clausola del progetto. Poi toccherà al Parlamento afgano, che potrebbe imporre ulteriori cambiamenti.
Gli Stati Uniti potrebbero rifiutare le modifiche apportate da funzionari afgani lasciando aperta la possibilità di ritirare tutte le loro truppe dall'Afghanistan. Secondo il segretario di Stato John Kerry, l'accordo darebbe a Washington una base giuridica per avere soldati in Afghanistan dopo il 2014 ma anche basi militari destinate a restare fino alla fine del 2024 e oltre, salvo una disdetta di comune accordo o da una delle parti con preavviso scritto di almeno due anni. [...]
Le morti di civili afgani per mano delle forze della Nato sono stati un tema delicato nei rapporti Usa-Afghanistan. A tal proposito, il patto prevede che le operazioni antiterrorismo degli Stati Uniti dovranno essere condotte in coordinamento con Kabul e nel "pieno rispetto della sicurezza del popolo afgano". Inoltre le truppe americane non potranno condurre operazioni di combattimento a meno che non siano di "comune accordo".

riduzione e adattamento da "la Repubblica.it", 21 novembre 2013

L'avvenimento è particolarmente importante – si parla infatti del ritiro di migliaia di soldati stanziati in Afghanistan dal 2001 – ma il cronista sceglie un tono **neutro, imparziale e privo di enfasi** limitandosi a riassumere – talvolta citandolo espressamente – il punto di vista delle parti in causa e a mettere in evidenza le problematiche e le difficoltà di una concreta attuazione del patto, senza lasciar trapelare alcun giudizio sulla vicenda e i suoi attori.
A differenza di quanto abbiamo osservato nel precedente articolo di cronaca interna, in questo caso **il riferimento ai civili afgani morti** a causa delle azioni delle forze della NATO non contiene elementi che possano suscitare emozioni nel lettore, cui è lasciato il compito di riflettere autonomamente sui fatti e di valutarne criticamente le conseguenze.

Il linguaggio

Poiché gli articoli di cronaca sono destinati a un pubblico ampio e indifferenziato, il loro linguaggio è quasi sempre improntato alla **semplicità** e alla **chiarezza** e privilegia un **lessico comune** e una **costruzione** il più possibile **paratattica**: ne sono un esempio gli articoli di cronaca nera e rosa precedentemente presi in esame, la cui comprensione non richiede particolari competenze linguistiche.
Quando però la cronaca verte su argomenti specialistici oppure oggettivamente complessi, il linguaggio tende a farsi **più ricercato** e l'adozione di un **lessico specifico** può diventare una scelta obbligata: nella cronaca giudiziaria di p. 108, per esempio, l'introduzione di termini di ambito giuridico e processuale ("udienza preliminare"; "affiliati"; "rito abbreviato") è indispensabile per la precisione dell'esposizione.
Ciò si osserva con particolare chiarezza nella **cronaca culturale**, che ha come obiettivo generale la **divulgazione** di importanti scoperte e novità in ambito artistico, letterario, scientifico ecc. ma spesso è **linguisticamente condizionata dalla natura dell'argomento trattato**, che a sua volta amplia o restringe il numero dei potenziali destinatari.
A titolo di esempio, esaminiamo un pezzo che si riferisce a un importante ritrovamento archeologico effettuato nell'area della Mesopotamia.

Iraq, spunta la tomba del Piccolo Principe

A sud-ovest della città di Nasiriyah, nell'Iraq meridionale, un team di ricercatori della Sapienza ha portato alla luce la "Tomba del Piccolo Principe". Gli archeologi hanno voluto chiamarla così per la giovanissima età del suo occupante e per la ricchezza del corredo con il quale è stato sepolto, tra cui spiccano uno splendido vaso di bronzo a forma di nave, strumenti per la toletta e perle di cornalina di inestimabile valore. [...]

Il sito archeologico è quello di Abu Tbeirah, un'area di 42 ettari a circa una ventina di chilometri dalla città caldea di Ur. Proprio in questa area sorse la civiltà sumerica nel corso del III millennio a.C. Gli scavi della Sapienza sono la prima campagna archeologica nel sud della nuova Repubblica irachena affidata a una missione straniera e sono condotti da un team di archeologi coordinati dall'assiriologo Franco D'Agostino.

Lo scenario che si delinea è quello di un importate insediamento del III millennio a.C. quando in Mesopotamia si affermò il primo impero "universale" nella storia dell'umanità (all'incirca nel 2450-2350 a.C.), e si snoda in un arco temporale che abbraccia essenzialmente il periodo di passaggio dal Proto-dinastico alla seguente Epoca accadica.

A questa conclusione i ricercatori sono giunti grazie ai ritrovamenti della ceramica (almeno un centinaio di coppette), elemento datante fondamentale, e soprattutto degli oggetti in bronzo, rivelatori dell'ambiente storico e culturale dell'insediamento. L'importanza di Abu Tbeirah nel periodo Protodinastico è ulteriormente confermata dal rinvenimento sulla superficie del Tell di un sigillo cilindrico di squisita fattura realizzato in conchiglia su cui è raffigurata la scena di un banchetto, assai simile agli esemplari del Cimitero Reale di Ur.

La "Tomba del Piccolo Principe" è il fiore all'occhiello di una serie di sepolture rinvenute in questa campagna e che hanno una precisa corrispondenza sia in tombe dello stesso periodo scoperte nel cosiddetto Cimitero reale di Ur, sia in tombe portate alla luce a Nippur, importante città religiosa situata a circa 200 km a nord di Abu Tbeirah. [...] Ma soprattutto lo studio di questa tomba ha permesso di ipotizzare le fasi e le procedure seguite nell'interramento del cadavere, fino a oggi mai descritte negli scavi mesopotamici e che dovrebbero chiarire molti aspetti delle pratiche funerarie della Mesopotamia antica.

In una trincea a Sud-Est, poi, è stato portato alla luce un imponente muro in mattoni crudi, che sembra descrivere un ambiente molto ampio. Sulla base delle foto satellitari sembra possibile affermare che si tratti di una parte di un muro perimetrale di un grande edificio con ogni probabilità databile al Protodinastico, fase di occupazione principale del sito.

riduzione e adattamento da Francesca Angeli, "Il Giornale", 25 marzo 2012

L'articolo è costruito in modo da suscitare la curiosità di tutti i lettori, a partire dal titolo, che sollecita la loro attenzione mediante un'esplicita allusione al protagonista del noto romanzo di Antoine de Saint-Exupéry, intitolato, appunto, *Il Piccolo Principe*.
Subito dopo si sviluppa il testo che in un **linguaggio estremamente semplice e comprensibile** propone le informazioni salienti sulla scoperta (sottolineato in rosso), sottolineando l'eccezionalità delle dimensioni, della qualità e dello stato di conservazione dei reperti e sorvolando invece sulle complesse procedure tecniche che ne hanno permesso la datazione.

Presenta caratteristiche diverse questo secondo articolo, di ambito scientifico, che ha come notizia centrale una serie di esperimenti sulla materia compiuti presso l'Università di Washington negli USA.

Un "cappello di Schroedinger" per l'invisibilità

È stato battezzato "cappello di Schroedinger" il dispositivo progettato da alcuni matematici dell'Università di Washington (UW) che teoricamente è in grado di amplificare la luce, le onde sonore e altri tipi di onde nascondendole al contempo all'interno di un contenitore invisibile. [...]
La loro ricerca si inserisce nel fecondo ambito di studi sulla possibilità di deflettere in modo controllato le onde elettromagnetiche mediante l'ottica trasformativa e i metamateriali che prende il nome di "mantello dell'invisibilità" (o *cloaking*, in inglese) perché consente di produrre effetti di propagazione ondosa che non si possono osservare in natura e che riguardano un'ampia gamma di fenomeni: elettrostatici, elettromagnetici, acustici e quantomeccanici.
In termini teorici, il *cloaking* ideale produce un disaccoppiamento tra le parti dell'onda all'interno della regione schermata e l'esterno, determinando sia l'impossibilità di rilevare dall'esterno la presenza di un oggetto all'interno, sia l'impossibilità da parte delle onde che provengono dall'esterno di penetrare all'interno.
Nei dispositivi reali ciò che si può fare è ridurre al minimo l'accoppiamento tra interno ed esterno, anche se si verificano stati risonanti che distruggono sia l'invisibilità sia la schermatura.

riduzione e adattamento da "Le Scienze", 2 giugno 2012

Analogamente a quanto abbiamo osservato in precedenza, anche qui il titolo ha la funzione di catturare l'attenzione, ma in questo caso si tratta di un'**esca selettiva**, perché lo "Schroedinger" a cui si fa riferimento è uno scienziato austriaco che si è occupato di fisica quantistica sconosciuto ai comuni lettori.
Sebbene l'allusione all'"invisibilità" incuriosisca i lettori comuni, il contenuto del testo non è particolarmente accattivante poiché la natura degli esperimenti sulla materia viene esposta in un **linguaggio tecnico specialistico di difficile comprensione** per chi è sprovvisto di un adeguato bagaglio culturale: siamo quindi in presenza di un articolo che con il suo stesso linguaggio seleziona il pubblico di riferimento e non è adatto per una vasta divulgazione.

Verifica delle abilità

Basandoti sul contenuto e sul linguaggio utilizzato, colloca ciascuno dei testi proposti nel suo genere di appartenenza e rispondi alle domande.

TESTO A

La **fobia** è una manifestazione psicopatologica il cui sintomo principale è l'irrefrenabile desiderio di evitare l'oggetto che incute timore.
Il fobico tende a fuggire da quelle rappresentazioni che creano in lui un senso di angoscia, spostando inconsciamente le sue preoccupanti relazioni con elementi interni su oggetti e situazioni, che vengono caricati simbolicamente di valenze negative.
L'individuo fobico non può sottrarsi volontariamente alla sua paura, sebbene spesso comprenda l'irrazionalità di questo vissuto, che permane per un determinato periodo di tempo e determina un disadattamento del soggetto al suo ambiente.

riduzione e adattamento da www.wikipedia.it

- Genere: ....
- Quali elementi tipici del genere riconosci nel testo?

TESTO B

Tutto il complesso della casa del Grande Fratello, negli studi di Cinecittà a Roma, è stato completamente distrutto da un incendio sviluppatosi nella notte. Oltre al famoso appartamento dalla porta rossa, sono bruciate, tra fiamme altissime, anche le strutture vicine adibite negli anni a spazi funzionali al programma (tugurio, stanze segrete, ecc.) e la sala che ospitava la regia del programma. Al momento non sono note le cause dell'incendio ma c'è grande apprensione sia in ambienti della produzione del programma (Endemol) che a Mediaset, perché a gennaio dovrebbe tornare su Canale 5, dopo oltre un anno di pausa, il capostipite dei reality show, con la tredicesima edizione italiana. Sul posto, oltre ai pompieri, sono già al lavoro da questa notte anche la polizia per indagare sulle cause del rogo. Non è il primo incendio che colpisce uno dei luoghi più noti degli studi cinematografici romani negli ultimi anni. Nel luglio del 2012 andò a fuoco il famosissimo Studio 5, location dei film di Fellini e poi di numerose altre produzioni anche televisive.
Anche la polizia scientifica, oltre ai vigili del Fuoco, ha attivato indagini sul rogo: la pista dolosa non è esclusa. Dalle prime verifiche infatti sembra che il quadro e l'impianto elettrico fossero funzionanti e che un relay elettrico malfunzionante fosse stato, per questo, disattivato. La Procura di Roma ha aperto un'indagine fascicolo. Per ora il fascicolo è intestato "atti relativi a" e non ha ipotesi di reato. Il pm Eugenio Albamonte attende ora delle relazioni sull'accaduto da parte dei vigili del fuoco e della polizia scientifica.

"Il Fatto quotidiano", 14 dicembre 2013

- Genere: ....
- Quali elementi tipici del genere riconosci nel testo?
- Adesso confronta i brani A e B: quale di essi riassume nelle righe iniziali il contenuto del testo secondo la regola delle 5 W?
- Indica gli elementi del testo corrispondenti alle 5 W.

Verifica finale

Dinosauri.

Colore arancione e piume: svelato l'ultimo mistero

A vederlo forse, il *Sinosauropteryx*, non avrebbe fatto timore come i suoi cugini più grandi pur essendo anch'esso un terribile carnivoro. E questo per il suo colore che, per la prima volta nel mondo dei dinosauri, è stato determinato con precisione. La scoperta è stata realizzata da ricercatori dell'Università di Bristol che sono riusciti a capire che il dinosauro piumato, scoperto in Cina circa quindici anni fa, era a fasce bianche e arancioni e possedeva una coda ad anelli dove si alternavano i due colori. La "prima lucertola cinese con le ali" – questo il significato del suo nome – visse durante il Cretaceo (un periodo geologico collocabile tra 145 e 65 milioni di anni fa) ed era lungo circa un metro. I paleontologi sono riusciti, con la medesima tecnica, a ricostruire anche il colore di un uccello, il *Confuciusornis* – esemplare importante perché il primo noto con il becco e dotato di una struttura particolarmente adatta al volo – che visse più o meno a contatto con gli ultimi dinosauri, il quale aveva un piumaggio a macchie bianche, nere e arancioni. Lo studio è stato pubblicato sulla rivista *Nature*. La possibilità di ricostruire il colore di un dinosauro vecchio di 125 milioni di anni si è reso possibile grazie ad uno studio eseguito al microscopio elettronico sulle strutture che pigmentavano le piume o quel che erano i primi elementi del piumaggio. Spiega Michael Benton, responsabile della ricerca: «Siamo riusciti a studiare le strutture rimaste intatte anche dopo milioni di anni perché sono corpuscoli solidi presenti nei melanosomi, i quali a loro volta fanno parte delle cellule delle piume e determinano il colore delle stesse. Essi hanno permesso di avere la certezza che alcuni dinosauri avevano un piumaggio, perché quel tipo di melanosomi sono presenti solo nelle penne. Se avessimo avuto a che fare con una pliche[1] della pelle di tessuto connettivo non avremmo incontrato quei particolari organuli. Tutto ciò è un elemento importante perché la presenza delle piume sui dinosauri è da lungo tempo oggetto di diatribe tra i paleontologi». Oltre al colore infatti, per i ricercatori di Bristol c'è anche un altro elemento importante da sottolineare in questa ricerca. Il fatto che le piume siano presenti in dinosauri molto più antichi di quelli che iniziarono a mettere le ali, significa che le penne non sono in stretto collegamento con il volo, ma forse avevano un compito di livrea o di copertura contro il freddo. «Noi pensiamo che le penne siano sorte soprattutto per attirare individui di sesso contrario, come anche oggi succede per molti animali», ha spiegato Benton. Lo studio è risultato molto complesso perché non è stato semplice interpretare la struttura dei corpuscoli, in quanto nei melanosomi non c'è colore in senso stretto, ma sono i tipi di melanosomi che hanno permesso ai ricercatori di risalire alla varietà di colori. Da quando venne scoperto, si è molto dibattuto se il *Sinosauropteryx* avesse avuto o meno le piume, data la presenza di strutture fossilizzate simili ad esse. Ora c'è la certezza che esso le possedeva. La loro presenza potrebbe far pensare che almeno alcune specie dinosauri siano stati animali a sangue freddo e che le piume servissero a mantenere una certa temperatura corporea. Secondo alcuni paleontologi le piume erano presenti anche sul corpo del *Tyrannosaurus rex*, ma lo ricoprivano soprattutto durante l'età giovanile.

Luigi Bignami, "la Repubblica", 29 gennaio 2010

Comprensione e analisi

1. Basandoti sul suo contenuto, a quale genere appartiene questo brano?
2. Qual è il tema centrale del testo?
3. Individua gli elementi linguistici che possono essere considerati peculiari di questo genere.
4. Riporta i passaggi testuali che assolvono ad una funzione prevalentemente esplicativa.
5. Quali delle seguenti tecniche vengono utilizzate nel testo? Motiva la tua risposta riportando le frasi corrispondenti.
   - ☐ Definizione
   - ☐ Elencazione
   - ☐ Esemplificazione
   - ☐ Rapporto causa-effetto
6. Schematizza il contenuto del testo secondo la regola delle cinque W. Quale delle domande canoniche rimane priva di risposta?
   - Chi: ....
   - Che cosa: ....
   - Quando: ....
   - Dove: ....
   - Perché: ....
7. A quali domanda non prevista dallo schema delle cinque W rispondono invece molte delle informazioni contenute nell'articolo?

2 Il testo argomentativo

Le caratteristiche del testo argomentativo

Il testo argomentativo si pone l'obiettivo di **presentare il punto di vista di chi scrive su un tema** rispetto al quale sono possibili opinioni e interpretazioni diverse.
Questo procedimento non è esclusivo dei testi scritti, ma viene usato nella vita quotidiana tutte le volte in cui è necessario convincere qualcuno.
Tuttavia, mentre quando si espongono le proprie ragioni oralmente chi ascolta può essere persuaso e influenzato **emotivamente** anche dal tono, dai gesti e dalla mimica, quando invece si propone per iscritto la propria opinione su un argomento il peso della componente emotiva si riduce notevolmente e prevalgono gli **elementi razionali** della comunicazione.
L'espressione **"testo argomentativo"** definisce quindi un particolare tipo di scritto in cui un soggetto esprime la propria idea su un fatto, **motivandola** con una serie di affermazioni comprensibili, chiare ed esposte secondo precise procedure allo **scopo di persuadere** chi legge.

La funzione argomentativa

Molti testi argomentativi sono utilizzati per:

- individuare una soluzione a un problema controverso;
- modificare i comportamenti;
- orientare le scelte del destinatario.

Sono fondati su questa tecnica i **saggi**, le **arringhe degli avvocati**, i **discorsi dei politici** e i **messaggi pubblicitari**.
Una forma di scrittura argomentativa piuttosto diffusa su quotidiani e settimanali è l'**articolo d'opinione**, che può riguardare le materie più diverse (politica, economia, società, costume ecc.); un particolare tipo di articolo d'opinione è l'**articolo di fondo** o **editoriale**, nel quale il direttore della testata o un altro giornalista autorevole commentano e interpretano un avvenimento rilevante oppure offrono riflessioni in ordine a un tema particolarmente importante.

La struttura

Anche se i testi argomentativi possono svilupparsi secondo **modalità molto varie**, la loro struttura presenta **elementi costanti**, schematizzabili come segue:

1. **esposizione del tema**;
2. **esposizione della tesi**;
3. **argomenti a sostegno della tesi**;
4. eventuale **confutazione della tesi** (introduzione di una **tesi opposta**);
5. **conclusione**.

I connettivi testuali

La **concatenazione** dei vari segmenti dell'esposizione è un **elemento decisivo** per l'**efficacia** di questo tipo di scrittura e si realizza mediante i **connettivi testuali**, cioè particolari elementi linguistici (avverbi, congiunzioni, locuzioni avverbiali, complementi o intere frasi), la cui funzione è **collegare** una porzione di testo a quella successiva per sottolineare i passaggi del ragionamento ed evidenziarne i reciproci rapporti.

In sintesi, i connettivi testuali servono soprattutto a:

- **introdurre il problema** ("innanzitutto", "per incominciare", "prima di affrontare il discorso"...);
- **presentare una tesi** ("penso", "ritengo che", "secondo l'opinione di"...);
- **portare argomentazioni a favore di una tesi** ("infatti", "per esempio", "cioè", "in altre parole", "per quanto riguarda"...);
- **segnalare il passaggio** a un successivo punto del ragionamento ("quindi", "di conseguenza", "successivamente"...);
- **concludere** la trattazione dell'argomento ("pertanto", "in conclusione"...).

Per imparare a riconoscere le caratteristiche più importanti di questa tipologia testuale esaminiamo alcuni passaggi dell'articolo in cui **Pietro Citati** riflette sull'atteggiamento psicologico degli adolescenti che ritardano quanto più possibile il loro ingresso nel mondo degli adulti.

BIOGRAFIA
P. Citati

Questa generazione che non vuol crescere mai

Non hanno volontà: non desiderano agire; preferiscono aderire, accogliere, lasciar affiorare in se stessi la voce degli altri, della vita e del destino. Preferiscono restare passivi, comportandosi in modo sinuoso e informe come l'acqua, trasformandosi in tutto ciò che viene loro proposto. Vivono avvolti in un misterioso torpore. Non amano il tempo. L'unico loro tempo è una serie di attimi, che non vengono legati in una catena o organizzati in una storia.

In generale, la mia generazione di moribondi settantenni disprezza questi casi di adolescenza troppo prolungata. Sostiene che bisogna – a tutti i costi – diventare maturi. [...]

TESI 1

Quanto a me, questi eterni adolescenti mi piacciono: mi piacciono i loro indugi, le loro lentezze, la loro passività, e i lunghi sguardi contemplativi. Continuare a serbare nell'occhio la freschezza dello sguardo giovanile: diventare maturi e poi vecchi quasi per caso: non disegnare mai il proprio io: concepire la propria vita come un gioco indefinito di possibilità, che può portare a moltissimi volti: rallentare, rallentare, non costruire e non irrigidirsi mai dietro mura.

TESI 2

Argomentazione a sostegno della tesi 2

riduzione e adattamento da Pietro Citati, "la Repubblica", 2 agosto 1999

Il brano presenta diversi elementi caratteristici del testo argomentativo, tra i quali riconosciamo:

- il **tema,** o la questione rispetto a cui è lecito esprimere opinioni diverse, in questo caso sintetizzato nel **titolo**;
- due **tesi** contrapposte sul tema, formulate mediante frasi piuttosto brevi e introdotte da **connettivi testuali** (sottolineati in rosso nel brano):
  - la prima è quella dei **coetanei dell'autore**, che disprezzano gli adolescenti perché sono convinti della necessità di diventare adulti («*In generale, la mia generazione di moribondi settantenni* [...] *sostiene che bisogna – a tutti i costi – diventare maturi*»);
  - la seconda è quella dell'**autore**, che invece apprezza il particolare modo di stare al mondo dei ragazzi («*Questi eterni adolescenti mi piacciono*»);
- gli argomenti a sostegno della tesi dell'autore che, andando oltre le apparenze, riconosce nell'atteggiamento dei giovani valori significativi e importanti, come la capacità di conservare l'innocenza della fanciullezza («*la freschezza dello sguardo giovanile*»), il rifiuto degli stereotipi sociali di maturità e vecchiaia («*diventando maturi e vecchi quasi per caso*»), la costante apertura verso nuove prospettive («*un gioco indefinito di possibilità*») e la disponibilità al confronto e al cambiamento («*non irrigidirsi mai dietro mura*»).

Analizziamo ora in dettaglio questi elementi, e il modo in cui essi contribuiscono alla costruzione del testo.

L'esposizione del tema

All'origine di un testo argomentativo c'è sempre un **tema,** o talvolta un **problema**, che ne costituisce la premessa e che l'autore può presentare in modo più o meno dettagliato ed esauriente, privilegiando gli aspetti che forniscono spunti per il ragionamento.
Per esempio, il tema centrale dell'articolo che segue è il **fenomeno dell'emigrazione dei giovani laureati meridionali**, che viene introdotto nelle righe iniziali del testo secondo un procedimento espositivo:

L'emigrazione dal Sud

Esposizione del problema

L'esodo dal Mezzogiorno non si ferma, ma a cercare fortuna nelle regioni del Centro-Nord non sono più ex braccianti e operai disoccupati, ma migliaia di giovani con un titolo di studio qualificato: tra il 2000 e il 2005, in particolare, oltre 80mila laureati (l'1,2% dei residenti con tale titolo di studio) hanno abbandonato le regioni del Sud per emigrare in cerca di un'opportunità lavorativa.

Punto di vista degli esperti

Il dato è contenuto in una ricerca sulla mobilità del lavoro realizzata da due economisti della Banca d'Italia [...] secondo i quali l'intervento dello Stato deve essere mirato a eliminare le cause che ostacolano, in termini quantitativi e qualitativi, la crescita economica del Mezzogiorno.

riduzione e adattamento da "la Repubblica", 12 gennaio 2010

L'esposizione della tesi

Il nucleo centrale del testo argomentativo è la **tesi**, cioè l'**idea**, l'**opinione** o **il punto di vista** che si intende sostenere in relazione a un determinato argomento. La tesi può essere esposta in maniera più o meno ampia in relazione alla complessità dello scritto, e spesso i testi argomentativi di una certa lunghezza contengono **più tesi**, correlate tra loro sul piano logico.
Se la tesi proposta coincide con il punto di vista di chi scrive, essa viene formulata in **modo diretto**, senza preamboli o giri di parole; se invece corrisponde alla posizione di

studiosi, pensatori, scienziati o esperti di cui non necessariamente l'autore condivide il pensiero, verranno utilizzati connettivi testuali come: «*Secondo il parere di...*»; «*È opinione comune che...*».
Facciamo un esempio: la posizione di chi è contrario alla pena di morte può essere espressa così:

> La pena di morte è un procedimento barbaro e inefficace.

oppure così:

> Nel Trattato dei delitti e delle pene, Cesare Beccaria sostiene che la pena di morte sia un procedimento barbaro e inefficace.

Nel primo caso, chi scrive presenta la **propria opinione** sull'argomento, nel secondo, invece, **riporta quella di un autore** che ha lungamente riflettuto su questo tema. Questo è il procedimento utilizzato nel brano precedente per illustrare il punto di vista degli economisti della Banca d'Italia sul modo in cui dovrebbe agire lo Stato per arginare l'emigrazione dei giovani laureati («*secondo i quali l'intervento dello Stato deve essere mirato a eliminare le cause che ostacolano, in termini quantitativi e qualitativi, la crescita economica del Mezzogiorno*»).

È possibile riconoscere segmenti testuali argomentativi anche in opere letterarie. Un esempio ci è offerto da questo passaggio dell'autobiografia di **Elias Canetti** (1905-1994) in cui l'autore ricorda il periodo trascorso in una scuola svizzera.

BIOGRAFIA
E. Canetti

L'importanza della scuola

La diversità degli insegnanti era sorprendente, è la prima forma di molteplicità di cui si prende coscienza nella vita. Il fatto che essi ci stiano davanti così a lungo, esposti in tutte le loro reazioni, osservati ininterrottamente per ore e ore, oggetto dell'unico vero interesse della classe, impossibilitati a muoversi e dunque presenti in essa sempre per lo stesso tempo, esattamente delimitato; la loro superiorità di cui non si vuole prendere atto una volta per tutte e che rende acuto, critico e maligno lo sguardo di chi li osserva; la necessità di accostarsi a loro senza rendersi le cose troppo difficili, dato che non ci si è ancora votati al lavoro in maniera esclusiva; e poi il segreto in cui rimane avvolto il resto della loro vita, in tutto il tempo durante il quale non stanno recitando la loro parte davanti a noi; e ancora, il loro susseguirsi uno dopo l'altro, nello stesso luogo, nello stesso ruolo, con le stesse intenzioni, esposti con tanta evidenza al confronto – come tutto questo agisce e si manifesta, è un'altra specie di scuola, del tutto diversa da quella dell'apprendimento, una scuola che insegna la molteplicità della natura umana, e purché la si prenda sul serio anche solo in parte, è questa la prima vera scuola di conoscenza dell'uomo.

TESI 1

TESI 2

Elias Canetti, *La lingua salvata*, Adelphi, Milano

Dopo aver lungamente osservato il comportamento dei suoi insegnanti e il diverso rapporto che essi avevano instaurato con la classe, Canetti conclude che:

Tesi 1 la scuola è il primo contesto in cui si apprende che gli esseri umani sono profondamente diversi tra loro (la scuola «*insegna la molteplicità della natura umana*»). Quest'idea viene ribadita nell'affermazione seguente in cui l'autore sostiene che:

Tesi 2 la vita all'interno dell'aula scolastica costituisce la prima forma di apprendistato sociale («*prima vera scuola di conoscenza dell'uomo*»).

Gli argomenti a sostegno della tesi

Per costruire un testo argomentativo non è sufficiente esprimere la propria opinione su un fatto, ma occorre **renderla convincente** attraverso adeguate **argomentazioni**, che possono consistere nella citazione di **fatti concreti** o di **riflessioni** di personaggi autorevoli, nell'inserimento di **dati statistici**, nel **confronto** tra situazioni lontane nello spazio e nel tempo, ma in ogni caso devono essere **logicamente attinenti** al tema.
Un tipo di argomento frequentemente utilizzato è l'**esempio ricavato dall'esperienza**, che offre il vantaggio di essere immediatamente comprensibile a chi legge, ma che si rivela davvero efficace solo quando può essere esteso fino ad assumere una portata generale.
Per riflettere sulla diversa forza persuasiva delle argomentazioni, poniamo a confronto due brevi testi.

L'inquinamento atmosferico

TESTO 1

Una delle conseguenze più immediate dell'inquinamento atmosferico è l'aumento della temperatura del pianeta Terra, da cui deriva il progressivo scioglimento dei ghiacciai.
Gli ultimi rilevamenti eseguiti dai satelliti della Nasa, infatti, dimostrano che lo scioglimento dei ghiacciai della Groenlandia sta accelerando ad una velocità del tutto inaspettata e che le aree ghiacciate vicino al Polo Nord stanno arretrando sensibilmente.

TESTO 2

Una delle conseguenze più immediate dell'inquinamento atmosferico è l'aumento della temperatura del pianeta Terra, da cui deriva il progressivo scioglimento dei ghiacciai
Questo inarrestabile processo è confermato dal fatto che le ortensie di zia Lucia quest'anno si sono seccate per l'eccessiva temperatura; inoltre il guardaboschi Antonio ha osservato che da bambino giocava con lo slittino a fondovalle mentre oggi per trovare la neve bisogna raggiungere almeno la quota di 900 metri.

Pur traendo spunto dallo stesso tema espresso dal titolo (*«L'inquinamento atmosferico»*) e sostenendo entrambi la tesi secondo cui lo scioglimento dei ghiacciai è una conseguenza del surriscaldamento della Terra (*«l'aumento della temperatura del pianeta Terra, da cui deriva il progressivo scioglimento dei ghiacciai»*), i due testi utilizzano argomentazioni di natura diversa.

- Nel primo caso (**TESTO 1**) si scelgono argomentazioni derivanti dall'**osservazione diretta** di fenomeni di vaste dimensioni e dal **confronto** sistematico e scientifico **tra contesti ambientali diversi** (*«lo scioglimento dei ghiacciai della Groenlandia sta accelerando a una velocità del tutto inaspettata* [...] *le aree ghiacciate vicino al Polo Nord stanno arretrando sensibilmente*).
- Le argomentazioni usate nel secondo caso (**TESTO 2**) provengono invece da un'**osservazione diretta** di **fenomeni di portata limitata** ed effettuata esclusivamente da due persone (*«zia Lucia»...«il guardaboschi Antonio»*), e da un **confronto** basato su **ricordi personali**.

Quindi, nonostante i testi giungano alle medesime conclusioni, il primo di essi risulta più convincente poiché supporta la sua tesi con argomentazioni di ampio respiro, provenienti da fonti autorevoli (*«rilevamenti eseguiti dai satelliti della Nasa»*) e perciò difficilmente contestabili.

La confutazione della tesi

Poiché la tesi contiene una precisa opinione rispetto a un argomento controverso, essa presuppone l'esistenza di un'**antitesi**, cioè di **un punto di vista diverso** e **talora contrapposto**.
Il procedimento utilizzato per dimostrare l'infondatezza di una tesi si chiama **confutazione** e si attua **esaminando criticamente** la posizione dell'avversario allo scopo di scoprirne i **punti deboli** e avvalorare una **differente interpretazione del problema** discusso: per rendere maggiormente efficace il proprio discorso, un autore può **anticipare le obiezioni** che prevede gli verranno mosse, smontandole preventivamente attraverso **riflessioni teoriche** o **esempi concreti**.
Nel brano che segue, per esempio, **Franz Kafka** analizza le cause del difficile rapporto con il padre mettendo a confronto le loro reciproche posizioni allo scopo di dimostrare le proprie ragioni e confutare il punto di vista del genitore.

BIOGRAFIA
F. Kafka

Due punti di vista

Quando ne parlavi con me e, indiscriminatamente, di fronte ad estranei, ti sembrava che le cose stessero all'incirca così: tu hai lavorato duramente tutta la vita sacrificando tutto per i tuoi figli, per me in particolare; insomma, io sarei vissuto senza pensieri, con la più ampia libertà di studiare quel che mi piaceva, senza alcun motivo di preoccupazioni materiali, vale a dire di preoccupazioni in genere. In cambio non hai preteso alcuna gratitudine [...], ma almeno una certa compiacenza, un segno di simpatia; invece io mi sono sempre rifugiato nella mia stanza, tra i libri, con amici esaltati, in idee stravaganti, sfuggendoti; non ti ho mai parlato a cuore aperto, non ti ho mai accompagnato al tempio, non ti sono mai venuto a trovare a Franzensbad, d'altronde non ho mai posseduto il senso della famiglia, non mi sono mai occupato del negozio e dei tuoi affari, la fabbrica te l'ho lasciata sul gobbo per poi piantarti in asso, ho dato man forte a Ottla (n.d.r. la sorella minore) nelle sue cocciutaggini e mentre per te non muovo un dito (neppure un biglietto per il teatro ti ho mai procurato), per gli amici farei qualunque cosa. [...]

Tesi del padre

Come padre sei stato troppo forte per me [...]. Tutti i miei pensieri sottostavano alla tua pesante oppressione, anche quelli che non collimavano con i tuoi, anzi, specialmente quelli. Tutte le idee apparentemente sottratte alla tua dipendenza erano fin da principio gravate dal tuo giudizio negativo; e reggere questa situazione fino a manifestare un pensiero in maniera completa e compiuta era quasi impossibile. [...] Questa tua opposizione investiva sia i pensieri che le persone. Era sufficiente che io esprimessi un certo interesse per qualcuno – e la cosa, dato il mio carattere, non avveniva davvero di frequente – e tu già lo seppellivi di insulti, calunnie e denigrazioni senza alcun rispetto per i miei sentimenti e senza tener conto del mio giudizio. [...] Mi è sempre stata incomprensibile la tua assoluta insensibilità al dolore e alla vergogna che suscitavi in me con le tue parole e i tuoi giudizi, era come se non ti rendessi conto del tuo potere.

Confutazione della tesi [antitesi]

riduzione e adattamento da Franz Kafka, *Lettera al padre*, Feltrinelli, Milano

Nella prima parte del testo lo scrittore riporta la **tesi del padre**, secondo cui la loro distanza emotiva è stata determinata dall'atteggiamento di Franz che avrebbe sempre mostrato disinteresse nei confronti del lavoro e della religione e scarsa disponibilità per le sue esigenze, come dimostrano i numerosi esempi attinti dalla vita familiare (sottolineati in rosso)
La seconda parte del testo è destinata alla **confutazione** di questa idea: a tale scopo Kafka formula una **tesi opposta** (o **antitesi)** secondo cui il suo comportamento non sarebbe stato altro che la reazione ai modi prepotenti e aggressivi del padre, portando a sostegno del suo punto di vista una serie di episodi dell'infanzia e della prima giovinezza (sottolineati in blu).

La conclusione del ragionamento argomentativo

BIOGRAFIA
F. Alberoni

I testi argomentativi presentano spesso una **struttura circolare** per cui la loro **conclusione** consiste in una **ripresa delle immagini e dei concetti** proposti nella parte introduttiva allo scopo di **ribadire la tesi** dell'autore, che viene **riformulata** e **arricchita** dalle considerazioni emerse nel corso della trattazione. Troviamo un esempio di questa procedura nell'articolo in cui il sociologo **Francesco Alberoni** esplora la complessità del mondo affettivo per delineare i tratti distintivi dei legami di amicizia.

Un bene fragile e delicato

Nell'INTRODUZIONE viene presentato il TEMA (definizione del concetto di amicizia) ed esemplificato

Chi è tuo amico? Colui che sa apprezzare le tue qualità, che sa percepire i moti del tuo animo, con cui puoi confidarti sicuro di essere capito. Colui a cui puoi affidare il tuo denaro, i tuoi figli perché egli ne prenderà cura come se fossero i suoi. Colui che ti consola, però sa anche dirti dove sbagli. Colui che ti consiglia sempre per il tuo bene e in modo da non offenderti, rispettando la tua dignità. Colui che non ti invidia, che non sparla di te, e che invece ti difende dalle calunnie e dagli attacchi maligni. Chi sta dalla tua parte nella difficile lotta della vita. Chi si informa che tu stia bene anche quando sei lontano ed è pronto ad accorrere quando pensa che tu abbia bisogno. Chi ti rende giustizia quando gli altri ti trattano ingiustamente. L'amico sta dalla tua parte ma esige da te un comportamento corretto come quello che egli impone a se stesso nei tuoi riguardi. Gli amici sono uguali nell'affetto, nei diritti, nei doveri.

TESI PRINCIPALE

Esistono tre tipi di legame affettivo. Quelli forti, quelli medi e quelli deboli.

DEFINIZIONE ED ESEMPI

I legami deboli sono quelli che stabiliamo con i conoscenti, i colleghi, i vicini verso cui non proviamo né forti sentimenti, né particolari doveri. Quando li lasciamo non ne sentiamo la mancanza. Anche i legami di affari e le alleanze politiche sono, di solito, deboli. Infatti si fanno e si sciolgono in continuazione con il mutare delle strategie di lotta.

«*Invece*» è un connettivo avversativo che rimarca la differenza tra questi legami e quelli di cui ha parlato in precedenza

I legami forti **invece** resistono al tempo e alle frustrazioni. Come quelli che si stabiliscono fra genitori e figli e viceversa. La madre sta dalla parte del figlio qualunque cosa faccia, anche se lui la tratta male, se mente, se la deruba, se la fa soffrire. L'amore della madre è al di là del bene e del male. Ma sono forti anche i legami che si stabiliscono con l'innamoramento. L'innamorato può amare qualcuno che non lo corrisponde, che lo tradisce. Gli innamorati si lasciano e si ritrovano piangendo, si accusano e si perdonano. Vi sono **infine** legami forti di tipo ideologico o religioso nei riguardi del proprio partito, della propria chiesa e del proprio capo.

«*Infine*» è un connettivo conclusivo che segnala la fine delle argomentazioni a favore della seconda tesi (T2)

Anche in questo caso «*invece*» è un connettivo avversativo che sottolinea la distanza tra questa affermazione e quella precedente

Il rapporto con gli amici, **invece**, appartiene alla categoria dei legami medi. Mentre l'innamoramento spinge i due amanti a fondersi, a mutare, l'amicizia si costituisce lentamente, per incontri successivi e ogni individuo resta se stesso. Naturalmente anche gli amici finiscono per avere punti di vista simili, per condividere molti valori. Ma come individualità distinte, ciascuna con il suo mondo privato, che l'altro deve rispettare e, anzi, proteggere.

«*Per questo*» è un connettivo consequenziale che segnala il legame tra questa affermazione e quanto espresso in precedenza

Per questo l'amicizia è libera, serena, non oppressiva. **Per questo** però è anche fragile e richiede attenzione e delicatezza.

Simmetria rispetto all'introduzione

CONCLUSIONE (vengono esemplificate le ragioni che determinano la fine di una amicizia)

Quando un amico si comporta con te in modo malvagio, quando ti inganna, quando ti tradisce, quando ti abbandona nel momento del bisogno, quando ti manda allo sbaraglio e non ti dà il suo aiuto, in quel momento cessa di essere tuo amico.

Ripresa della tesi

Se tutto è dovuto a un equivoco, a un momento di collera a cui segue una rapida chiarificazione, non ci sono conseguenze. Ma se manca una spiegazione profonda, se non viene ristabilita subito la fiducia totale, la rottura diventa irreparabile. I due amici possono anche perdonarsi, stringersi la mano, ma il loro rapporto non torna più come prima.

Francesco Alberoni, "Corriere della Sera", 31 ottobre 1994

Auguste Rodin e il Monumento a Victor Hugo, fotografia di Edward Steichen, 1902, particolare, Parigi, Musée d'Orsay.

Organizzato secondo le modalità tipiche del testo argomentativo, l'articolo si apre con un'ampia **presentazione del tema**, che viene chiarito mediante una ricca **esemplificazione** di casi concreti.
Successivamente viene esplicitata la **tesi** dell'autore («*Esistono tre tipi di legame affettivo. Quelli forti, quelli medi e quelli deboli*»), a cui seguono la **definizione** dei tre legami affettivi individuati e gli **esempi** che ne illustrano le caratteristiche.
Il periodo che funge da **conclusione** ripropone in altra forma idee e concetti già espressi e può essere diviso in due parti: la prima è del tutto simmetrica rispetto all'introduzione poiché si basa su una successione di affermazioni che in questo caso si riferiscono ai motivi per cui un'amicizia finisce; la seconda invece riprende e ribadisce la tesi precedentemente esposta dall'autore secondo il quale l'amicizia è fragile e per questo motivo va protetta da equivoci e fraintendimenti («***Per questo** però è anche fragile e richiede attenzione e delicatezza*»).

Laboratorio

Il tema argomentativo

Il tema argomentativo è un tipo di scrittura scolastica che chiede di esprimere un'opinione su una particolare questione motivandola con riflessioni ed esempi coerenti, pertinenti e convincenti.

1. La traccia

Il problema da affrontare viene proposto nella **traccia**, che può essere formulata secondo modalità diverse, le più diffuse delle quali sono
– **la traccia aperta**,
– **la traccia semistrutturata**,
– **la traccia per citazione**.

- Nella **traccia aperta** l'argomento viene proposto in modo ampio e generale, senza fornire indicazioni sulla strada da seguire nello svolgimento; per esempio, uno studente chiamato a riflettere sugli **aspetti problematici della giovinezza**, potrebbe trovarsi di fronte a un titolo di questo tipo:

  Il passaggio dall'adolescenza all'età adulta è uno dei periodi più complessi dell'esistenza.

- La **traccia semistrutturata** è più complessa e di solito può essere suddivisa in **due parti**, una relativa al contenuto da sviluppare, l'altra ai modi in cui esso va affrontato; in questo caso, lo stesso argomento potrebbe essere proposto così:

  Il passaggio dalla prima giovinezza all'età adulta avviene grazie a esperienze che modificano l'idea del mondo che ci ha accompagnati nei primi anni di vita e pongono le basi per un modo diverso, spesso problematico e privo di certezze, di affrontare la vita. Commenta questa affermazione alla luce delle tue esperienze, eventualmente facendo anche riferimento a letture o film che affrontano questo argomento.

- La **traccia per citazione** si basa invece su una frase pronunciata da una figura autorevole o estrapolata da un'opera letteraria o da un saggio; ecco come apparirebbe il titolo se fosse formulato utilizzando l'*incipit* del romanzo *Aden Arabie* (1931) di **Paul Nizan**:

> *«Avevo vent'anni, non permetterò a nessuno di dire che questa è la più bella età della vita».*

BIOGRAFIA
P. Nizan

2. L'analisi della traccia: le parole chiave

Nella stesura di un tema argomentativo il **primo passo** da affrontare è **la comprensione delle richieste della traccia** allo scopo di **definire e circoscrivere l'ambito della riflessione**.
Per realizzare questo obiettivo occorre **individuare le parole chiave**, vale a dire i termini che racchiudono i nuclei concettuali fondamentali e le **espressioni chiave**, che dichiarano la consegna del compito.
Esemplifichiamo questo procedimento prendendo in esame la seconda delle nostre tracce:

> Il **passaggio** dalla prima giovinezza all'età adulta avviene grazie a **esperienze** che modificano l'idea del mondo che ci ha accompagnati nei primi anni di vita e pongono le basi per un modo diverso, spesso **problematico** e privo di certezze, di affrontare la vita. **Commenta** e **discuti** questa affermazione alla luce delle tue esperienze, facendo eventualmente riferimento anche a letture o film che affrontano questo argomento.

1. Nella prima parte del titolo possiamo considerare **parole chiave** i termini: «*passaggio*», «*esperienze*», «*problematico*», la cui combinazione suggerisce l'**idea** che **l'adolescenza sia una fase critica e complessa nella quale cambia lo stile di vita, si moltiplicano dubbi e incertezze e si elabora una nuova concezione del mondo**.
2. Nella seconda parte, invece, le **espressioni chiave** sono i verbi «*commenta*» e «*discuti*» perché **chiariscono** che lo svolgimento deve **spiegare**, **esemplificare** ed **eventualmente confutare** con argomentazioni valide le idee contenute nel titolo.

3. La selezione di idee e informazioni

Una volta definiti i contorni generali del problema da trattare, **bisogna individuare un nucleo significativo di idee e di informazioni** che permetta di sviluppare in maniera dettagliata ciò che la traccia ha dichiarato in estrema sintesi.
A tale scopo può essere utile partire dalle parole chiave sintetizzando in brevi enunciati le riflessioni che, direttamente o indirettamente, scaturiscono da esse. Per esempio:

PAROLA CHIAVE: «*passaggio*»
- **Riflessione**: concezione della vita come percorso;
- **Riflessione**: superamento di alcuni aspetti dell'infanzia come l'ingenuità, la totale fiducia negli altri, la mancanza di responsabilità, il controllo degli adulti ecc.;
- **Riflessione**: (aggiungi tu un ulteriore elemento).

PAROLA CHIAVE: «*esperienza*»
- **Riflessione**: sperimentazione di nuove possibilità;
- **Riflessione**: sviluppo della capacità di scelta (valutazione critica tra ciò che è opportuno provare e ciò che è preferibile lasciare perdere);
- **Riflessione**: trasformazione delle relazioni interpersonali (con familiari, amici d'infanzia ecc.) determinata dal confronto con nuove realtà;
- **Riflessione**: (aggiungi tu un ulteriore elemento).

PAROLA CHIAVE: «*problematico*»
- **Riflessione**: difficoltà di fronte a situazioni nuove;
- **Riflessione**: curiosità ed entusiasmo contrapposti a paura di sbagliare ed incapacità di valutare le conseguenze;
- **Riflessione**: necessità di accettare il rischio dell'ignoto;
- **Riflessione:** (aggiungi tu un ulteriore elemento).

4. La scaletta

Questi sono solo alcuni dei possibili ampliamenti dei concetti introdotti dalla traccia, che vanno organizzati gerarchicamente in una **scaletta** costruita distinguendo gli aspetti principali della trattazione da quelli secondari, in base a una valutazione che dipende principalmente dall'impostazione che si sceglie di dare allo scritto.
A titolo di esempio, ecco come potrebbero essere organizzate le riflessioni elencate in precedenza:

1.a ASPETTI PRINCIPALI	Spiegare il significato del concetto di <u>*passaggio*</u> nell'ambito del percorso di vita dell'individuo.
1.b aspetti secondari	Illustrare il concetto facendo riferimento alla specificità del mondo dell'infanzia.
1.c introdurre un ulteriore aspetto	
2.a ASPETTI PRINCIPALI	Spiegare perché l'<u>*esperienza*</u> è un fattore determinante nello sviluppo dell'individuo.
2.b ASPETTI PRINCIPALI	Sottolineare come le esperienze siano particolarmente significative nel corso dell'adolescenza.
2.c aspetti secondari	Riflettere sul modo in cui le nuove esperienze modificano le relazioni interpersonali.
2.d introdurre un ulteriore aspetto	
3.a ASPETTI PRINCIPALI	Illustrare le <u>*problematiche*</u> più frequenti quando si affronta una nuova esperienza (scelta, valutazione).
3.b ASPETTI PRINCIPALI	Sottolineare come l'incertezza e il dubbio siano elementi ricorrenti nell'età adulta.
3.c aspetti secondari	Mettere a confronto paura di sbagliare e curiosità di scoprire.
3.d introdurre un ulteriore aspetto	

Arnold Böcklin (1827-1901), *Pan spaventa i pastori*, 1860, particolare, Basilea, Kunstmuseum.

5. La rielaborazione

Rielaborando il complesso di informazioni e riflessioni sintetizzate nello schema si ottiene un testo che costituisce il nucleo iniziale dello svolgimento. Ti proponiamo di seguito una possibile rielaborazione **in forma espositiva** delle affermazioni di partenza (sottolineate in rosso):

La vita umana può essere considerata come un lungo cammino in cui ogni tappa porta con sé un arricchimento, ma implica anche l'abbandono della condizione precedente: si può quindi affermare che il cambiamento è la base della condizione umana, e ciò è particolarmente vero durante l'adolescenza, quando le trasformazioni sono particolarmente rapide e investono l'aspetto fisico, il carattere e il modo di rapportarsi con gli altri.

In questa fase, crescere significa innanzitutto lasciarsi alle spalle il mondo sicuro e ovattato dell'infanzia, dove l'affetto protettivo degli adulti limita i rischi ma al tempo stesso riduce la libertà decisionale: arriva per tutti il momento in cui il richiamo del mondo esterno si fa irresistibile stimolando la curiosità di conoscere ciò che c'è fuori dalla famiglia e di provare personalmente ciò che fino a quel momento è stato raccontato da altri.

Ma la sete di nuove esperienze può generare ansia e incertezza perché distaccarsi da un contesto noto significa dover scegliere di volta in volta che cosa fare ed affrontare il timore di non essere all'altezza; tuttavia, di solito l'entusiasmo della novità è più forte della paura e il desiderio di essere autonomi diventa uno strumento indispensabile per diventare adulti.

Per rendere più convincente e personale lo sviluppo del componimento, ciascuna di queste affermazioni può essere **esemplificata mediante argomentazioni** adeguate che in questo caso **possono essere ricavate**:

- dall'**esperienza personale diretta** di chi scrive; per esempio il punto **2.c** (*Riflettere sul modo in cui le nuove esperienze modificano alcune relazioni interpersonali*) può essere illustrato così:

> *«Da quando ho cominciato ad uscire di sera mi è capitato di conoscere persone nuove, ogni volta diverse ed è stato sorprendente scoprire che gli estranei non erano pericolosi e malintenzionati, come i miei genitori avevano continuato a ripetermi sin dall'infanzia ma al contrario si mostravano benevoli e sempre pronti a darmi una mano».*

- dall'**esperienza indiretta** (racconti di familiari, amici, conoscenti) per cui, per esempio, il punto **3.a** (*Illustrare quali sono le problematiche più frequenti quando si affronta una nuova esperienza*) può essere argomentato così:

> *«Quattro anni fa mia sorella accettò di andare a lavorare per tre mesi a Lipsia; era entusiasta di questa opportunità ma anche molto spaventata e ancora oggi ricorda la sensazione di smarrimento e di solitudine che l'aveva accompagnata nei primi mesi della sua vita all'estero: nessuno su cui poter contare in caso di difficoltà, la paura di non essere all'altezza, il dubbio di aver fatto una scelta sbagliata».*

- da **opere letterarie e cinematografiche** che trattano di un tema analogo, per esempio facendo riferimento a figure come quella di **Pin**, il protagonista del *Sentiero dei nidi di ragno* (vedi vol. A, p. 42 e sgg.) che, partecipando a modo suo all'esperienza della Resistenza, riesce a trovare un amico che dà senso alla sua esistenza solitaria e senza affetti.

6. La confutazione della traccia

Lo sviluppo che abbiamo finora ipotizzato si basa sul presupposto che chi scrive sia sostanzialmente d'accordo con le affermazioni della traccia e che il commento sia finalizzato a dimostrare la loro validità. Tuttavia, lo svolgimento del tema argomentativo **prevede che le tesi contenute nel titolo possano anche essere confutate** se chi scrive si trova in parziale o totale disaccordo con esse.

Immaginiamo ora che tu concordi sia con l'idea secondo cui il passaggio dall'adolescenza all'età adulta è determinato dalle esperienze («*Il passaggio dalla prima giovinezza all'età adulta avviene grazie ad esperienze*»), sia con quella per cui esse trasformano i comportamenti e il modo di vedere il mondo («*modificano l'idea del mondo che ci ha accompagnati nei primi anni di vita*»), ma che tu non sia affatto convinto che diventare adulti significhi proiettarsi in una condizione esistenziale complessa («*pongono le basi per un modo diverso, spesso problematico e privo di certezze, di affrontare la vita*»).

A questo punto, dopo aver commentato le due opinioni iniziali secondo le procedure esposte in precedenza, dovrai formulare **una tesi personale da contrapporre** a quella sostenuta nel titolo, che introdurrai mediante i **connettivi testuali tipici della confutazione** ("ma..."; "ritengo invece..."; "al contrario..." ecc.). Per esempio:

> «***Sono convinto, invece***, *che il processo di crescita renda progressivamente più sicuri permettendo di affrontare la vita in modo più consapevole*».

Connettivo testuale avversativo che introduce la confutazione.

Subito dopo dovrai **argomentare la tua posizione** con **esempi** o **riflessioni pertinenti**; prendendo nuovamente in considerazione il punto **2.c** e utilizzando come argomentazione le **esperienze indirette,** potresti sostenere così la tua tesi:

> *«A differenza di quanto sostenuto dalla traccia, sono convinto che vivere nuove esperienze renda più solidi e sicuri e che l'incertezza e i dubbi dell'adolescenza scompaiano quando ci si mette alla prova.* ***Infatti, dopo aver vissuto all'estero per qualche anno,*** *mia sorella ha scoperto di avere molta più grinta e forza di volontà di quanto immaginasse e oggi sostiene che la necessità di affrontare la vita senza la rete protettiva di familiari e amici l'ha resa più forte perché ha capito che è necessario contare solo su se stessi e ha imparato a valutare autonomamente i pro e i contro di una situazione».*

Argomentazione a favore della tesi tratta dall'esperienza indiretta.

1. Sviluppa il tema proposto nel laboratorio.
2. Adottando le procedure proposte, svolgi la traccia seguente, nella quale sono già stati evidenziati alcuni termini chiave.

   Il **volto** con cui ciascuno appare agli altri non corrisponde sempre alla vera natura di un individuo: se dietro un'**apparenza inquietante** può celarsi una profonda **sensibilità**, un **aspetto irreprensibile** può nascondere una personalità malvagia e corrotta. **Commenta** e **discuti** questa affermazione alla luce delle tue esperienze, facendo eventualmente riferimento anche a letture o film che affrontano questo argomento.

Verifica delle abilità

BIOGRAFIE
P. Kennedy - P. Crepet

1. Individua il tema su cui si basa l'articolo di **Paul Kennedy** proposto qui di seguito.

Gli ambientalisti ritengono che l'uomo stia mutando in modo significativo la composizione dei gas atmosferici, che un aumento della temperatura sia inevitabile, e che – per ridurre i danni inflitti all'ecosistema – siano necessari drastici mutamenti nel nostro modo di vita al fine di ridurre le emissioni atmosferiche. Tale posizione viene vigorosamente contestata dai più scettici scienziati ed economisti liberali, contrari – i secondi in particolare – a porre un limite allo sviluppo. Poiché i dirigenti politici di molti paesi hanno difficoltà a chiedere sacrifici ai propri elettori anche per scopi immediati, è facilmente prevedibile che ben pochi di essi siano disposti a misure drastiche per porre un freno al surriscaldamento del pianeta. Più probabile, dunque, è che si giunga a una serie graduale di accordi internazionali. Che ciò basti a porre fine alle nostre pericolose abitudini, appare molto meno probabile.

Paul Kennedy, *Il mondo in una nuova era*, Garzanti, Milano

Tema: ....

- Quali tesi contrapposte vengono riportate dall'autore?

Tesi 1: .... Tesi 2: ....

2. Ti proponiamo alcune questioni su cui è possibile esprimere punti di vista diversi. Sviluppale secondo lo schema "*Sono favorevole perché...*", oppure "*Sono contrario perché...*", motivando ciascuna tesi con un argomento valido.

a. Patente automobilistica a sedici anni
b. Chiusura serale dei locali notturni entro l'una
c. Elevamento dell'obbligo scolastico a 18 anni
d. Divieto di fumo in parchi e giardini pubblici

3. Collega le seguenti coppie di affermazioni mediante connettivi testuali al fine di ottenere periodi logicamente concatenati.

a.1. Il gioco d'azzardo illegale costituisce un'importante fonte di guadagno per la malavita organizzata.
a.2. Esso permette di riciclare denaro proveniente da attività criminali.
b.1. Sono stato accusato di aver copiato il compito di matematica.
b.2. Avevo trascorso tutto il pomeriggio a studiare.
c.1. I Paesi occidentali mostrano poco rispetto per l'ambiente.
c.2. Le falde acquifere sono sempre più inquinate.
d.1. Abbiamo fatto bene a organizzare questa breve vacanza.
d.2. Siamo tornati al lavoro molto più rilassati.

4. Nel brano che segue lo psichiatra **Paolo Crepet** spiega che cosa pensa del modo in cui oggi la scuola italiana si rapporta al mondo degli adolescenti. Individua e sottolinea le tesi sostenute dall'autore.

La scuola italiana non è stata costituita per ascoltare il disagio di un adolescente ma solo per contenerlo e classificarlo in termini di capacità di apprendimento. È sempre più evidente che la scuola non è capace di affrontare e di avvicinarsi al mondo affettivo dei suoi allievi. E quando mai un insegnante passa la sua ora a discutere dell'innamoramento di uno dei suoi ragazzi che proprio per questo non riesce più a studiare? La scuola, anzi, ha un tale fastidio per il mondo degli affetti e delle emozioni giovanili che ha inventato spazi appositi dove è lecito affrontare questi argomenti, come avviene durante la settimana della gita o nell'intervallo tra le lezioni: l'importante è che le relazioni e i coinvolgimenti affettivi non turbino e non inquinino il tradizionale andamento dei programmi educativi.

riduzione e adattamento da Paolo Crepet, *Una scuola inadeguata*

5. Scegli tra le affermazioni che seguono quella che, con parole diverse, esprime la stessa tesi sostenuta da Paolo Crepet.

- ☐ Oggi la scuola italiana si occupa più di classificare le capacità di apprendimento degli studenti che del loro disagio psicologico
- ☐ Le gite e l'intervallo possono essere considerati i momenti più significativi della vita scolastica di uno studente
- ☐ Gli insegnanti dovrebbero dedicare maggiore attenzione ai problemi emotivi e psicologici degli studenti

- Che cosa pensi dell'idea di scuola che emerge dalle parole di Crepet?
- Se sei d'accordo con il punto di vista espresso nel testo, aggiungi altri esempi a sostegno della tesi dell'autore.
- Se invece pensi che la scuola sia diversa da come la giudica Crepet esponi la tua tesi sostenendola con argomentazioni adeguate.

3 Le tipologie testuali miste

Il ***reportage***, l'**inchiesta** e la **recensione** sono tre forme di scrittura giornalistica che per ragioni di ampiezza e di contenuto non sono inseribili tra le cronache; vengono considerate **tipologie testuali miste** poiché sono costruite utilizzando contemporaneamente **tecniche narrative, descrittive, espositive e argomentative** che sono tipiche di generi differenti.

Il *reportage*

Il *reportage* è un testo destinato alla pubblicazione su quotidiani o periodici che ha per oggetto **avvenimenti di particolare importanza**, **ma di difficile documentazione** per l'inaccessibilità dei luoghi o per la criticità del contesto, ed è spesso il risultato di un lungo periodo di osservazione e di analisi. Il reporter può essere un **cronista**, un "corrispondente" (se vive stabilmente nel luogo in cui accadono i fatti) o un **inviato speciale** (se vi è stato mandato appositamente), ma in ogni caso a lui tocca il difficile compito di presentare ai lettori situazioni ignote e spesso di difficile interpretazione mediando tra la **soggettività** delle sue impressioni e l'**oggettività** dei fatti rappresentati, tra la **frammentarietà** degli episodi riportati e la complessità del contesto in cui essi sono inseriti, tra le **opinioni** degli studiosi su quel determinato fenomeno e l'**immediatezza** dei dettagli di costume osservati direttamente.
In linea teorica, a seconda del contenuto e delle finalità che intendono perseguire, questi servizi possono essere distinti in ***reportage* d'inchiesta**, ***reportage* sociale** e ***reportage* di viaggio**, ma in realtà quasi sempre essi assolvono contemporaneamente a più di una funzione.
Molti *reportages* sono assimilabili al racconto letterario perché i dati vengono organizzati secondo una **trama** e il **linguaggio** tende a essere più **vario** di quello utilizzato negli articoli di cronaca e spesso è arricchito da espressioni e modi di dire che tentano di riprodurre la freschezza del parlato per accorciare la distanza geografica e culturale tra il lettore e i fatti.

Reportage
Sostantivo derivante dal verbo francese *reporter* ("riferire"), che definisce il servizio giornalistico su una situazione o un argomento particolare.

Reporter
Sostantivo derivante dal verbo inglese (*to*) *report* ("riportare", "riferire"), che nel linguaggio giornalistico definisce un corrispondente, un inviato speciale, o un cronista.

Il *reportage* di viaggio

BIOGRAFIA
P. Rumiz

Nell'estate 2011 il giornalista **Paolo Rumiz** attraversò l'Italia alla ricerca dei luoghi che un tempo erano stati luoghi nei quali si erano svolte attività più o meno importanti (città, fabbriche, caserme...) e che sono stati poi abbandonati per le più svariate ragioni. Da questa esperienza scaturisce un *reportage* significativamente intitolato *Case degli spiriti*, di cui ti proponiamo un brano.

Una scoperta mozzafiato

Montevergine (Avellino) – Il temporale stava arrivando e noi ci eravamo persi in un labirinto di strade sterrate. Bisognava fare in fretta perché la cima del Monte Partenio – un complicato saliscendi coperto di selve – si stava trasformando in acchiappafulmini. Eravamo già sul punto di scappare quando, in cima a una salita, a quota 1.200, vedemmo un cancello arrugginito cigolare nel vento. Restammo senza fiato. Oltre quel portale semiaperto iniziava una strada in discesa con doppio *guardrail*. E lì in fondo, tra le nubi al galoppo, c'era una spianata aperta sul nulla, coperta di enormi, nude piattaforme di cemento e strani muretti semicircolari. Sembrava il cerchio del sole di Stonehenge[1], un tempio inca per sacrifici umani. Invece era l'ex base Nato di Montevergine, il nido smantellato dei radar della Sesta Flotta, l'occhio dell'America sul Mediterraneo. Esattamente quello che cercavamo. Nemmeno Marco, che era del posto, c'era mai arrivato ed era, come noi, senza parole. Gli Americani avevano portato via tutti i loro impianti, e il luogo, riconsegnato alla natura, aveva assunto una forza preistorica, quasi minerale. Verso ovest, tra gli squarci di nebbia, oltre il querceto nella tempesta, comparivano la piana di Nola e la Valle Caudina. Napoli era invisibile nella pioggia. Fu allora che venne la fatamorgana. Tra un sipario e l'altro di nubi comparve una cresta dentata come di stegosauro, e poi un'altra ancora. Erano colline irte di antenne, parevano le guglie del duomo di Milano, e in quel clima da Poltergeist – stava grandinando – la cresta del Partenio, con i suoi luoghi sacri in contatto da millenni con la Dea Madre, ora si svelava coperta di una foresta pluviale di ripetitori, attivi o dismessi. Una montagna di ferro e ruggine dove il rapporto col cielo continuava sotto forma di una tempesta elettromagnetica che additava un'ombra terribile sopra di noi. Non avremmo potuto scoprire quel luogo in un momento più fantasmagorico. La base Nato era vuota, ma il resto delle antenne estinte era lì, tra le nubi, con ancora appesa la targa dell'esercito, della polizia, delle poste o di varie televisioni. Ci si aprì un mondo. Torri di metallo abbandonate da non più di dieci anni friggevano nel temporale come gabbie di Faraday. Una montagna di ferri contorti come ramponi sulla gobba di un capodoglio friggeva nel temporale e urlava verso il cielo chissà quale messaggio. [...] Ci arrampicammo nel labirinto, passammo liberamente vertiginosi ballatoi, sentimmo il vento sibilare in vecchie strutture paraboliche, oltrepassammo squarci di filo spinato, calpestammo piattaforme di cemento coperte di muschio e vetri rotti, sfiorammo pannelli elettronici spolpati dai vandali, passammo sotto torrette di guardia perfettamente vuote e indecifrabili totem d'acciaio. Non erano segni di una civiltà estinta ma resti parlanti del nostro secolo.

Paolo Rumiz, *Case degli spiriti*, "la Repubblica", 2011

1. **Stonehenge:** sito archeologico inglese risalente al Neolitico, composto da due anelli concentrici di pietre circondate da un solco scavato profondamente nel terreno.

› Nicola Scafidi (1925-2004), *Omicidio di Francesco Barone*, Sicilia 1959, particolare.

BIOGRAFIA
F. Gatti

La **funzione informativa** di questo *reportage* si risolve essenzialmente nell'indicazione del **luogo** in cui si svolge l'episodio («*Montevergine (Avellino)*») e delle **coordinate** che permettono di collocare geograficamente la struttura abbandonata («*Monte Partenio*», «*Montevergine*», «*piana di Nola*», «*valle Caudina*»), di cui viene sinteticamente segnalato il precedente utilizzo («*ex base Nato*»).
Nel testo predomina invece la **componente narrativa** che si esprime nello sforzo di riprodurre attraverso le parole la forte suggestività dell'ambiente e l'emozione della scoperta. Per realizzare quest'obiettivo Rumiz adotta alcuni procedimenti tipici della prosa letteraria, creando un **clima di attesa** e ***suspense*** («*Restammo senza fiato*») e utilizzando un **linguaggio** fortemente **connotativo**, ricco di figure retoriche basate su **slittamenti semantici** (sottolineati in rosso) e di elementi lessicali appartenenti all'area semantica del **mistero** (sottolineati in verde) e dell'**arcaico** (sottolineati in viola) che sottolineano l'inquietante alterità dello spazio.

Il *reportage* d'inchiesta

Per comprendere e rendere comprensibile ai lettori eventi distanti dall'esperienza comune, spesso il *reporter* deve immergersi completamente in un contesto diverso da quello abituale: è ciò che fa **Fabrizio Gatti**, che nell'estate 2005 assume l'identità di un clandestino iracheno per entrare nel CPTA[1] di Lampedusa. Ecco la parte iniziale del *reportage* nato da questa vicenda.

Nel CPTA di Lampedusa

Un nome inventato e un tuffo in mare. Non serve altro per essere rinchiusi nel centro per immigrati di Lampedusa. Basta fingersi clandestino e in poco tempo ci si ritrova nella gabbia dove ogni anno migliaia di persone finiscono il loro viaggio e dove nessun osservatore o giornalista può entrare. La via più veloce per infiltrarsi nella Cayenna dell'Unione Europea[2] prevede un salto dagli scogli e qualche ora in acqua. Se non si vuole partire dalla Libia e rischiare di affondare con le barche sovraccariche, non esistono alternative. Così ho scelto un nome straniero e uno stratagemma preso in prestito da Papillon, il mitico film del 1973: per fuggire dalla Cayenna, quella vera, Steve McQueen si butta dalle rocce e si affida all'Oceano aggrappato a una zattera di fortuna. Solo che qui lo scopo non è scappare ma farsi prendere. Ed è ciò che mi è successo: ripescato da un automobilista, catturato dai carabinieri sul lettino del pronto soccorso e rilasciato la settimana dopo, la sera di venerdì 30 settembre. Libero, con la possibilità di andare a lavorare in qualunque città d'Europa come clandestino, nonostante i precedenti penali e una condanna nel 2004.
Comincia e finisce così il diario di otto giorni da prigioniero nell'inferno di Lampedusa. Il prezzo da pagare per assistere in prima fila a umiliazioni, abusi, violenze e a tutto quanto l'Italia ha sempre nascosto alle ispezioni del Parlamento europeo e delle Nazioni Unite. Ma è anche l'opportunità per vivere l'immane solitudine di uomini, donne e bambini che, nella fatica di migliorare la propria vita, hanno avuto contro il deserto, i trafficanti, le tempeste e adesso che sono sbarcati hanno contro la legge che dovrebbero rispettare.

1. **CPTA:** sono i Centri di permanenza temporanea e assistenza istituiti nel 1998 allo scopo di accogliere o trattenere gli stranieri immigrati irregolarmente in Italia e stabilire le modalità di espulsione o l'eventuale concessione dello status di profugo. Dal 2008 sono stati sostituiti dai CIE (Centro identificazione ed espulsione).
2. **nella Cayenna dell'Unione Europea:** a Lampedusa, la prigione dell'Unione Europea. Su un'isola di fronte alla città di Cayenne, capitale della Guyana Francese, c'era un penitenziario dove il governo francese mandava i detenuti più pericolosi, e per questo motivo la parola "Cayenne" è diventato sinonimo di prigione.

Venerdì 23 settembre
Il Mediterraneo stasera ha il respiro lento. Sotto il cielo senza luna, l'acqua non si vede. Si sente soltanto il suono, due o tre metri laggiù ai piedi della scogliera. Prima del salto, bisogna sincronizzarsi con il ritmo del mare. Entrare in acqua quando l'onda è più alta, sfruttare la risacca[3] e allontanarsi subito dalle rocce. Uno. Due. Al tre il freddo già avvolge il corpo: da questo momento sono Bilal Ibrahim el Habib, nato il 9 settembre 1970 nel villaggio immaginario di Assalah, distretto di Aqrah, Kurdistan[4] iracheno [...].
Bilal non ha molto con sé. Ha addosso pantaloni di tela neri, boxer, maglietta di cotone, una felpa blu, un pile pesante e un giubbotto di salvataggio con una scritta in arabo. Sul petto Bilal stringe una borsa sportiva. Dentro ci sono tre scatolette di sardine 'Product of Morocco', tre panini ormai poltiglia, una bottiglia d'acqua e un paio di vecchie ciabatte di plastica. Ma quella borsa, gonfia d'aria, aiuta soprattutto a galleggiare. È la serata ideale per buttarsi in mare senza essere visti. [...] E Bilal può nuotare indisturbato fino a un promontorio su cui brillano le finestre di una villa. C'è un andirivieni di ragazzi, auto e scooter. E prima che qualcuno si accorga dell'uomo in mare, passano almeno quattro ore e mezzo.
[...] Bilal viene accompagnato a testa bassa fino a un piccolo cortile dove aspettano altri carabinieri e un ragazzo con la divisa della Misericordia, l'associazione che ha in appalto il centro di Lampedusa. Il ragazzo offre un bicchiere d'acqua e quattro confezioni di cornetti. Poi toglie da un sacchetto una maglietta di cotone e una tuta da ginnastica: «Mettiti queste che stai più caldo», dice. «Come ti chiami? Da dove vieni?», vuol sapere un carabiniere. «I don't understand», sussurra Bilal, non capisco. La domanda viene rifatta in inglese maccheronico. «Kurdistan»? «Ma se questo è più bianco di me, come fa a essere curdo?», chiede un carabiniere molto abbronzato. Bilal tiene gli occhi bassi sulle sue ciabatte logore e ascolta le voci. «Un curdo che parla inglese. Sarà. Non è che questo è un giornalista della Cnn infiltrato qui dentro?». «Sì, o magari è un giornalista italiano?». «Ma va', gli italiani non fanno queste cose», risponde la prima voce. Pericolo scampato. «Bilal, you must tell ze verity», urla un carabiniere, devi dire ze verity. «Ze verity, understand? Se no bam bam», e mima gli schiaffi. Verity? In inglese verità si dice *truth*. Sarà un errore o un tranello? «Bilal vieni», chiama il ragazzo della Misericordia. Trascina un materassino di gommapiuma preso da una pila di materassi. Lo sistema in corridoio, tra una fila di cessi puliti e la porta di un altro gabinetto molto sporco. Poi lo ricopre con un lenzuolo di carta. «Stanotte lo facciamo dormire qui», dice il ragazzo ai carabinieri. Un altro immigrato sta russando, avvolto come una mummia in una coperta. E da una porta semichiusa si intravedono le sagome di decine di donne stese sul pavimento e un bambino. Quando Bilal torna dal gabinetto, dove è sempre stato seguito da un carabiniere, trova il suo posto occupato. Più di 200 mosche hanno pensato che quel lenzuolo bianco e fresco di cartiera fosse per loro. Ma sono mosche educate. Si alzano quando Bilal arriva e si riappoggiano su di lui soltanto dopo che si è sdraiato. Il tentativo di scacciarle è una battaglia persa. Dal pavimento sale un fortissimo odore di urina. Dal soffitto la luce non si spegne mai. I carabinieri ridono e parlano a voce alta tutta la notte. È difficile prendere sonno. E poi c'è il problema del colore della pelle. Occorre inventarsi una spiegazione credibile prima di domani mattina. Forse questa può andare: Bilal è così pallido perché il papà è curdo, ma la mamma è bosniaca.»

riduzione e adattamento da Fabrizio Gatti, "Espressonline", 8 novembre 2005

3. **risacca:** il movimento di ritorno di un'onda che urta contro un ostacolo e ne viene respinta.
4. **Kurdistan:** regione dell'Iraq abitata dal popolo curdo.

Scritto sotto forma di **diario**, il *reportage* di Gatti ripercorre gli otto giorni trascorsi dal giornalista nel CPTA di Lampedusa dopo essersi fatto passare per un clandestino, allo scopo di conoscere le condizioni di vita degli immigrati e «*assistere in prima fila a umiliazioni, abusi, violenze e a tutto quanto l'Italia ha sempre nascosto alle ispezioni del Parlamento europeo e delle Nazioni Unite*»: nel testo infatti la **finalità informativa** si sovrappone alla volontà di **denunciare** le inumane condizioni di vita dei reclusi e l'ingiustizia e l'inefficienza delle procedure giuridiche.
Come accade in molti articoli dello stesso genere, anche in questo caso ritroviamo elementi formali che rinviano a differenti tipologie testuali e possono essere così schematizzati:

- componente **espositiva-esplicativa**: nel paragrafo iniziale, quando il giornalista illustra il modo in cui è riuscito ad entrare nel CPTA, la durata della sua detenzione e le ragioni del suo gesto;
- componente **descrittiva**: nei passaggi in cui presenta l'aspetto della costa di Lampedusa («*Il Mediterraneo stasera* [...] *ai piedi della scogliera*»), l'abbigliamento indossato per apparire credibile («*Ha addosso pantaloni di tela neri* [...] *un paio di vecchie ciabatte di plastica*») e il luogo assegnatogli per il pernottamento («*in corridoio,* [...] *altro gabinetto molto sporco*»).
- componente **narrativa**: nella **sequenza di eventi** che vanno dal tuffo in mare, all'arresto, all'interrogatorio, nell'**introduzione di personaggi** secondari (il «*volontario*», il «*carabiniere*, l'«*altro immigrato*») e nello sviluppo di **scene dialogate** che riproducono realisticamente le modalità espressive dei personaggi attraverso la **storpiatura dell'inglese** e l'adozione di una **sintassi elementare e spezzata**;
- componente **argomentativa**: in questo brano non viene esplicitata ma si può dedurre analizzando le scelte lessicali dell'autore che, usando le espressioni «*inferno di Lampedusa*»; «*umiliazioni, abusi, violenze*»; «*immane solitudine di uomini, donne e bambini*», esprime implicitamente la sua avversione per i CPTA, che privano dei più elementari diritti individui colpevoli solo di essere nati dalla parte sbagliata del mondo.

Fedele Toscani (1909-1983), *Giovane muratore in cantiere*, Milano 1963.

L'inchiesta

Assimilabile per molti aspetti al *reportage*, l'**inchiesta** è un articolo giornalistico nel quale confluisce una molteplicità di **dati** e di **informazioni** raccolti allo scopo di **documentare** nel modo più completo e obiettivo particolari aspetti della vita sociale ed economica di un Paese. A differenza di quanto accade nel *reportage*, però, l'inchiesta non implica il trasferimento del giornalista in luoghi lontani o sconosciuti, ma richiede piuttosto una notevole **capacità di ricerca**, **analisi** e **interpretazione** di materiali e documenti di diversa natura relativi a un particolare argomento.
L'inchiesta giornalistica può diventare uno **strumento di denuncia**, quando l'autore decide di indagare su reati o soprusi coperti dal silenzio o rimasti impuniti allo scopo di suscitare clamore nell'opinione pubblica e costringere le istituzioni a prendere posizione sul problema: molto praticato nel mondo anglosassone, il giornalismo d'inchiesta negli ultimi anni si è sviluppato in Italia anche grazie allo diffusione dell'**inchiesta televisiva,** che si rivolge a un pubblico molto più ampio di quello della carta stampata e di conseguenza sortisce effetti maggiori.
Anche a causa dell'**eterogeneità delle fonti utilizzate,** l'articolo d'inchiesta adotta contemporaneamente le **tecniche espressive di varie tipologie testuali** (descrittiva, narrativa, espositiva e argomentativa).
In sintesi in un'inchiesta giornalistica confluiscono:

- **dati numerici** e **statistici** che illustrano le dimensioni del fenomeno trattato;
- **episodi di cronaca** che lo esemplificano;
- **video** e **foto** che ne documentano i diversi aspetti attraverso le immagini;
- **opinioni di esperti** che riflettono sulle sue cause e conseguenze;
- **testimonianze dei protagonisti** che raccontano la loro esperienza in forma di lettera o intervista.

Per riconoscere le diverse componenti che sono alla base di un'inchiesta prendiamo in esame una parte di un articolo che ha come oggetto la diffusione del fenomeno del gioco d'azzardo tra gli anziani.

BIOGRAFIA
G. Tizian

Ecco come mi gioco la pensione. Sono gli anziani le vittime dell'azzardo

Chiudono le fabbriche, gli operai chiedono la cassa integrazione, la tensione sociale è alle stelle. Ma il gioco d'azzardo non conosce crisi. Anzi. Il 2012 ha segnato un nuovo record: 87 miliardi giocati dagli italiani. Sette in più rispetto all'anno precedente. Dei quasi 90 miliardi spesi in slot, bingo, gratta e vinci, scommesse e giochi online, solo 16 sono stati distribuiti in vincite. Ogni italiano, inclusi i neonati, ha speso 1.300 euro in un anno nell'azzardo di Stato. Chi ci guadagna sono i signori del gioco. Imprenditori e società che gestiscono per conto dei Monopoli la rete telematica attraverso la quale affluiscono i denari degli italiani.
«Sono luoghi dove trovi di tutto, dalla gente bene, lì per giocare e farsi una chiacchierata, fino all'usuraio di professione. Lo riconosci subito, sta lì come un avvoltoio, e aspetta che qualcuno perda per poi intervenire con prestiti dalle percentuali usuraie. A volte non riesco a riprendermi dallo stato di torpore in cui mi porta il gioco. Vivi come in un continuo stato di shock, perdendo il senso della misura. Mi alzo all'ora di pranzo, non mangio più, non curo il mio abbigliamento, né le relazioni sociali che non siano quelle del gioco. Credo di avere perso anche il senso dell'affetto». (Rita, 73 anni. Pensionata).
«Era sempre nervoso, aveva sempre bisogno di soldi, e alla fine era riuscito a derubare nostro figlio di dieci anni. Gli diceva di farsi dare i soldi dal salvadanaio e che poi li avrebbe restituiti maggiorati. Le uscite domenicali tra padre

e figlio, inoltre, avevano un solo scopo: giocare alle macchinette. Mio figlio veniva seduto in un angolo del bar e lasciato, a soli 10 anni, alle macchinette». (*Marie, che ha denunciato il marito alla polizia*). [...]

Sono solo alcune delle storie raccolte nel dossier sulla ludopatia tra gli anziani realizzato della Fipac, la federazione dei pensionati di Confesercenti. Molti dei giocatori incalliti sono anziani. La Fipac-Confesercenti stima in 1 milione e 700 mila gli anziani coinvolti nel gioco d'azzardo legale. Soprattutto over 65 che in Italia sono oltre 7 milioni. [...] Insomma, un pensionato su quattro gioca forte sul tavolo verde virtuale.

Le regioni con la più alta presenza di macchine e giochi sono la Lombardia (1.211), il Lazio (761), la Campania (661), l'Emilia Romagna (533), il Piemonte (454). E anche analizzando le città dove si gioca di più, la bussola indica sempre il Nord del Paese.

Il gioco al tempo della crisi diventa la pillola della speranza. Per questo giovani e anziani stritolati dalla crisi economica non si staccano dalle macchinette mangiasoldi. Secondo gli esperti l'obiettivo di chi spende stipendi e pensioni nelle slot – che rappresentano gli strumenti più utilizzati dagli italiani – o nei Bingo, lo fa per cercare di migliorare la propria condizione di vita. [...]

Il giro d'affari del gioco legale rappresenta la terza economia del Paese. Tutti quei miliardi di fatturato fanno gola a molti. Lobby e mafie in prima fila. Interessi privati che sfruttano i vizi degli italiani. Delle fasce più deboli. I clan mafiosi hanno investito da ormai un decennio nel settore. Presenti tutte le organizzazioni, nessuna esclusa: Camorra, 'ndrangheta, Cosa nostra e mafia pugliese. Gestiscono società nel noleggio delle video slot e di poker online. Ma anche sale bingo e sale casinò, quelle che spuntano come funghi nelle città italiane, da Nord a Sud. Le stesse sale dove i pensionati corrono a dilapidare l'intera pensione.

riduzione e adattamento da *Giovanni Tizian*, "L'Espresso", 18 novembre 2013

Adottando un **taglio espositivo** l'articolo si prefigge di illustrare il fenomeno della diffusione del gioco d'azzardo su una particolare categoria, quella dei pensionati di età superiore ai 65 anni, e a tale scopo prende in esame **fonti diverse** che corrispondono a **differenti funzioni**:

- l'elencazione dei **dati** relativi all'ammontare della spesa annua destinata al gioco d'azzardo («*87 miliardi giocati dagli italiani*»), alla spesa media pro-capite («*Ogni italiano, inclusi i neonati, ha speso 1.300 euro*»), al numero degli anziani coinvolti («*sono 1 milione e 700 mila gli anziani coinvolti nel gioco d'azzardo legale*») e all'elenco delle **regioni** con il numero maggiore di sale da gioco («*Lombardia* [...] *Lazio* [...] *Campania* [...] *Emilia Romagna* [...] *Piemonte*») ha **valore** prevalentemente **informativo**;
- le **testimonianze** di due persone direttamente coinvolte nel problema («*Rita, 73 anni. Pensionata*»; «*Marie, che ha denunciato il marito alla polizia*») esemplificano le conseguenze concrete del gioco d'azzardo con una **modalità narrativa** che avvicina emotivamente il lettore al tema trattato;
- la **tesi** secondo cui il progressivo aumento dei giocatori va messo in relazione alla crisi economica («*Il gioco al tempo della crisi diventa la pillola della speranza*») è avvalorata dal **parere di esperti** («*Secondo gli esperti l'obiettivo ... cercare di migliorare la propria condizione di vita*») secondo un **procedimento argomentativo**;
- l'affermazione conclusiva che collega il gioco d'azzardo agli interessi della malavita organizzata («*I clan mafiosi hanno investito da ormai un decennio nel settore*»), attirata dalla facilità dei guadagni e dalla possibilità di riciclare danaro proveniente da attività illecite, ha un **valore esplicativo** e fornisce una plausibile **chiave di lettura** dell'incessante diffusione delle sale gioco.

La recensione

La recensione ha l'obiettivo di presentare una **novità letteraria** – e per estensione anche **artistica**, **cinematografica** o **teatrale** – fornendo al tempo stesso al lettore elementi valutativi che lo aiutino a effettuare una scelta: ogni recensione contiene quindi **informazioni** sul **nome dello scrittore** (cantante, pittore, regista...), sul **titolo dell'opera** (libro, disco, mostra, film...), sull'**editore** che l'ha pubblicata, sul **luogo** in cui è possibile vederla ed eventualmente sugli orari e sui costi.
Inoltre, essa presenta in modo più o meno sintetico gli **aspetti essenziali del contenuto** (trama, elenco dei brani musicali, dipinti...) ed **esprime** anche **un giudizio di valore** che ha lo scopo di **incuriosire** o **scoraggiare** il potenziale fruitore.
L'**ampiezza** e l'**approfondimento** di una recensione variano **in relazione allo spazio** che la testata giornalistica destina alla sua pubblicazione: può essere brevissima ed essenziale, quando viene inserita nelle pagine di cronaca che presentano le proposte culturali di una città, oppure estesa e articolata se appare su una rivista specializzata o è collocata in una specifica sezione del giornale dedicata integralmente a quell'argomento (per esempio la pagina culturale dei quotidiani), o se si riferisce a un evento di eccezionale portata.

Recensione
Dal sostantivo latino *recensio, -onis* che significa "esame", "rassegna".

La recensione letteraria

Esaminiamo le caratteristiche di questo tipo di scrittura partendo dall'articolo di **Corrado Augias** che nella rubrica letteraria *La mia babele* presenta l'ultimo romanzo dello scrittore **Gianrico Carofiglio**.

BIOGRAFIE
C. Augias
G. Carofiglio

Carofiglio torna nella sua Bari senza l'avvocato Guerrieri

Credo che il nuovo romanzo di Gianrico Carofiglio *Il bordo vertiginoso delle cose* sia il suo migliore dopo la fortunata serie d'esordio dell'avvocato Guerrieri. Trama ricca, una tecnica collaudata: indagare il passato di una persona, le sue paure, gli amori, il remoto apprendistato alla vita. La variante è che il protagonista indaga su se stesso. Carofiglio si rifà a quel ricco filone che, da Edipo in poi, vede un uomo alla ricerca (consapevole o inconsapevole) di se stesso. Si tratta di un poderoso strumento narrativo e già questo dà robustezza al racconto che infatti si legge d'un fiato.

Il personaggio e la trama

Il protagonista, Enrico Vallesi, parte per la città dove ha trascorso la prima giovinezza, Bari, dopo aver letto su un giornale il nome di un uomo ucciso durante una rapina. Capiremo poi il perché. Una volta a Bari comincia davvero la storia, aperta dal lungo, bellissimo, dialogo notturno tra Enrico e suo fratello. Perché un matrimonio, dopo dieci anni di convivenza, si esaurisce e muore. Affiorano i tradimenti reciproci, non quelli del sesso, quelli più[1] insidiosi dei comportamenti che allontanano senza rimedio. La verità aspra della vita, quel bordo vertiginoso del titolo che il lettore vedrà affiorare a pagina 121 per poi trovarne completa spiegazione nel finale. L'autore aveva già affrontato un tema simile nel precedente *Il passato è una terra straniera*. Qui però c'è maggiore ricchezza di motivazioni, una trama ben congegnata (rara nella narrativa italiana), una tecnica che alterna passato e presente contribuendo alla vivacità degli episodi.
Unico appunto, le parti scritte con la seconda persona singolare (*«Ti viene da fare un fischio, torni alla prima pagina»*) che mi sono sembrate stridenti. Resta la forza dei richiami di fondo: il fascino della violenza su un ragazzo di natura schiva; la seduzione di un

Il bordo vertiginoso delle cose
Giancarlo Carofiglio
Rizzoli pp. 315

amore nello stesso idealizzato e carnale per la professoressa di filosofia [...]. Due temi che si salderanno, come il lettore vedrà , in un corto circuito doloroso per il protagonista. Carofiglio, sperimentato autore di racconti polizieschi, non rinuncia nemmeno qui ad alimentare una sottotrama ricca di *suspense* che sospinge la narrazione verso un finale non meno efficace per il fatto di restare aperto. Anche alla speranza.

Corrado Augias, "Il Venerdì di Repubblica", 29 novembre 2013

Adottando un **procedimento espositivo**, Augias si sofferma sugli **aspetti salienti** della narrazione, presentando il **personaggio principale** – Enrico Vallesi – e la **sintesi della trama**, mentre le informazioni generali sul romanzo sono consegnate a un piccolo riquadro laterale che ne riproduce la copertina accompagnata dal titolo, dai nomi dell'autore e dell'editore e dalle indicazioni relative al numero di pagine.
Visto che sta analizzando un testo narrativo, una parte rilevante della recensione si concentra sulla **ricostruzione delle relazioni intertestuali** che legano l'opera ad altri testi della tradizione letteraria («*si rifà a quel ricco filone che, da Edipo in poi, vede un uomo alla ricerca [consapevole o inconsapevole] di se stesso*»), e a precedenti romanzi di Carofiglio («*aveva già affrontato un tema simile nel precedente* Il passato è una terra straniera»), ai quali allude anche il titolo del pezzo che contiene il nome di un altro personaggio creato dallo scrittore («*la fortunata serie d'esordio dell'avvocato Guerrieri*»).
Altrettanto ricco è l'**aspetto valutativo** del testo che contiene un **giudizio** decisamente **positivo** sul romanzo («*Credo che* [...] *sia il suo migliore*») **argomentato:**

- mediante precisi riferimenti alla **trama** («*Trama ricca* [...] *trama ben congegnata;* [...] *si legge d'un fiato*»);
- alla **struttura narrativa** («*una tecnica che alterna passato e presente contribuendo alla vivacità degli episodi ... una sottotrama ricca di* suspense»);
- al **tema** («*un poderoso strumento narrativo* [...]. *Resta la forza dei richiami di fondo*»): gli appassionati del genere e dell'autore sono quindi incoraggiati ad acquistare l'opera e anche chi ancora non li conosce prova una certa curiosità.

Federico Patellani (1911-1977), fotografia dal reportage *Vita di minatore*, Carbonia 1950, particolare.

La recensione musicale

In questo caso invece l'articolo, pubblicato nel sezione "Cultura" del settimanale "Panorama", recensisce l'uscita dell'album musicale di Luciano Ligabue intitolato *Mondovisione*.

BIOGRAFIA
G. Poglio

Indignazione, sentimenti e un sound rock'n'roll che guarda al futuro

Verità e schiettezza, classico e moderno, indignazione e sfinimento. Sono queste le sei parole chiave per interpretare *Mondovisione* che, va detto subito, è un gran bel disco.

L'iniziale *Il muro del suono* è un manifesto sonoro, una dichiarazione di intenti nel nome del rock'n'roll. "C'è qualcuno che può rompere il muro del suono?" canta Ligabue su un tappeto di chitarre dal sound quasi live.

"Questo non è un disco politico, perché anche le canzoni d'incazzatura sono canzoni sentimentali" ha dichiarato di recente il rocker a Fabio Fazio.

In questa direzione va *Il sale della Terra*, espressamente dedicata all'esercizio del potere: "Siamo l'arroganza che non ha paura, siamo quelli a cui non devi chiedere fattura". Esplicita rispetto al tempo in cui viviamo una delle strofe di *Nati per vivere* che fa "La tua miccia è corta non sai quando la tua rabbia esploderà".

"Stiamo sotterrando la vita vera dietro quintali di chiacchiericcio, pensieri inutili. Bisogna fare breccia nel chiacchiericcio. Sarà l'età, ma è da un po' di tempo che la velocità a cui andiamo non è quella della realtà. Tutto ci emoziona per cinque minuti, poi passa" ha dichiarato il Liga in conferenza stampa a Milano. L'antidoto all'effimero bruciato in fretta è la vita vera, quella delle strofe di *Ciò che rimane di noi*, forse il brano meglio riuscito di *Mondovisione.*

La neve se ne frega è una raffinata canzone d'autore, intensa, con il pianoforte in evidenza. Arriva subito e lascia il segno. Ha invece una bella energia *Con la scusa del rock'n'roll*, il classico pezzo che infiamma i fan durante i concerti. "Con la scusa del r'n'r ho detto cose che potevo non dire e fatto cose che potevo non fare" è il concetto centrale del testo, intriso di evidenti riferimenti personali. Sul fronte ballad funziona *Sono sempre i sogni a dare forma al mondo*. Un po' beatlesiana, un po' classicamente Ligabue, è una canzone che libera la sua bellezza ascolto dopo ascolto, un'ottima chiusura di disco.

Mondovisione è il disco rock di un artista che ha ancora intensità e ispirazione, che sa parlare di mondo alle persone reali, che sa indignarsi senza lanciare proclami. Non è poco e non è nemmeno scontato.

Gianni Poglio, "Panorama", 26 novembre 2013

Sin dalle prime righe appare chiara **l'opinione positiva** del critico («*è un gran bel disco*») che ribadisce la sua idea alla fine del pezzo («*Mondovisione è il disco rock di un artista che ha ancora intensità e ispirazione*») dopo avere dettagliamente articolato e precisato il proprio punto di vista mediante un **procedimento espositivo analitico** che si realizza accostando i **dati informativi** – i titoli dei brani – a una **breve descrizione** delle loro caratteristiche: ovviamente, la natura dell'oggetto recensito orienta la selezione degli elementi valutabili che in questo caso o riguardano gli **aspetti tematici** e quindi **testuali** del brano («*L'antidoto all'effimero bruciato in fretta è la vita vera, quella delle strofe di* Ciò che rimane di noi»), o quelli squisitamente **musicali** («*Sul fronte ballad funziona* Sono sempre i sogni a dare forma al mondo. *Un po' beatlesiana, un po' classicamente Ligabue, è una canzone che libera la sua bellezza ascolto dopo ascolto*»).

Il testo è inframmezzato da **citazioni** di versi di canzoni e di **brevi stralci di interviste** che assumono una **funzione esplicativa** poiché permettono di comprendere le intenzioni implicite dei componimenti («*Stiamo sotterrando la vita vera dietro quintali di chiacchiericcio, pensieri inutili. Bisogna fare breccia nel chiacchiericcio*»).

La recensione cinematografica

BIOGRAFIA
P. Mereghetti

Quando una recensione contiene solo giudizi negativi viene definita "stroncatura": ne troviamo un esempio in quest'articolo del critico **Paolo Mereghetti** sul film *The Lone Ranger*, distribuito nelle sale cinematografiche italiane nell'estate 2013.

Il West visto con gli occhi di un indiano «Tonto» The LoneRanger

Intanto bisognerebbe cambiare il titolo. O comunque farci un'aggiunta. Perché il vero protagonista del film che vuole riportare in auge il mito del Cavaliere solitario è il «comprimario» Tonto, il pellerossa che l'aveva salvato quando tutti lo davano per morto. Il film di Verbinski e Bruckheimer (il primo regista, il secondo produttore, già all'origine del successo dei primi tre Pirati dei Caraibi) punta soprattutto su di lui – e sul suo interprete, Johnny Depp – per rinverdire un personaggio e un genere (il western) che sembravano irrimediabilmente relegati negli archivi della nostalgia. [...]

Il cuore del film gira intorno alla costruzione della ferrovia transamericana, raccontata quando sta per attraversare il territorio degli Cheyenne: c'è un (fin troppo) intraprendente costruttore affidato a Tom Wilkinson, c'è il crudelissimo e imprendibile bandito Butch Cavendish (William Fichtner), c'è il ruvido ranger Dan Reid (James Badge Dale) che sembra preoccuparsi maggiormente della legge che della moglie Rebecca (Ruth Wilson), c'è il suo idealista fratello John Reid (Armie Hammer), da sempre innamorato della cognata, c'è il capitano dei cavalleggeri Fuller (Barry Pepper), c'è un'intraprendente tenutaria di bordello con gamba d'avorio (Helena Bonham Carter), c'è una miniera d'argento e c'è naturalmente il pellerossa Tonto (Johnny Depp), che si porta dentro il peso di una colpa che scopriremo solo alla fine.

Come vuole il mito, Dan Reid finisce ben presto fuori gioco, ma ci vorrà quasi tutto il film per convincere il fratello John, "ritornato" dalla morte per merito di Tonto, a trasformarsi nel Cavaliere raddrizzatore di torti. E ci riuscirà solo quando capisce che per combattere l'avidità e la violenza dell'«uomo bianco» [...] deve prendere in mano le Colt e rendere ai cattivi pan per focaccia. Anzi

› Tazio Secchiaroli (1925-1998), Federico Fellini durante le riprese del film *Otto e ½*, Roma 1962, particolare.

piombo per piombo. Tutta questa specie di «rilettura» del mito del West trova la sua ragion d'essere nella speranza di ripetere il successo di dieci anni fa raccontando le avventure di Jack Sparrow. Peccato che questa volta la sceneggiatura sia troppo macchinosa e slabbrata, che il divertimento arrivi solo nell'ultima mezz'ora, con l'inseguimento tra i treni, e che tutti gli sforzi per rileggere il mito del West dalla parte dei nativi faccia ampiamente rimpiangere ben altre stagioni cinematografiche (e registi e attori e film). Senza dimenticare che la regia di Verbinski sembra concentrare tutti gli sforzi sul modo di tenere assieme riprese dal vero ed effetti speciali, senza preoccuparsi molto della recitazione degli attori: Johnny Depp è "ingessato" dietro un trucco invasivo e Armie Hammer sembra alternare due sole espressioni: con la maschera e senza...

riduzione e adattamento da Paolo Mereghetti, "Corriere della Sera", 2 luglio 2013

A differenza degli articoli che abbiamo finora preso in esame, questa recensione esprime **un giudizio complessivamente negativo** sul film di cui non salva nulla, a partire dal titolo («*Intanto bisognerebbe cambiare il titolo. O comunque farci un'aggiunta*»).
Nel testo **la funzione valutativa prevale** decisamente su quella informativa poiché i dati relativi al regista, al produttore e agli interpreti principali vengono disseminati nella parte iniziale dell'articolo (sottolineati in rosso nel brano), e la continuità espositiva della trama viene spezzata da un inciso che lascia trasparire la perplessità del giornalista sulle scelte registiche («*c'è un [fin troppo] intraprendente costruttore*»).
Per **argomentare la propria posizione** il critico **attua un confronto** con i classici del genere western («*faccia ampiamente rimpiangere ben altre stagioni cinematografiche*») e con altri film di successo girati e prodotti dagli stessi nomi («*il primo regista, il secondo produttore, già all'origine del successo dei primi tre Pirati dei Caraibi*»), soffermandosi su alcuni **aspetti peculiari del linguaggio cinematografico** per sottolineare l'**inadeguatezza della trama,** poco convincente e sconnessa («*Peccato che questa volta la sceneggiatura sia troppo macchinosa e slabbrata*»), e l'**inespressività degli attori** («*Johnny Depp è "ingessato" dietro un trucco invasivo e Armie Hammer sembra alternare due sole espressioni: con la maschera e senza...*»): l'**implicito messaggio** che l'articolo invia allo spettatore è di non aspettarsi nulla da questo film se non vuole rimanere deluso.

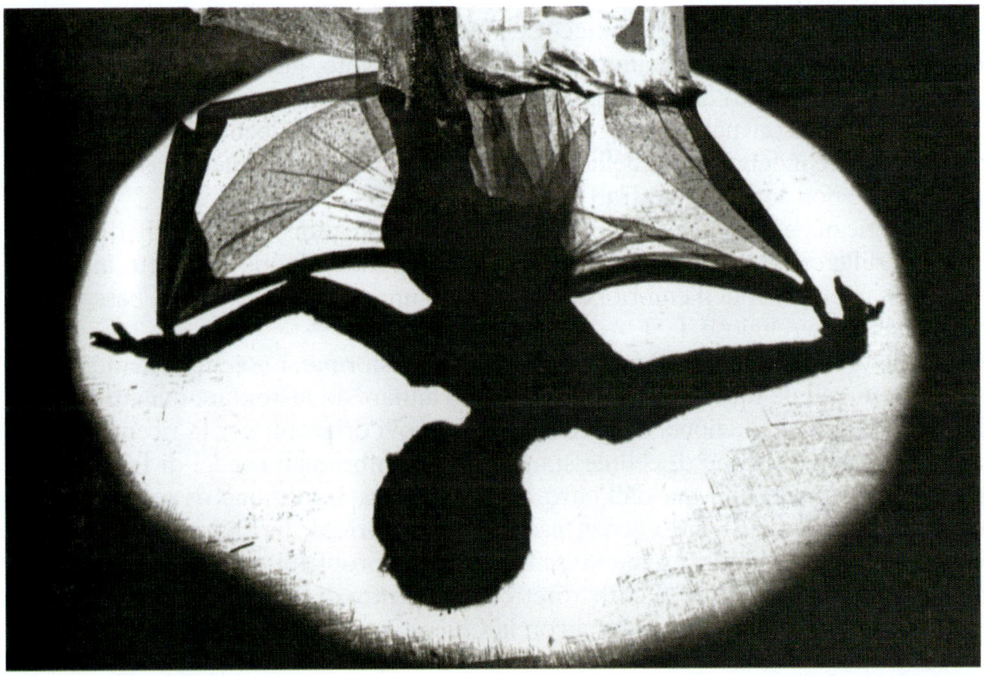

‹ Tazio Secchiaroli (1925-1998), Sophia Loren davanti all'obiettivo di Richard Avedon, New York 1966, particolare.

Verifica delle abilità

BIOGRAFIA
M. Molinari

Staminali sì, ma senza embrioni

L'articolo che segue rappresenta un esempio di giornalismo di cronaca inserito, tuttavia, in un contesto di inserto di approfondimento a carattere di divulgazione scientifica. Ne derivano alcune specificità: il luogo in cui è pubblicato garantisce in una certa misura dall'effetto di notizia sensazionale che tende a colpire il lettore più per l'eccezionalità con cui l'informazione viene presentata che per la fondatezza dell'argomentazione con cui viene sostenuta; per il medesimo motivo, il lettore non troverà una trattazione scientifica vera e propria, ma il richiamo in forma di notizia di cronaca di un evento particolare, legato alla ricerca, e da cui si trarrà spunto per una riflessione più approfondita che ne risulta rafforzata e al contempo non astratta.
Se l'impianto dell'articolo è informativo-espositivo, poiché il giornalista riferisce di una scoperta scientifica, nelle parti in cui egli riporta brani di interviste a studiosi assume, invece, una connotazione decisamente argomentativa in cui ognuno di loro prospetta il proprio punto di vista. Tale impianto testuale misto si riflette anche nello stile che fa notevole uso di connettivi, soprattutto subordinanti, proprio per la necessità di evidenziare di volta in volta i passaggi del ragionamento. Per rendere però più agile e vivace la lettura, il discorso sintattico è alcune volte interrotto da forme nominali.

MAURIZIO MOLINARI – CORRISPONDENTE DA NEW YORK

«Una nuova era per la scienza, l'equivalente biologico del primo aeroplano del fratelli Wright». Con queste parole Robert Lanza, titolare dei laboratori dell'Advanced Cell Techology del Massachusetts, riassume la scoperta del metodo scientifico che consente di adoperare le cellule della pelle come se fossero cellule staminali tratte da embrioni. A rendere pubblico «il gigantesco passo compiuto» è stata la simultanea pubblicazione sui giornali scientifici "Cell" e "Science" dei risultati delle ricerche condotte in Giappone dal team dell'Università di Kyoto, guidato da Shinya Yamanaka, e negli Stati Uniti dal pioniere delle cellule staminali, James Thompson dell'Università di Madison nello Stato del Wisconsin. Entrambi documentano di essere riusciti a creare in laboratorio delle cellule che si comportano come se fossero staminali, anche se non sono state estratte da embrioni. [...]

La scoperta americana e giapponese può avere un impatto significativo nel dibattito sulla ricerca sulle cellule staminali, in quanto chi si oppone, finora, l'ha fatto in nome della difesa dei diritti dell'embrione, considerato una forma di vita sulla base di convinzioni etiche e religiose. [...]

L'importanza delle staminali sta nel fatto che possono trasformarsi potenzialmente in qualsiasi tipo di cellule umane e, dunque, possono aiutare ad affrontare malattie finora considerate senza soluzione. Si aprono perciò nuovi orizzonti per la ricerca: da un lato verso la produzione di cellule staminali non-embrionali capaci di fronteggiare le malattie incurabili, ma dall'altro anche verso la clonazione di cellule, soprattutto per i trapianti. Il tutto senza passare per embrioni, fertilizzazione in vitro, ricorso a uova femminili o seme maschile. «Questi problemi etici sembrano alle nostre spalle», osserva Laurie Zoloth, direttore del Centro di Bioetica della Northwestern University, parlando in sintonia con la Chiesa cattolica. «È uno sviluppo di importanza epocale, perché offre un'alternativa moralmente non problematica alla clonazione e credo che sarà accettabile per i cattolici»: sono state le parole di Richard Doerflinger, portavoce della Conferenza episcopale Usa. Questo non significa, comunque, che tutti gli ostacoli etici siano stati superati ed il primo ad ammetterlo è lo stesso Yamanaka, riferendosi alla necessità di riuscire a distinguere con certezza scientifica le cellule staminali embrionali da quelle create grazie al nuovo metodo scientifico e denominate «iPS».

da "Tuttoscienze": http://archivio.lastampa.it/LaStampaArchivio/main/History/tmpl_viewObj.jsp?objid=8104073

1. Perché la scoperta scientifica di cui si parla nell'articolo «*apre una nuova era*»? Rispondi facendo riferimento al testo.
2. A quali fonti fa riferimento l'articolo? Di che tipo sono e come potresti definirle (scientifiche, attendibili, non attendibili...)?
3. La scoperta apre «*nuovi orizzonti per la ricerca*», ma le motivazioni portate dagli intervistati in forma diretta o rielaborate dall'articolista sono diverse: individuale nel testo e motivane la diversità.
4. Le caratteristiche delle nuove cellule staminali risolvono definitivamente ogni questione di ordine etico? Rispondi facendo riferimento al testo.
5. Analizza il titolo dell'articolo: lo definiresti "caldo", cioè di tipo sensazionale oppure, come più di frequente succede, informativo? In tal caso ti pare che riassuma adeguatamente le 5W?
6. Come valuti la scelta del titolista?
7. Poni attenzione alla struttura dell'articolo: cerca di individuare i concetti principali e trascrivili in uno schema. Ora valuta: ti pare che l'impianto del discorso sia chiaro e consequenziale nelle informazioni che offre?
8. Ti pare di riconoscere con sufficiente chiarezza la struttura dell'argomentazione (argomento, tesi, prove a sostegno della tesi, antitesi, prove a sostegno dell'antitesi)?

Verifica finale

A partire dall'articolo riportato qui di seguito, esegui l'analisi e la produzione di un testo argomentativo.

Quanto vale quel simbolo

BIOGRAFIA
V. Mancuso

Accogliendo la denuncia di una cittadina italiana, il 3 novembre 2009 la Corte Europea dei Diritti dell'Uomo di Strasburgo ha sentenziato che la presenza dei crocifissi nelle aule scolastiche è una violazione della libertà dei genitori a educare i figli secondo le loro convinzioni, e della libertà di religione degli alunni.
L'articolo che ti proponiamo contiene una delle tante voci che si sono espresse su questo argomento. Leggilo con attenzione, poi svolgi gli esercizi.

Dietro la sentenza della Corte europea dei diritti dell'uomo di Strasburgo vi è la preoccupazione in sé legittima di tutelare la libertà, in particolare la libertà religiosa dei bambini che potrebbe venir minacciata dalla presenza di un crocifisso nelle aule scolastiche. In realtà vi sono precisi motivi che rivelano l'infondatezza di tale preoccupazione, e mostrano al contrario che dal crocifisso scaturisce uno sprone all'esercizio della libertà in modo giusto e coraggioso.

Il primo di questi motivi si può esprimere con le parole con cui domenica scorsa Eugenio Scalfari concludeva il suo articolo, quando, rivolgendosi al cardinal Martini e dopo aver ribadito il suo ateismo, scriveva: "Sia lei che io sentiamo nel cuore il messaggio che incita all'amore del prossimo. A lei lo invita il suo Dio e il Cristo che si è incarnato; a me lo manda Gesù, nato a Nazareth o non importa dove, uomo tra gli uomini, nel quale l'amore prevalse sul potere". [...]

Nel caso di Scalfari siamo in presenza di una forte personalità non cristiana che vede nel crocifisso un simbolo del più alto ideale che agli uomini sia possibile abbracciare, cioè quello dell'impegno a favore del bene e della giustizia anche a rischio della perdita della vita fisica. E perché dovremmo privare i nostri ragazzi di questo richiamo?

Il secondo motivo a favore del mantenimento del crocifisso nelle aule scolastiche consiste nel bisogno di simboli radicato nell'anima umana fin dalle sue origini e che contraddistingue particolarmente la gioventù. Tutti siamo stati ragazzi e tutti abbiamo avuto i nostri poster incollati con lo scotch sull'armadio della camera, come oggi avviene con i nostri figli. Quali poster ideali è in grado la scuola italiana di presentare alla mente dei giovani? Quali esempi concreti di umanità, quali modelli esemplari di vita? È chiaro che Gesù di Nazareth non è il solo modello (per fortuna!), ma è altrettanto chiaro che è il principale individuato dalla nostra tradizione spirituale, culturale e civile lungo i suoi secoli di storia. E perché dovremmo privare i nostri ragazzi di questo simbolo concreto? Perché lasciare solo una parete bianca e vuota? Mi sento di aggiungere che anche chi non crede non ha nulla da perdere dal confronto con questo simbolo carico di storia e di pensiero, persino l'ateismo ha da guadagnare nel confrontarsi con il simbolo della croce. [...]

Un terzo motivo riguarda il fatto che la croce è presente non solo nelle aule scolastiche ma in molti altri simboli e luoghi, nei quali non si vede perché debba rimanere se nelle aule scolastiche viene considerata una minaccia. Mi riferisco per esempio a numerose bandiere [...], mi riferisco a numerosi stemmi di città italiane [...], mi riferisco a migliaia di opere d'arte e di croci presenti nelle città e sui monti italiani. E poi come si potrà leggere e studiare in classe la *Divina Commedia* senza turbare la libertà religiosa dei non cattolici? E quando si chiama un'ambulanza come non urtare la sensibilità di qualcuno visto che si presenta la *Croce Rossa*?
Duemila anni di storia, grazie ai quali nel bene e nel male siamo quelli che siamo, non si cancellano con una sentenza. Il diritto non può affermarsi astrattamente ignorando i contesti e le tradizioni dei popoli. Se lo fa, non è giustizia.

riduzione e adattamento da Vito Mancuso, "la Repubblica", 5 novembre 2009

Comprensione e analisi

TIPOLOGIA A
Analisi del testo argomentativo

1. Secondo l'autore da quale tesi nasce la sentenza della Corte di Strasburgo?
2. Quale tesi egli vuole invece dimostrare?
3. Per confutare la tesi della Corte di Strasburgo e sostenere la sua, l'autore utilizza tre argomenti.
   - Qual è il contenuto del primo di essi?
   - Da dove lo ricava?
4. Qual è il secondo argomento usato da Mancuso?
   - Da dove lo ricava?
5. In che cosa consiste il terzo argomento del giornalista?
   - Da dove deriva?
6. Quale di questi argomenti pare all'autore più autorevole?
   - Perché?
7. A conclusione del ragionamento, con quale frase Mancuso ribadisce la sua tesi?
8. Sottolinea nel testo i connettivi che segnano il passaggio da una fase all'altra del procedimento argomentativo.

TIPOLOGIA B
Produzione del testo argomentativo

1. Quale delle due tesi ti convince di più, quella espressa dalla Corte Europea di Strasburgo o quella sostenuta da Vito Mancuso?
2. Dopo aver esposto il tema e le due diverse posizioni, scegli una delle due e sviluppala sotto forma di testo argomentativo sostenendola con argomenti personali.

Percorsi tematici

Leggere e comunicare per essere cittadini

Nel passaggio all'età adulta ogni individuo affina le sue capacità comunicative: comprendere, analizzare, valutare, utilizzare differenti tipologie testuali costituisce un passaggio fondamentale verso l'acquisizione della propria autonomia personale. Leggere e comunicare nelle forme più diverse in relazione a scopi differenti permette di esercitare a pieno titolo i propri **diritti di cittadinanza**. Si tratta di diritti che non possono essere considerati acquisiti per sempre, ma che necessitano di un atteggiamento attivo e collaborativo da parte di tutti: *Lottare* e *Conoscere*, i due percorsi proposti, dimostrano che solo mettendo in gioco tutte le proprie risorse in uno sforzo condiviso gli uomini riescono a conquistare un futuro migliore.

COMPETENZE

LEGGERE, COMPRENDERE, INTERPRETARE, SCRIVERE TESTI SCRITTI DI VARIO TIPO
Il testo non letterario (espositivo e argomentativo)

CONOSCENZE
Criteri di organizzazione del testo espositivo e argomentativo

ABILITÀ
Saper riconoscere le caratteristiche specifiche del testo non letterario in relazione ai suoi scopi comunicativi e al destinatario; saper riconoscere tematiche comuni e caratteristiche espositive affini in testi differenti.

• **Il saggio breve**

CONOSCENZE
Le caratteristiche del saggio breve

ABILITÀ
Saper utilizzare i documenti, saper strutturare e svolgere il saggio breve

COMPRENDERE E INTERPRETARE IL LINGUAGGIO CINEMATOGRAFICO

› Giorgio de Chirico (1888-1978), *I gladiatori dopo il combattimento*, 1968, Roma, collezione privata.

1 Lottare

Roby Schirer (1951), fotografia dal volume *San Vittore, custodiscili*, Milano 1997, particolare.

BIOGRAFIE
Gandhi
N. Mandela
M.L. King
R. Menchú

In Europa e nel Nordamerica, a partire dall'inizio del XIX secolo si sono progressivamente affermati i princìpi di uguaglianza e di libertà ereditati dalla Rivoluzione francese, determinando la nascita di società fondate sulla parità giuridica dei cittadini. Diversamente, in molti territori dell'Asia, dell'Africa e dell'America Latina dominati per secoli dagli Europei, gli Stati sono stati lungamente organizzati sulla base della differenziazione razziale, con legislazioni discriminatorie di cui hanno fatto le spese soprattutto le popolazioni autoctone (ossia indigene), che sono state escluse dalla partecipazione alla vita politica, private dei servizi essenziali, mantenute in uno stato di povertà e sottoposte a vessazioni di ogni genere.

Nella concezione razzista della società si mescolano fattori ideologici e interessi economici tanto potenti da aver condizionato per molto tempo anche i civilissimi Stati Uniti d'America che, pur presentandosi come baluardo mondiale della democrazia, fino alla metà degli anni Sessanta hanno mantenuto una politica interna di stampo segregazionista nei confronti delle minoranze non bianche.

Il XX secolo ha visto la nascita di numerosi movimenti contro le discriminazioni razziali guidati da uomini dalla tempra eccezionale che sono riusciti a capovolgere la situazione del loro Paese adottando strategie diverse come il boicottaggio, la resistenza passiva, la guerriglia: ripercorreremo in questo capitolo alcune tappe delle lotte del **Mahatma Gandhi** (*La forza della non-violenza*), di **Nelson Mandela** (*Un popolo condannato alla disuguaglianza*), di **Martin Luther King** (*Il boicottaggio degli autobus*) e di **Rigoberta Menchú** (*Autodifesa dell'*aldea), che sono stati capaci di rendere nota al mondo l'oppressione del loro popolo e di sconfiggerla, diventando essi stessi un simbolo di libertà e giustizia.

La forza della non-violenza

di **Mohandas Karamchand Gandhi**

Tratto da:
Teoria e pratica della non-violenza
Luogo:
India
Anno:
1920
Titolo originale:
Young India
Edizione italiana:
Einaudi, Torino

Noto con il nome di *Mahatma* (Grande Anima), Gandhi è stato l'artefice dell'indipendenza dell'India dall'Inghilterra e il teorico del *satyagraha*, un metodo di lotta non violenta basato sulla resistenza all'oppressione mediante la disobbedienza civile, che egli considerava l'unica strada per resistere all'oppressione inglese e sconfiggere i colonizzatori. Allo scopo di ottenere l'indipendenza del suo Paese, nel 1919 diede inizio a una campagna di non-collaborazione economica nei confronti dell'Inghilterra, a cui i dominatori risposero con estrema durezza; l'anno successivo la protesta venne rilanciata e migliaia di Indiani diedero le dimissioni da ogni tipo di carica pubblica.
Convinto della capacità persuasiva della forza morale, Gandhi rifiutò ogni forma di violenza proponendo invece la pratica della disobbedienza civile che verrà messa in atto da milioni di Indiani. Nel 1945, dopo la fine della Seconda guerra mondiale, il nuovo governo inglese annunciò di voler rinunciare al dominio sull'India. A quel punto si inasprirono i contrasti tra la componente di religione indù (maggioritaria) e quella di religione musulmana (minoritaria) presenti nel Paese: l'India era sull'orlo della guerra civile e Gandhi, ormai settantenne, attraversò a piedi le aree in tumulto in cerca di un accordo pacifico. Grazie anche all'azione di Gandhi nel 1947 l'India ottenne l'indipendenza.

BIOGRAFIA
Gandhi

Credo che nel caso in cui l'unica scelta possibile fosse quella tra la codardia e la violenza, io consiglierei la violenza. Tuttavia sono convinto che la non-violenza è infinitamente superiore alla violenza, che il perdono è cosa più virile della punizione.

La forza non deriva dalla capacità fisica. Essa deriva da una volontà indomabile. Noi in India prima o poi comprenderemo che non è possibile che centomila inglesi incutano timore a trecento milioni di esseri umani. E il perdono significherà il riconoscimento della nostra forza. Non sono un visionario. Sostengo di essere un idealista pratico[1]. La religione della non-violenza non è concepita soltanto per i *rishis*[2] e i santi. Essa è concepita anche per la gente comune. La non-violenza è la legge della nostra specie come la violenza è la legge dei bruti[3]. Lo spirito nel bruto è addormentato, ed egli non conosce altra legge che la forza fisica. La dignità dell'uomo richiede l'obbedienza ad una legge più elevata, alla forza dello spirito.

La non-violenza nella sua dimensione dinamica non significa docile sottomissione alla volontà del malvagio, ma significa l'impiego di tutte le forze dell'anima contro la volontà del tiranno. Agendo guidati da questa legge, è possibile anche ad un solo individuo sfidare l'intera potenza di un impero ingiusto per salvare il proprio onore, la propria religione e la propria anima, e porre le basi per il crollo o la rigenerazione di tale impero.

1. **idealista pratico:** questi due termini, apparentemente in contraddizione, sottolineano come Gandhi intenda realizzare i propri alti ideali di libertà e giustizia mediante azioni concrete e realizzabili.
2. ***rishis*:** cantori di inni sacri.
3. **bruti:** individui privi di sensibilità e valori morali e per questo più simili agli animali che agli uomini.

Dunque io non sostengo che l'India deve praticare la non-violenza perché è debole. Voglio che essa pratichi la non-violenza cosciente della propria forza e della propria potenza. Per arrivare a comprendere la propria forza non è necessario nessun addestramento alle armi. Ci sembra di averne bisogno perché pensiamo di essere soltanto un ammasso di carne. Io voglio che l'India acquisti la coscienza di avere un'anima che non può perire e che può sollevarsi trionfalmente sopra qualsiasi debolezza fisica e sfidare l'unione della forza materiale del mondo intero. [...]

La pratica della non-violenza richiede molto più coraggio della pratica delle armi. La codardia è assolutamente incompatibile con la non-violenza. Il passaggio dalla pratica delle armi alla non-violenza è possibile, e a volte perfino facile. La non-violenza dunque presuppone la capacità di colpire. Essa è un cosciente e volontario freno imposto alla propria volontà di vendetta. Ma la vendetta è sempre superiore alla passiva, imbelle e impotente sottomissione. Il perdono però è ancora superiore. Anche la vendetta è sintomo di debolezza. [...]

Il contributo delle donne

Un esercito non-violento agisce in modo differente dagli uomini armati, sia nei periodi di calma che quando si verificano dei disordini. I suoi componenti devono impegnarsi costantemente in attività costruttive che rendano impossibili i disordini. Il dovere di ognuno di loro sarà di cogliere ogni occasione per riconciliare le comunità in lotta tra di loro, di sviluppare una propaganda a favore della pace, di impegnarsi in attività che li facciano entrare in stabili rapporti con ogni singola persona che si trova nella zona ad essi assegnata, uomini e donne, adulti e bambini. L'esercito non-violento deve essere pronto ad affrontare ogni situazione di emergenza e, per arrestare gli eccessi delle folle, coloro che ne fanno parte devono essere pronti a rischiare la vita se il compito loro assegnato lo richiede. Poche centinaia, forse poche migliaia di queste morti esemplari metteranno fine una volta per tutte a qualsiasi disordine. Che pochi giovani, uomini e donne, si offrano spontaneamente alla furia delle folle è sicuramente un metodo meno costoso e più coraggioso per far fronte alla follia delle masse che quello dell'impiego della polizia e dell'esercito. [...]

In questa guerra non violenta, il contributo delle donne deve essere maggiore di quello degli uomini. Chiamare le donne il sesso debole è una calunnia; è un'ingiustizia dell'uomo contro la donna. Se per forza si intende la forza bruta, allora è vero che la donna è meno forte dell'uomo. Ma se per forza si intende la forza morale, allora la donna è infinitamente più forte dell'uomo. Non possiede forse una maggiore capacità di intuizione, una maggiore capacità di sacrificio, una maggiore perseveranza, un maggiore coraggio? Senza di essa l'uomo non potrebbe sopravvivere. Se la non-violenza è la legge della nostra esistenza, il futuro è delle donne. Mi sono convinto di ciò da lungo tempo. [...]

Massimo Sestini (1963), Ripresa aerea del luogo dell'attentato a Giovanni Falcone, Capaci, Palermo, maggio 1992, particolare.

La resistenza civile

Il criminale viola la legge furtivamente, e cerca di evitare la punizione; del tutto differente è invece il comportamento di colui che pratica la resistenza civile. Questo obbedisce sempre alle leggi dello stato cui appartiene, non per paura delle punizioni ma perché le considera utili al benessere della società. Ma si verificano alcuni casi, generalmente rari, in cui egli considera alcune leggi ingiuste e l'obbedienza ad esse un disonore. Egli dunque apertamente e civilmente viola queste leggi e sopporta con pazienza la punizione che gli viene inflitta per tale violazione. E per manifestare la sua protesta contro l'azione dei legislatori egli può rifiutare la sua collaborazione allo Stato, disobbedendo anche ad altre leggi la cui violazione non implica un comportamento immorale. [...]

La completa disobbedienza civile si esprime nella ribellione senza ricorso alla violenza. Un vero seguace della resistenza civile si limita ad ignorare l'autorità dello Stato.

Egli si pone al di fuori della legge rifiutandosi di obbedire a tutte le leggi immorali dello stato. [...]

La proibizione dei liquori e delle droghe e il boicottaggio[4] dei tessuti stranieri dovranno essere sanciti per legge. Ma una legislazione di tal genere non si avrà mai finchè non si farà sentire una decisa pressione dal basso.

Tutti sono d'accordo che entrambe le cose sono di necessità vitale per la nazione. L'alcool e le droghe minano la forza morale di coloro che ne sono prigionieri. L'importazione di tessuti stranieri danneggia la struttura economica del paese e causa la disoccupazione di milioni di persone. Chi risente maggiormente di tutto ciò sono i nuclei familiari, e dunque le donne.

Se le donne indiane si dedicheranno a questi due tipi di attività, e si specializzeranno in esse, contribuiranno in misura superiore agli uomini alla conquista della libertà nazionale. Esse acquisteranno la forza e la fiducia in se stesse che fino ad ora non hanno mai conosciuto. [...]

Se esaminano il problema del boicottaggio dei tessuti stranieri, le donne si renderanno conto che esso è impossibile senza la produzione del *khadi*[5]. Gli stessi proprietari delle fabbriche tessili sono costretti ad ammettere che nell'immediato futuro le fabbriche non riusciranno a produrre abbastanza tessuti per soddisfare i bisogni dell'India. Ma se si crea un clima adatto, il *khadi* può essere prodotto nei nostri villaggi, nelle nostre innumerevoli case. Facciamo sì che la donne indiane abbiano il privilegio di creare tale clima dedicando ogni minuto disponibile alla filatura. La produzione del *khadi* è chiaramente subordinata al fatto che si riesca a produrre una quantità sufficiente di filo. Durante i passati dieci giorni di marzo ho scoperto la potenza del *takli*[6], di cui prima non mi ero reso conto. È qualcosa di veramente meraviglioso. Senza alcuno sforzo e senza interrompere nessuna altra attività i miei compagni hanno filato una quantità di filo sufficiente a tessere 4 iarde[7] quadrate al giorno di *kadhi* di 12 titoli[8]. Il *kadhi* è uno strumento di guerra invincibile.

I risultati morali di entrambe le riforme sono chiaramente enormi. E non minore è il loro risultato politico. La proibizione delle bevande alcooliche e delle droghe provocherebbe una diminuzione del reddito nazionale di 250 milioni di rupie. D'altra parte, il boicottaggio dei tessuti stranieri significherebbe per le grandi masse indiane un aumento del reddito di almeno 600 milioni di rupie. Dal punto di vista economico dunque la conquista di questi due obiettivi avrebbe un valore altissimo ma i risultati morali delle due riforme sarebbero addirittura inestimabili.

riduzione e adattamento da Gandhi, in AA.VV.,
Teoria e pratica della non-violenza, Einaudi, Torino

4. **boicottaggio:** in ambito economico, è il rifiuto di acquistare merci straniere per danneggiarne l'economia. Il boicottaggio delle merci inglesi (ma anche di altri Stati) è una delle strategie non violente utilizzate da Gandhi per ottenere l'indipendenza dell'India.
5. ***khadi*:** cotone grezzo utilizzato per l'abbigliamento.
6. ***takli*:** strumento per la filatura.
7. **iarde:** la iarda è un'unità di misura inglese, pari a circa 90 centimetri.
8. **titoli:** nell'industria tessile il titolo definisce il rapporto tra la lunghezza e il peso di un filato. Gandhi intende dire che con i sistemi tradizionali di filatura si ottiene un cotone di buona qualità.

Note di lettura

▸ La pratica della non-violenza

La **disobbedienza civile** è la strategia teorizzata e messa in pratica da Gandhi nel lungo percorso che dal 1919 al 1947 porterà l'India – sottomessa all'impero britannico dal 1858 – a ottenere l'indipendenza: essa consiste nel **rifiuto di compiere azioni imposte da chi si trova in una posizione di dominio** – in questo caso i colonizzatori inglesi – qualora esse siano contrarie al senso di giustizia e ai princìpi morali di un popolo.

Alla base di questo metodo di lotta c'è una concezione radicalmente nuova secondo cui la **forza di un popolo** non si misura mediante l'uso della violenza e delle armi ma tramite la sua capacità di **opporsi moralmente ai dominatori**, nella convinzione che ciò li disorienterà costringendoli a riconoscere l'ingiustizia delle loro azioni.

Per definire questa forma di resistenza civile Gandhi conia il termine ***satyagraha***, che deriva dalla fusione delle parole *satya* (verità) e *ahimsa* (nonviolenza) e significa letteralmente "forza della verità".

▸ La forza del popolo

Gandhi respinge l'idea che la **forza** coincida con la superiorità fisica e attribuisce a essa un **significato morale** strettamente legato al concetto di giustizia. Chi sottomette i propri simili commette un'ingiustizia che non può essere sanata mediante la violenza, poiché questa non farebbe altro che confermare, a ruoli invertiti, lo schema dominatore-dominato: scopo della **disobbedienza civile** è invece costringere l'avversario a **riflettere sulla natura delle proprie azioni** fino a comprenderne l'**ingiustizia**. Perché ciò sia possibile è però necessario che chi pratica la nonviolenza sia consapevole della propria dignità, del proprio valore, e quindi della propria forza: chi non reagisce perché ha paura non può scalfire in alcun modo la prepotenza dell'oppressore, che invece viene colpito e spinto a riflettere dalla nonviolenza di chi potrebbe esercitare la forza ma volontariamente e consapevolmente sceglie di non farlo.

Sulla base di questa convinzione Gandhi attribuisce all'**esercito** il ruolo del tutto nuovo di riconciliare gli animi e di **impedire le esplosioni di violenza**; allo stesso tempo, **esalta la funzione delle donne** (che nella società tradizionale indiana hanno una posizione di subalternità rispetto agli uomini), convinto che esse siano maggiormente dotate di qualità morali come la pazienza e la perseveranza necessarie a portare avanti la lotta non violenta.

▸ Il boicottaggio come strumento di liberazione

A coloro che potrebbero giudicare la sua posizione eccessivamente astratta e idealistica, Gandhi risponde indicando **azioni concrete** in grado di trasformare la scelta della **disobbedienza civile** in un efficace **strumento di lotta**.

La più importante tra queste è il **boicottaggio** dei prodotti stranieri, il cui scopo è danneggiare l'economia dei dominatori dando impulso alla produzione artigianale e industriale indiana: a tale proposito è lo stesso Gandhi ad affermare che «*un paese rimane in povertà, materiale e spirituale, se non sviluppa il suo artigianato e le sue industrie e vive una vita da parassita importando manufatti dall'estero*».

Scegliendo il boicottaggio Gandhi **lega strettamente princìpi etici e ragioni economiche**, poiché se sotto il profilo morale è inaccettabile tollerare la diffusione di droghe e alcolici che garantiscono profitti ai dominatori ma danneggiano e minano la struttura delle comunità, sotto quello economico è ingiusto essere obbligati ad acquistare beni necessari ai prezzi imposti dagli Inglesi in regime di monopolio.

Il settore produttivo su cui Gandhi concentra maggiormente l'attenzione è quello **tessile**, proponendo di non acquistare tessuti provenienti dall'Inghilterra e di riprendere la pratica della **produzione domestica** del *khadi*, il cotone grezzo filato mediante il *charka*, uno strumento tradizionale di lavoro.

Egli ritiene che in questo modo sia possibile recuperare l'**identità** e il **patrimonio culturale** indiano e, soprattutto, ridurre le cause della povertà determinata da un sistema economico costruito sui bisogni dei dominatori: per questa ragione è necessario che tutti gli Indiani, indipendentemente dal proprio rango sociale, filino il proprio cotone, e lo stesso Gandhi darà l'esempio, filando ogni giorno della sua vita con le proprie mani e indossando esclusivamente il *dhoti*, la tradizionale veste bianca dei contadini fatta in *khadi* che diventerà l'uniforme del Partito del Congresso e il simbolo della lotta per l'indipendenza indiana.

Competenze alla prova

Comprensione

difficoltà ●○○

1. A quale situazione storica si riferiscono le riflessioni di Gandhi riportate nel brano?
2. Perché secondo Gandhi solo le persone coraggiose possono praticare la lotta non violenta?
3. In quali casi, secondo Gandhi, è giusto non rispettare la legge? Indica con X la risposta che ritieni corretta e riporta le frasi che giustificano la tua scelta.
   - ☐ Quando le leggi vanno contro gli interessi di un individuo
   - ☐ Quando si è certi di poter evitare la punizione
   - ☐ Quando le leggi sono moralmente ingiuste
   - ☐ In nessun caso perché le leggi vanno sempre rispettate
4. In quali settori della vita quotidiana Gandhi suggerisce di praticare la disobbedienza civile?
5. Con quali azioni, secondo Gandhi, le donne possono concretamente contribuire alla lotta per l'indipendenza indiana?

Analisi

difficoltà ●●○

6. Quale particolare significato attribuisce Gandhi alla parola "forza"?
7. Basandoti sul contenuto del brano, dà una definizione delle seguenti espressioni:
   - *Satyagraha*: ....
   - Resistenza civile: ....
   - Boicottaggio: ....

Tipologia testuale

8. Rileggi con attenzione i primi due paragrafi del brano: in quale tipologia testuale li collocheresti? Per quale ragione? Motiva le tue risposte con esempi tratti dal brano e spiegane il perché.

   Paragrafo 1 La forza della non violenza.
   - ☐ Testo informativo
   - ☐ Testo esplicativo
   - ☐ Testo argomentativo

   Perché ....

   Paragrafo 2 Il contributo delle donne
   - ☐ Testo informativo
   - ☐ Testo esplicativo
   - ☐ Testo argomentativo

   Perché ....

Produzione

difficoltà ●●○

9. Il brano è ricchissimo di esempi con cui Gandhi argomenta e chiarisce il significato delle sue parole. Riscrivi il testo eliminando tutte le parti esemplificative e descrittive fino ad ottenere un elenco schematico delle convinzioni di Gandhi.

Gandhi

Paese di produzione	Gran Bretagna, India
Anno	1982
Durata	188 minuti
Genere	biografico
Regia	Richard Attenborough
Soggetto	John Briley
Sceneggiatura	John Briley
Produttore	Richard Attenborough
Fotografia	Ronnie Taylor, Billy Williams
Montaggio	John Bloom
Effetti speciali	David Watkins
Musiche	George Fenton, Ravi Shankar
Scenografia	Stuart Craig
Cast	Ben Kingsley, Candice Bergen, Edward Fox, Ian Bannen, Martin Sheen, John Mills

La trama

Il film si apre con i grandiosi funerali di Gandhi (interpretato da Ben Kingsley), ucciso da un giovane induista il 30 gennaio 1948 nel corso di una preghiera. Subito dopo, un lungo ***flashback*** ne ricostruisce la vita e le battaglie.
La prima parte del film è dedicata al periodo compreso tra il 1893 e il 1914, quando Gandhi svolge la professione di avvocato per la comunità indiana che vive in **Sudafrica**. Qui, dopo essere stato cacciato dallo scompartimento di un treno riservato ai bianchi, inizia a combattere le discriminazioni razziali organizzando proteste pacifiche che vengono violentemente represse dalla polizia e si concludono con il suo arresto.
La storia si sposta poi in **India** dove Gandhi ritorna nel 1915 cominciando subito a predicare la **nonviolenza**, sostenuto dalla moglie, dai figli e da un crescente numero di seguaci. Incarcerato per aver organizzato il primo sciopero contro gli Inglesi, riprende la sua lotta per la piena indipendenza indiana dopo il massacro di Amritsar (1919), nel quale le truppe britanniche uccidono centinaia di manifestanti.
La tappa successiva del film rievoca la "marcia del sale" del 1930 in cui Gandhi, seguito da milioni di Indiani, raggiunge **le rive dell'Oceano Indiano** per violare il monopolio inglese. Invitato a Londra per trovare un accordo, al ritorno in patria viene nuovamente arrestato, ma la battaglia per l'indipendenza è ormai inarrestabile e si conclude vittoriosamente nel 1947.
Comincia allora una sanguinosa guerra civile tra la comunità indù e quella musulmana; anche questa volta il *Mahatma* riesce a fermare la violenza, ma poche settimane dopo viene ucciso.
Nell'ultima scena – che chiude il *flashback* – scorrono le immagini di una barca che sparge le ceneri di Gandhi sul Gange, accompagnata dalle sue parole sulla forza dell'amore.

Oltre ad aver riscosso uno straordinario successo di pubblico, il film si è aggiudicato decine di premi: tra questi, nel 1983, **otto Oscar**, due dei quali sono stati assegnati a Richard Attenborough per il miglior film e la migliore regia, uno a Ben Kingsley come miglior attore protagonista; gli altri sono andati alla sceneggiatura originale, alla fotografia, alla scenografia, ai costumi e al montaggio; nello stesso anno ha inoltre conquistato **cinque Golden Globe** e **tre David di Donatello**. Nel 1999 il British Film Institute lo ha collocato al 34° posto della lista dei migliori cento film britannici del XX secolo.

Un popolo condannato alla disuguaglianza

di **Nelson Mandela**

Luogo:

Anno:
1964

Titolo originale:
I am prepared to die

Edizione Italiana:
Gruppo editoriale L'Espresso, Roma

BIOGRAFIA
N. Mandela

In occasione del "processo di Rivonia", così chiamato dalla località in cui gli imputati vengono arrestati, Mandela pronuncia un discorso di quattro ore durante il quale ammette senza esitazione le accuse contestate all'African National Congress (ANC). Il partito, nato nel 1912 per difendere i diritti e le libertà della maggioranza nera, con il rafforzarsi dell'*apartheid* aveva abbandonato la lotta non violenta per organizzare azioni di sabotaggio. Mandela addirittura rivendica con orgoglio tali azioni, sostenendo il diritto dei neri sudafricani a opporsi con ogni mezzo contro un regime razzista le cui leggi si fondano sull'ineguaglianza e sull'ingiustizia.

Il Sudafrica è il paese più ricco dell'Africa e potrebbe essere uno dei più ricchi del mondo. Ma è una terra di eccessi e di notevoli contrasti. I bianchi godono di quello che probabilmente è il tenore di vita più alto al mondo, mentre gli africani sono ridotti alla povertà e alla miseria.

Il 40% degli africani vive all'interno di riserve irrimediabilmente sovraffollate e, in alcuni casi, colpite dalla siccità, dove l'erosione e l'eccessivo sfruttamento del suolo non consentono di trarre un adeguato sostentamento dalla terra. Un altro 30% è costituito da braccianti, fittavoli[1] e lavoratori abusivi impiegati da aziende agricole di bianchi, che lavorano e vivono in condizioni assimilabili a quelle dei servi della gleba nel Medioevo. Il restante 30% vive nelle città dove ha sviluppato abitudini economiche e sociali che gli consentono di avere un tenore di vita per molti versi vicino a quello dei bianchi. Tuttavia la maggior parte degli africani, anche quelli appartenenti a quest'ultimo gruppo, è impoverita da redditi bassi e da un elevato costo della vita […]. Ciò che lamentano gli africani, tuttavia, non è solo il fatto che loro sono poveri, mentre i bianchi sono ricchi, ma che le leggi fatte dai bianchi mirano a mantenere immutata la situazione.

Ci sono due modi per uscire dalla povertà. Il primo è tramite l'istruzione formale[2] e il secondo attraverso il raggiungimento da parte dei lavoratori di qualifiche professionali più elevate e quindi di salari migliori. Per quanto riguarda gli africani, entrambe queste vie di progresso sono deliberatamente limitate dalla legge.

L'attuale governo ha sempre cercato di ostacolare gli africani nel loro desiderio di avere un'istruzione. Una delle prime misure che attuò, una volta salito al potere, fu quella di togliere le sovvenzioni alle mense delle scuole africane. L'alimentazione di molti bambini africani che andavano a scuola dipendeva da quel pasto. Fu un gesto crudele.

La scuola dell'obbligo è praticamente priva di costi per i genitori di tutti i bambini bianchi, siano essi ricchi o poveri. Per i bambini africani non esistono simili agevolazioni, sebbene alcuni ricevano un sostegno economico. Ad ogni modo, in genere i bambini africani pagano più dei bianchi per la loro istruzio-

1. **fittavoli:** contadini che pagano un affitto sulla terra che lavorano.
2. **istruzione formale:** istruzione certificata da un titolo di studio.

ne. Secondo i dati resi noti dal *South African Institute of Race Relations*[3] nel suo rapporto del 1963, circa il 40% dei bambini africani di età compresa tra i sette e i quattordici anni non va a scuola. E per quelli che ci vanno, il livello dei servizi offerti è profondamente diverso da quello riservato ai bambini bianchi. Si stima che nel 1960-61 la spesa pro capite[4] del governo per gli studenti africani delle scuole sovvenzionate dallo Stato fosse di 12,46 rand[5]. Negli stessi anni la spesa pro capite per i bambini bianchi nella Provincia del Capo (sono gli unici dati a mia disposizione) è stata di 144,57 rand. [...]
Anche la qualità dell'istruzione è diversa. Secondo il *Bantu Educational journal*, solo 5660 bambini africani in tutto il Sudafrica hanno ottenuto il Junior Certificate[6] nel 1962 e nello stesso anno solamente 362 hanno passato l'esame di maturità. Probabilmente questi risultati sono coerenti con la politica dell'istruzione bantu[7], a proposito della quale il Primo ministro, durante il dibattito sul *Bantu Education Bill* del 1953 ha dichiarato: "Quando avrò il controllo sul sistema scolastico degli indigeni, lo riformerò in modo che venga loro insegnato fin dall'infanzia che la parità con gli europei non è cosa per loro... Chi crede nella parità non può essere un insegnante utile agli indigeni. Quando il mio dipartimento controllerà il sistema scolastico degli indigeni saprà per quale tipo di istruzione superiore è adatto un indigeno e se mai avrà nella vita la possibilità di utilizzare le sue conoscenze".
L'altro grande ostacolo al progresso economico degli africani è rappresentato dalla barriera razziale presente nel mondo dell'industria, a causa della quale tutti gli impieghi migliori nel settore industriale sono appannaggio[8] esclusivo dei bianchi. Inoltre gli africani che riescono a ottenere un posto di lavoro nelle posizioni che sono loro aperte, ovvero quelle di operai non qualificati o semi-qualificati, non possono formare dei sindacati che siano riconosciuti [...]. Ciò significa che gli scioperi dei lavoratori africani sono illegali e che è loro negato il diritto alla contrattazione collettiva[9], che è invece riconosciuto ai lavoratori bianchi meglio retribuiti. [...].
Il governo spesso risponde alle critiche che gli vengono rivolte sostenendo che gli africani del Sudafrica vivono in condizioni economiche migliori rispetto agli abitanti degli altri Paesi africani. Non so se questa affermazione sia vera [...], ma quand'anche fosse così, per quanto riguarda la popolazione africana è irrilevante. Noi non ci lamentiamo del fatto che siamo poveri rispetto agli abitanti di altri Paesi, ma del fatto che lo siamo rispetto ai bianchi del nostro stesso Paese e che la legge ci impedisce di modificare questo disequilibrio.
La mancanza di dignità umana che subiscono gli africani è la diretta conseguenza della politica della supremazia bianca. La supremazia bianca implica l'inferiorità nera. E le leggi ideate per mantenere tale supremazia rafforzano questo concetto. I lavori umili in Sudafrica sono immancabilmente svolti dagli africani. Ogni volta che c'è da trasportare o da pulire qualcosa, l'uomo bianco si guarda intorno in cerca di un africano che lo faccia al posto suo, indipendentemente dal fatto che questi sia a suo servizio oppure no. A causa di questo atteggiamento, i bianchi tendono a considerare gli africani come appartenenti a una specie diversa. Non li vedono come persone che hanno una famiglia, non si rendono conto che provano delle emozioni, che si innamorano proprio come i bianchi, che desiderano stare con la moglie e i figli proprio come i bianchi, che vogliono guadagnare abbastanza da mantenere adeguatamente la loro famiglia, da nutrire i figli, vestirli e mandarli a scuola. Quale domestico, giardiniere o bracciante potrà mai sperare di fare questo? [...]
Gli africani vogliono ricevere un salario che permetta loro di vivere. Vogliono svolgere il lavoro che sono in grado di fare, e non quello che il governo sostie-

3. ***South African Institute of Race Relations***: Istituto Sudafricano per i Rapporti tra le Razze.
4. **pro capite:** a persona.
5. **rand:** moneta ufficiale del Sudafrica.
6. **junior Certificate:** diploma che si consegue al termine di tre anni di studi superiori.
7. **bantu:** i *bantu* sono un gruppo etno-linguistico dell'Africa subsahariana, ma nei documenti ufficiali del regime dell'*apartheid*, *bantu* è sinonimo di "nero".
8. **appannaggio:** in questo caso la parola indica un diritto riservato alla popolazione bianca.
9. **contrattazione collettiva:** procedura mediante cui i sindacati dei lavoratori e le confederazioni dei datori di lavoro stabiliscono le regole a cui devono adeguarsi i contratti di lavoro individuali.

Mario Boccia, Donne della cooperativa "La Sorellanza" nella baraccopoli di Koroghocho accudiscono i bambini mentre le altre donne lavorano. Nairobi, Kenya, novembre 1994.

ne che siano in grado di fare. Vogliono avere la possibilità di risiedere dove hanno un lavoro, e non essere cacciati da una zona perché non ci sono nati. Vogliono poter possedere la terra nel luogo in cui lavorano, e non essere obbligati ad abitare in case in affitto che non saranno mai loro. Vogliono essere trattati come persone comuni, e non venire confinati nei ghetti. Gli uomini africani vogliono che mogli e figli vivano con loro dove lavorano, e non essere costretti a una situazione innaturale negli ostelli per uomini. Le donne africane vogliono stare con i loro uomini, e non essere lasciate nelle riserve in una condizione di vedovanza permanente. Gli africani vogliono poter uscire dopo le undici di sera, e non essere relegati nelle loro stanze come bambini. Vogliono potersi spostare all'interno del proprio paese per cercare un impiego dove preferiscono, e non dove l'ufficio di collocamento dice loro di andare. Gli africani vogliono semplicemente la loro giusta fetta del Sudafrica, vogliono sicurezza e un posto nella società.

Ma più di ogni altra cosa noi vogliamo pari diritti politici, perché senza di essi le nostre menomazioni saranno permanenti. So che ai bianchi di questo paese appare come un concetto rivoluzionario, perché la maggior parte degli elettori sarebbe africana.

È per questo che i bianchi hanno paura della democrazia.

Ma non si può permettere a questa paura di intralciare l'unica soluzione in grado di garantire l'armonia tra le razze e la libertà per tutti. Non è vero che l'estensione a tutti del diritto di voto si tradurrà in un'egemonia razziale. Le divisioni politiche basate sul colore della pelle sono assolutamente artificiali e, quando svaniranno, anche il dominio di un gruppo razziale sull'altro avrà fine. Da mezzo secolo l'ANC lotta contro la discriminazione. E quando trionferà, non cambierà la propria politica. È questo ciò per cui combatte l'ANC. La sua lotta è realmente nazionale. È una lotta della popolazione africana che trae origine dalle sue sofferenze e dalle sue esperienze. È una lotta per il diritto di vivere.

Nel corso della mia vita mi sono dedicato a questa lotta del popolo africano. Ho combattuto contro il dominio bianco e contro il dominio nero. Ho coltivato l'ideale di una società democratica e libera in cui tutte le persone vivono insieme in armonia e con pari opportunità. È un ideale per il quale spero di vivere e che mi auguro di raggiungere. Ma, se sarà necessario, è un ideale per il quale sono pronto a morire.

Discorso di Nelson Mandela del 20 aprile 1964, da *Un mondo senza apartheid*, Gruppo Editoriale L'Espresso, Roma

Note di lettura

L'istituzione dell'*apartheid*

A partire dalla metà del XVII secolo l'attuale **Sudafrica** è stato **colonizzato** da Europei di origine diversa che si autodefinirono "**boeri**" e svilupparono in quei territori una cultura autonoma e una lingua propria, l'***afrikaans***. A causa della straordinaria ricchezza del sottosuolo la regione sudafricana fu lungamente contesa tra varie potenze europee e nel 1910 entrò a far parte dei possedimenti coloniali dell'Inghilterra, da cui otterrà l'indipendenza nel 1931.

Nel 1948 il **National Party** vince le elezioni politiche sudafricane e dà inizio alla "**rivoluzione Afrikaner**", per cui la popolazione viene divisa in **quattro gruppi razziali**: i **bianchi**, eredi degli antichi coloni, i ***bantu***, abitanti autoctoni del paese, gli **asiatici**, discendenti degli immigrati indiani e malesi, e i ***couloreds***, ossia i meticci. La legislazione dell'*apartheid* (termine che significa "separazione") ha la finalità di separare i sudafricani bianchi dagli altri gruppi in tutti gli ambiti della vita sociale; a tale scopo anche il territorio viene ripartito e ai bianchi, che non superano il 3% della popolazione, viene attribuito quasi il 90% del suolo disponibile.

La legittimità della violenza

Il 20 aprile 1964 inizia il "**processo di Rivonia**" a carico di Mandela e dei membri del gruppo dirigente dell'ANC, accusati di **sovversione e terrorismo** per aver organizzato atti di sabotaggio, tra cui la distruzione di centrali elettriche, allo scopo di mettere in crisi il sistema produttivo sudafricano.

Durante il processo, che il governo segregazionista considera fondamentale per smantellare la struttura dell'ANC, Mandela non smentisce nessuna delle accuse rivoltegli, spiegando la violenza dei militanti neri con l'analisi delle condizioni di **profonda disuguaglianza** che contraddistinguono la società sudafricana. La tesi di Mandela è che il governo sudafricano, muovendosi dalla **convinzione ideologica dell'inferiorità dei neri**, abbia costruito leggi che confermano questo pregiudizio, creando una società organizzata gerarchicamente su base razziale.

L'esclusione dalla ricchezza

Mandela sviluppa il suo ragionamento partendo dalla denuncia dell'**evidente squilibrio nella distribuzione della ricchezza** tra popolazione bianca e nera, favorito e aggravato da leggi che impediscono ai neri di uscire dalla condizione di povertà, precludendo loro l'accesso all'istruzione e a posizioni lavorative di livello alto, che il leader dell'ANC considera le due sole strade praticabili per emanciparsi da una condizione sociale svantaggiata.

Secondo Mandela il **sistema scolastico sudafricano** è organizzato in modo da formare persone destinate ad assumere determinate posizioni sociali, indipendentemente dalle capacità individuali: le sole scuole riservate ai neri (quelle a indirizzo agricolo e commerciale) ricevono infatti scarsissimi finanziamenti e ciò rende l'istruzione complessivamente più scadente, costringendo chi proviene da famiglie povere ad abbandonare gli studi per l'impossibilità di pagare servizi che sono invece forniti gratuitamente ai bianchi. Le regole vigenti in ambito lavorativo sono improntate allo stesso spirito poiché impongono ai **neri** di lavorare solo in **posizione subordinata** e vietano loro qualunque forma di protesta e rivendicazione salariale.

L'insieme di queste norme ha lo scopo di trasformare la **popolazione nera** in una **grande massa incolta**, non specializzata e priva di diritti utilizzabile nei settori necessari allo sviluppo economico del paese ma al tempo stesso "invisibile" al di fuori delle mansioni che i bianchi le attribuiscono.

Le leggi dell'*apartheid*

Nella seconda parte del brano Mandela adotta un tono emotivamente più partecipe per rivendicare il diritto dei neri a esprimere

bisogni e desideri comuni a tutti gli uomini ed elenca la lunga serie di **imposizioni e divieti** cui essi sono sottoposti dalla legislazione dell'*apartheid*, che prevede l'obbligo di essere classificati in base alla razza, la proibizione di matrimoni misti, il divieto di possedere immobili, la proibizione di accedere ad aree urbane e a strutture pubbliche riservate ai bianchi, l'obbligo di risiedere in città-ghetto formate da agglomerati di baracche (*homeland*) e di esibire una "passaporto interno" per lavorare nei quartieri bianchi.
Tuttavia, secondo Mandela, la maggiore di tutte le ingiustizie è l'**esclusione dei neri dal diritto di voto** – attuata a partire dal 1956 – che di fatto non permette di cancellare nessuna delle leggi dell'*apartheid*, visto che chi non ha la possibilità di scegliere i propri rappresentanti non ha neppure quella di mutare le proprie condizioni di vita. Per questo motivo il traguardo finale dell'ANC è ottenere il diritto di voto allo scopo di trasformare il Sudafrica in una **democrazia** in cui tutti gli individui siano considerati uguali indipendentemente dal colore della pelle: questo obiettivo, che nel contesto del processo di Rivonia sembra utopistico e irrealizzabile, verrà raggiunto solo 30 anni dopo con la fine del regime dell'*apartheid* e la nascita della Repubblica Sudafrica, che Mandela definirà "**nazione arcobaleno**" per sottolineare la **pari dignità di tutte le razze**.

❮ Francesco Cito (1949), Militante del Fatah, Striscia di Gaza, Palestina, 1993.

Competenze alla prova

Comprensione

difficoltà ●○○

1. In quale occasione Mandela pronuncia il discorso riportato nel brano?
2. Quali sono, secondo Mandela, le strade che occorre percorrere per uscire dalla condizione di povertà?
3. Indica con X il completamento corretto della frase che segue e riporta i passi del testo di Mandela che giustificano la tua scelta.
   - Il fatto che i risultati scolastici dei bambini africani sono complessivamente peggiori di quelli dei loro coetanei bianchi dipende

     ☐ dalla povertà delle loro famiglie
     ☐ dal loro scarso impegno scolastico
     ☐ dalle loro limitate capacità di apprendimento
     ☐ dal diverso tipo di istruzione che viene loro impartito
4. Qual è l'obiettivo più importante che Mandela si prefigge di raggiungere?

Analisi

difficoltà ●●●

5. In che modo il diritto dei bambini neri a frequentare la scuola viene limitato del governo sudafricano?
6. Seguendo la traccia, elenca le ingiustizie cui sono sottoposti i sudafricani neri e che Mandela ricorda nel suo discorso (righi 23-60).
   - Hanno un salario che non permette loro di vivere
   - Possono svolgere solo i lavori che ....
7. Quale finalità prevalente hanno le parole di Mandela?

   ☐ Convincere i giudici della sua innocenza
   ☐ Esortare gli Afrikaner a lottare con l'ANC
   ☐ Persuadere i neri a continuare a combattere l'*apartheid*
   ☐ Esporre le ragioni della sua lotta
8. Nella parte conclusiva del suo discorso Mandela cerca di convincere i suoi accusatori che il diritto di voto non danneggerà i bianchi: che tipo di procedimento adotta per sostenere questa idea? Con quali esempi giustifica le sue affermazioni?
9. Sulla base delle precedenti risposte, come classificheresti questo brano?

Produzione

difficoltà ●●●

10. Secondo Mandela, l'avvento della democrazia in Sudafrica non provocherebbe alcun tipo di discriminazione nei confronti dei bianchi: costruisci un testo argomentativo in cui confuti questa idea, utilizzando le informazioni contenute nel brano e riflessioni personali.

Invictus
(L'invincibile)

Paese di produzione	USA
Anno	2009 (distribuito in Italia nel febbraio 2010)
Durata	133 minuti
Genere	storico-drammatico
Regia	Clint Eastwood
Soggetto	John Carlin
Sceneggiatura	Anthony Peckham
Produttore	Clint Eastwood, Robert Lorenz, Lori McCreary, Mace Neufeld
Fotografia	Tom Stern
Montaggio	Joel Cox, Gary D. Roach
Musiche	Kyle Eastwood, Michael Stevens
Scenografia	James J. Murakami
Cast	Morgan Freeman, Matt Damon, Tony Kgoroge, Patrick Mofokeng, Matt Stern, Julian Lewis Jones

La trama

Subito dopo la sua elezione a presidente, Nelson Mandela (interpretato da Morgan Freeman) si prefigge di avviare la **riconciliazione tra gli *afrikaners* e i neri**, divisi da un odio profondissimo, cogliendo l'occasione offerta dalla **Coppa del Mondo di rugby** che nel 1995 si tiene proprio in Sudafrica, dove la nazionale degli Springbokss è stata per decenni un simbolo dell'*apartheid*.
Convinto che un'eventuale vittoria della squadra possa cancellare le divisioni e rafforzare il senso di appartenenza alla nazione, Mandela prende contatto con il capitano degli Springbokss, l'*afrikaner* François Pienaar (Matt Damon), coinvolgendolo nel suo progetto.
L'incontro tra Mandela, che non sa nulla di rugby ma si sforza di imparare le regole e i nomi dei giocatori, e Pienaar, che rappresenta il passato ma è disponibile al cambiamento, danno coraggio e coesione alla squadra diventando l'emblema di quanto potrebbe accadere nel paese.
E così quando gli Springbokss arrivano in finale e, contro ogni previsione, riescono addirittura a vincere contro la squadra neozelandese degli All black, tutti i Sudafricani esultano ponendo le basi della nuova **nazione arcobaleno** fondata sulla pacifica convivenza tra neri e bianchi.

Il film è un adattamento cinematografico del romanzo *Ama il tuo nemico* di John Carlin e trae il titolo dall'omonima poesia di William Ernest Henley che Nelson Mandela recitava in carcere durante la prigionia, il cui verso finale è «*Io sono il padrone del mio destino / io sono il capitano della mia anima*».

Il **National Board of Review Awards 2009** ha attribuito a *Invictus* il **premio per la libertà di espressione** e quello destinato ai dieci migliori film dell'anno, mentre ha assegnato a Morgan Freeman il titolo di migliore attore e a Clint Eastwood quello di miglior regista.

Il boicottaggio degli autobus

di **Coretta Scott King**

Luogo: Alabama
Anno: 1954
Titolo originale: *The words of Marthin Luther King Junior*
Edizione Italiana: Feltrinelli, Milano

BIOGRAFIA
C. Scott King
M.L. King

Ispirandosi all'azione nonviolenta teorizzata da Gandhi, tra il 1950 e il 1960 Martin Luther King combatté per l'affermazione dei diritti civili degli afroamericani, la cui prima tappa ci viene raccontata dalla moglie Coretta, fedele compagna nella lotta contro la discriminazione. Siamo a Montgomery, capitale dello Stato dell'Alabama, dove la legge prevede che i neri viaggino sugli autobus separati dai bianchi e che debbano cedere loro il posto a questi ultimi se non ce ne sono altri liberi nel settore ad essi riservato. Quando, nel dicembre 1955, la rammendatrice nera Rosa Parks si rifiuta di lasciare il suo posto a un bianco, senza rendersene conto con il suo gesto dà inizio a un lunghissimo scontro per la parità giuridica che vedrà la vittoria del movimento non violento di King.

Martin e io ci sposammo nel 1953. L'anno successivo egli ebbe il suo primo incarico come pastore, nella Chiesa battista di Dexter Avenue, a Montgomery, in Alabama. Ci trasferimmo di nuovo nel Sud, dove regnava ancora incontrastato il regime segregazionista[1] nel quale eravamo nati e cresciuti. Nel 1954, la Corte Suprema degli Stati Uniti[2] aveva stabilito che la segregazione fra bambini bianchi e neri nelle strutture scolastiche era ingiusta e incostituzionale. Le successive indicazioni della Corte tese a promuovere l'integrazione scolastica causarono violente reazioni nel Sud.

I Consigli dei cittadini bianchi si opposero alla decisione della corte e il Ku Klux Klan[3] tirò fuori lenzuola e cappucci e cominciò a sfilare issando croci infuocate.

Tutte le strutture pubbliche continuavano a essere forzatamente segregate. Le imposte elevate, necessarie per accedere ai seggi elettorali, impedivano di fatto a molti neri di esercitare il diritto di voto.

Uno degli aspetti più umilianti della segregazione razziale a Montgomery era rappresentato dal regolamento della linea di autobus, la Montgomery City Bus Lines. Veniva imposto ai neri di sedersi in fondo alle vetture, anche nel caso ci fossero posti liberi nella parte anteriore, riservata ai bianchi. Inoltre i neri dovevano acquistare il biglietto dall'autista, per poi uscire e risalire sull'autobus dalla porta posteriore.

Capitava spesso che gli autisti ripartissero lasciandoli a terra dopo che questi avevano acquistato il biglietto.

Il 1° dicembre 1955, Rosa Parks, una donna molto rispettata nella comunità nera, salì su un autobus di ritorno da una giornata di lavoro come sarta in un grande magazzino del centro. Si sedette nella prima fila dietro il settore riservato ai bianchi. Il conducente ben presto chiese alla signora Parks di lasciare il posto a un passeggero bianco appena salito e di spostarsi più indietro nella vettura. Al suo calmo e sommesso rifiuto, il conducente scese e andò a chiamare un poliziotto, che la arrestò. Una volta giunta al Palazzo di giustizia,

1. **regime segregazionista:** regime che prevede la segregazione razziale, ossia la discriminazione dei neri a vantaggio dei bianchi.
2. **Corte Suprema degli Stati Uniti:** è un organismo costituito da 9 giudici nominati a vita. Tra le sue funzioni c'è quella di giudicare se le leggi statali e federali corrispondano allo spirito della Costituzione e per tale motivo le sue competenze sono superiori a quella delle Corti dei singoli Stati federali.
3. **Ku Klux Klan:** è un'organizzazione di stampo razzista nata nel 1865 che sostiene la superiorità della razza bianca e utilizza la violenza per tenere in posizione di inferiorità i neri. I membri del Ku Klux Klan indossano tuniche bianche con un cappuccio che nasconde il volto.

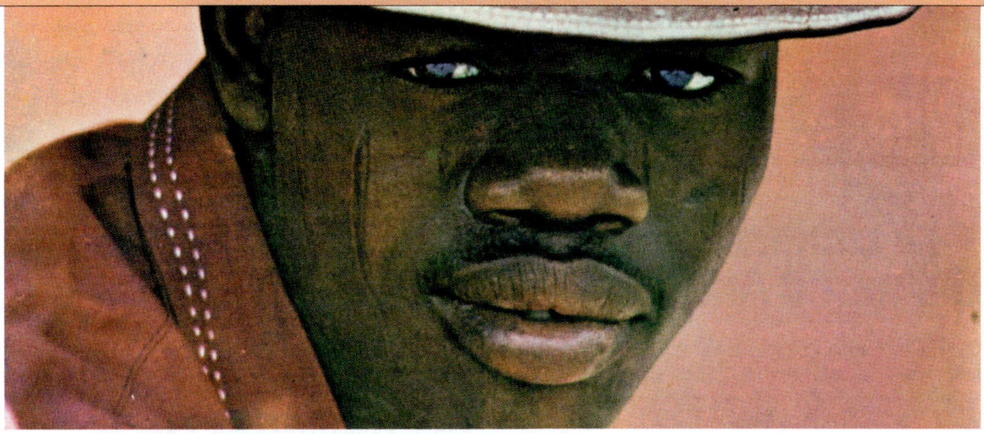

❮ Peter Roch, Ragazzo di colore, 1967.

la signora Parks telefonò all'amico E. D. Nixon, che firmò la garanzia per lei. Nixon telefonò a me e a Martin il giorno successivo e ci raccontò l'accaduto sostenendo che era arrivato il momento di boicottare gli autobus. "Soltanto così possiamo far capire ai bianchi che non accetteremo più di essere trattati in questo modo", disse.

Martin fu d'accordo e offrì la Chiesa Battista di Dexter Avenue come luogo di incontro. Alla riunione parteciparono più di quaranta leader in rappresentanza di tutti i settori della comunità nera. Diedero vita a un'associazione per il miglioramento civico, la *Montgomery Improvement Association* (MIA), elessero Martin presidente e organizzarono il boicottaggio, che ebbe inizio il 5 dicembre. Per un anno i cinquantamila neri di Montgomery si recarono al lavoro, a scuola, in chiesa, a piedi o con un servizio di macchine private. Quando le autorità cittadine si accorsero che il boicottaggio funzionava davvero, decisero di appigliarsi a qualsiasi pretesto per arrestare i neri. Un giorno, dopo aver fatto salire tre passeggeri in un parcheggio che fungeva da punto di raccolta, Martin venne seguito da un poliziotto in moto. Rispettò scrupolosamente tutte le regole del codice stradale, ma quando, giunto a destinazione, fece smontare i suoi passeggeri, il poliziotto gli ordinò di scendere dall'auto e lo arrestò per eccesso di velocità, sostenendo che andava a cinquanta chilometri orari in una zona in cui il limite era di quaranta. In prigione venne messo in una squallida cella riservata ai neri assieme ad altri manifestanti. La notizia del suo arresto si diffuse rapidamente e, in seguito all'assembramento di molti neri fuori dalla prigione, gli furono prese le impronte digitali e venne rilasciato dopo aver firmato egli stesso a garanzia.

Iniziammo a ricevere minacce di morte e telefonate anonime. Una notte, mentre Martin si trovava a una riunione del MIA e io ero a casa con un'amica e la nostra primogenita di due mesi, Yolanda, una bomba esplose nel portico di casa nostra. Allertati dalle minacce, quando udimmo l'esplosione uscimmo dal retro, invece di fuggire dal fronte della casa, e fortunatamente nessuno rimase ferito.

Tali arresti e atti di violenza servirono solo a rafforzare l'azione di boicottaggio e a far crescere l'entusiasmo per il nostro movimento di protesta non violento. Ci accorgemmo che il movimento non era solo un fenomeno locale; esso aveva dato slancio a una rivendicazione nazionale, e perfino internazionale, dei diritti individuali alla libertà e al rispetto. E condusse alla dichiarazione di incostituzionalità[4] delle leggi che in Alabama imponevano il regime segregazionista sugli autobus da parte della Corte Suprema degli Stati Uniti.

Il 21 dicembre 1956 sugli autobus di Montgomery fu pacificamente abolita la segregazione.

in Martin Luther King Jr., *Il sogno della non violenza. Pensieri*, Feltrinelli, Milano

4. **dichiarazione di incostituzionalità:** anche se è stata regolarmente votata dal Parlamento, una legge può essere dichiarata incostituzionale quando il suo contenuto contrasta con i principi generali della Costituzione dello Stato. In questo caso, la segregazione razziale imposta per legge in Alabama, viola i principio di eguaglianza su cui si basa la Costituzione americana e per questo motivo è incostituzionale.

Note di lettura

La condizione dei neri d'America

Anche se è ormai proibita in tutta Europa, nel 1641 la schiavitù viene legalizzata nel Massachusetts e nei decenni seguenti anche le altre colonie americane dichiarano legittima la condizione giuridica dello **schiavo**, definito come "proprietà del padrone".
Una volta ottenuta l'indipendenza dalla madrepatria, gli Stati Uniti mantengono in vigore la schiavitù (a eccezione dello Stato del Vermont, dove viene abolita nel 1777), che si diffonde soprattutto nei territori del Sud, poiché economicamente vantaggiosa nella coltivazione dei latifondi.
Alla fine della **guerra di secessione** (1865) il Congresso degli Stati Uniti **abolisce definitivamente la schiavitù** ma, poiché è previsto che i singoli Stati della federazione possano approvare leggi su specifici aspetti della vita civile e sociale, subito molti Stati del Sud varano leggi tese a limitare i diritti dei neri.
Alla fine del XIX secolo, basandosi sul criterio del ***separate but equal*** ("separato ma uguale"), la Corte Suprema stabilisce la **legittimità della segregazione razziale** in vigore in molti Stati del Sud, dove esistono scuole, fontane pubbliche, posti a teatro e autobus distinti per bianchi e neri. In risposta al segregazionismo nascono **movimenti e associazioni che si battono per l'uguaglianza dei diritti civili** e che per questo subiscono intimidazioni e violenze di ogni genere da **gruppi razzisti organizzati**, tra cui il Ku Klux Klan.
La prima legge federale che promuove le pari opportunità lavorative degli afroamericani è del 1941, ma solo a partire dagli anni Cinquanta si diffonde un movimento di massa per i diritti civili che ottiene importanti successi come la fine della segregazione razziale sugli autobus (1955) e l'ingresso di nove studenti neri a una scuola pubblica dello Stato dell'Arkansas (1957).
Negli anni successivi questi movimenti ottengono risultati ancora più notevoli tra cui il *Civil Rights Act* (1964), una legge federale che rende illegale la discriminazione nei luoghi pubblici, e il *Voting Rights Act* (1965), che semplifica le procedure di iscrizione alle liste elettorali e proibisce di sottoporre i votanti a test di alfabetizzazione, due metodi utilizzati negli Stati del Sud per ostacolare il voto degli afroamericani.

L'arma del boicottaggio

Bersaglio della lunga lotta per i diritti civili intrapresa da Martin Luther King sono le cosiddette **leggi *Jim Crow***, una serie di disposizioni varate a partire dalla seconda metà dell'Ottocento e finalizzate a discriminare legalmente i neri che prendono nome dal protagonista di una canzone popolare nella quale sono sintetizzati tutti i pregiudizi nei confronti degli afroamericani.
Quando nel 1955 Rosa Parks si rifiuta di cedere il proprio posto sull'autobus, Martin Luther King ha solo 26 anni ed è ancora un oscuro pastore della Chiesa battista, ma la protesta che organizza contro l'arresto della donna anticipa le lotte del decennio successivo.
La ribellione di Rosa Parks nei confronti di un'evidente ingiustizia è la molla da cui scaturisce un'azione politica che coinvolge l'intera comunità nera della città di Montgomery e trasforma centinaia di persone umiliate e sottomesse in una massa forte e consapevole. Il 5 dicembre 1955 gli afroamericani di Montgomery cominciano il **boicottaggio dei mezzi di trasporto pubblico**, una protesta che si ispira all'azione di Gandhi. Poiché nella maggior parte dei casi i neri non possiedono un'auto, i taxisti afroamericani equiparano la tariffa della corsa al costo del biglietto dell'autobus, mentre trecento cittadini si offrono di trasportare chi ne ha bisogno mettendo a disposizione le loro auto in appositi punti di ritrovo.
L'inatteso protrarsi del boicottaggio danneggia economicamente le aziende di trasporto e scatena minacce e violenze da parte della comunità bianca a cui i neri non reagiscono, mentre la notizia della protesta valica i confini dello Stato dell'Alabama e comincia a fare il giro del mondo.
Il **13 novembre 1956** la Corte Suprema degli Stati Uniti dichiara **fuorilegge la segregazione razziale sui mezzi di trasporto pubblici** e il 21 dicembre 1956, dopo 382 giorni, il boicottaggio si conclude.

❮ Pete Turner (1934), Trucco rituale di una cerimonia religiosa in una regione centroafricana, opera esposta alla mostra *Avanguardia del colore* alla Photokina di Colonia nel 1969.

A distanza di anni, nel discorso tenuto il 28 agosto 1963 alla Marcia per lavoro e libertà verso Washington ecco come King rievoca questa prima tappa della sua battaglia: «*La prima fase è cominciata agli inizi degli anni cinquanta, quando i negri hanno detto basta alla sottomissione e alla remissività. Adattando la resistenza non violenta alle condizioni degli Stati Uniti, abbiamo fatto irruzione nelle strade del Sud per esigere il rispetto dei nostri diritti di uomini e di cittadini. Per il Sud, con il suo complesso sistema di brutale segregazione, stavamo dando vita a una ribellione. Il semplice fatto di marciare nella pubblica via equivaleva a scuotere lo status quo dalle fondamenta. Boicottando gli autobus a Montgomery, dimostrando a Birmingham, la cittadella della segregazione, e sfidando le pistole, i cani e i manganelli a Selma, seppur in modo disciplinato e non violento, abbiamo completamente disorientato i governanti del Sud. Se ci lasciavano marciare, avrebbero ammesso che mentivano quando dicevano che l'uomo nero era soddisfatto. Se ci sparavano addosso, avrebbero confessato al mondo la loro disumana brutalità*».

Competenze alla prova

Comprensione

difficoltà ●○○

1. Che cosa si intende con l'espressione *"regime segregazionista"*?
2. Quando e in quale luogo ha inizio la lotta di Martin Luther King contro la discriminazione razziale?
3. Per quale ragione Rosa Parks viene arrestata?
4. Qual è la reazione della comunità nera all'arresto di Rosa Parks?
5. Quante sono le persone coinvolte nell'azione di protesta?
6. Quando e in che modo si conclude la protesta di Montgomery?

Analisi

difficoltà ●●○

7. Le leggi in vigore in Alabama nel 1955 rispettano le indicazioni della Corte Suprema degli Stati Uniti in materia di integrazione?
8. Indica il completamento corretto della frase che segue e riporta i passi del testo che giustificano la tua scelta.
   Nei confronti della protesta la comunità bianca si mostra
   - ☐ incuriosita e si sforza di capirne le ragioni
   - ☐ solidale e collabora con i manifestanti
   - ☐ ostile e cerca con ogni mezzo di ostacolarla
   - ☐ indifferente perché la questione non la riguarda affatto

Produzione

difficoltà ●●●

9. Riscrivi il contenuto del brano come se fosse un articolo di cronaca interna. In particolare:
   a. seleziona le informazioni compatibili con questo tipo di cronaca
   b. sintetizza nelle prime righe i fatti salienti secondo la regola delle 5 w
   c. scegli la modalità di presentazione più efficace (rapporto causa-effetto, o ordine cronologico, o alterazione della *fabula* mediante *flashback* ecc.)
   d. da' all'articolo un titolo che attiri l'attenzione del lettore

Mississippi Burning

Le radici dell'odio

Paese di produzione	USA
Anno	1988
Durata	128 minuti
Genere	thriller, drammatico
Regia	Alan Parker
Soggetto	Chris Gerolmo
Sceneggiatura	Chris Gerolmo
Fotografia	Peter Biziou
Montaggio	Gerry Dreville
Musiche	Trevor Jones
Scenografia	Philip Dreville, Geoffrey Dreville
Cast	Gene Hackman, Willem Dafoe, Frances McDormand, Brad Dourif, Ronald Lee Ermey, Michael Rooker, Gailard Sartain, Stephen Tobolowsky, Pruitt Taylor Vince, Lester Cowan

Trama

Nel giugno del 1964 tre giovani attivisti per i diritti civili vengono brutalmente uccisi nella contea di Jessup, nello Stato del Mississippi. Per fare luce sull'accaduto l'FBI invia sul posto gli agenti Rupert Anderson (interpretato da Gene Hackman) e Alan Ward (Willem Dafoe), molto diversi per età, cultura e atteggiamento: il primo è anziano e disilluso e conosce bene il profondo razzismo del luogo, mentre l'altro è giovane, colto e pieno di ideali.
Spesso in contrasto tra loro, i due affrontano un'indagine che sin dai primi momenti si rivela difficile e pericolosa a causa dell'omertà degli abitanti, compatti nel coprire le discriminazioni e i soprusi ai danni dei neri messi in atto dal Ku Klux Klan, che ha aderenti in tutte le classi sociali ed è legato a doppio filo alla polizia locale.
La presenza dei due agenti non interrompe la spirale di violenza che, anzi, si intensifica e culmina nell'impiccagione di un nero davanti alla sua casa avvolta dalle fiamme.
Solo la scelta della moglie del vicesceriffo di rompere l'omertà permette di chiudere l'indagine dimostrando il coinvolgimento nel delitto delle forze dell'ordine del luogo.

Il film si ispira a un episodio **realmente accaduto**: il 21 giugno 1964 nella contea di Neshoba in Mississippi vengono assassinati gli studenti ebrei Michael Schwerner (24 anni) e Andrew Goodman (21 anni) e l'afroamericano James Chaney (21 anni), giunti da New York per iscrivere al voto gli elettori neri e organizzare il boicottaggio dei negozi dei bianchi che si rifiutano di assumerli.
Il delitto rimarrà impunito per oltre 40 anni fino a quando nel 2005 il predicatore Edgar Ray Killen, ormai settantanovenne, viene arrestato con l'accusa di aver organizzato e guidato il gruppo del Ku Klux Klan che materialmente commise il triplice omicidio, bruciò e seppellì i cadaveri dei tre ragazzi nei pressi della fattoria di un altro membro dell'associazione con la complicità e l'aiuto del vicesceriffo della contea.

Al film *Mississippi burning* sono stati assegnati il **premio Oscar** del 1989 e si è anche aggiudicato il premio **BAFTA** per il miglior montaggio, la miglior fotografia e il miglior sonoro.

Autodifesa nell'*aldea*

di Rigoberta Menchú

Tratto da: *Mi chiamo Rigoberta Menchú*
Luogo: Messico
Anno: 1983
Titolo originale: *Me llamo Rigoberta Menchú y así me nació la conciencia*
Edizione Italiana: Giunti, Firenze

BIOGRAFIA
R. Menchú

Alla fine degli anni Settanta il dittatore Lucas García inizia la "campagna della terra bruciata", radendo al suolo più di 450 villaggi indios e massacrandone gli abitanti; i generali che gli succedono proseguono nella stessa direzione, provocando la fuga di decine di migliaia di indios nel vicino Messico.
In questo capitolo della sua autobiografia, Rigoberta Menchú descrive il modo con cui la comunità nella quale è cresciuta si organizza per difendere l'*aldea* (il villaggio) dalle violenze dei proprietari terrieri e dagli attacchi notturni dei militari, utilizzando una secolare conoscenza del territorio e sviluppando una struttura sociale compatta e solidale.
La finalità del testo, scritto a distanza di alcuni anni dagli eventi narrati, è quella di evitare che le violenze subite dagli indigeni cadano nell'oblio, e per ottenere questo risultato la Menchú accetta di esprimersi nella lingua dei dominatori, che ha imparato a padroneggiare solo negli anni dell'esilio, consentendo in questo modo al mondo di conoscere la tragica condizione della sua gente.

Per me fu molto importante imparare a distinguere i nemici. Era un grande nemico, un nemico nero, il proprietario terriero. Il soldato era anche lui un nemico criminale. E, in generale, i ricchi. Cominciammo a usare il termine "nemici". In effetti, nella nostra cultura, non esiste un "nemico" nel senso in cui è arrivata a esserlo questa gente per noi, sfruttandoci, opprimendoci, discriminandoci; al contrario, nella comunità, siamo tutti uguali gli uni per gli altri. Dobbiamo aiutarci reciprocamente e scambiarci quel poco che abbiamo. Non c'è qualcosa di superiore e qualcosa di inferiore. Però ci rendemmo conto che in Guatemala c'era un superiore e c'era un inferiore, ossia noi, e che i *ladinos*[1] si considerano una razza migliore. Ci fu un tempo, dicono, in cui i *ladinos* dubitavano che noi fossimo persone, pensavano che fossimo una specie animale. Arrivata a far chiarezza dentro di me mi dedicai al lavoro, dicendomi, dobbiamo sconfiggere il nemico. Cominciammo a organizzarci. Non era un'organizzazione con un nome. Ci ricordammo anzitutto delle trappole dei nostri progenitori. Essi, dicono, costruivano trappole nelle loro case e lungo il cammino, quando arrivarono i *conquistadores* spagnoli. Erano combattivi, i nostri antenati. Erano persone. E i bianchi mentono, quando dicono che i nostri antenati non si seppero difendere. Le trappole lo dimostrano.
Così dicevano i nostri nonni e mio nonno in particolare, quando vide che noi cominciammo a pensare di difenderci dai proprietari. Se possibile, dicevamo, li dobbiamo cacciare, in modo che ci lascino in pace. Se loro ci minacciano, perché noi non possiamo minacciare il proprietario? Mio nonno ci appoggiava

1. ***ladinos***: in Guatemala il termine *ladinos* definisce i meticci e gli indigeni che hanno perso i legami con la comunità d'origine.

José Sabogal (1888-1956), *Testa di donna*, 1940, particolare, collezione privata.

molto. In casa era tutto un intrecciarsi di discussioni, perché i miei fratelli tiravano le loro conclusioni, io tiravo le mie e così tutti gli altri. Mio nonno diceva: «Sì, figli miei, dovete difendervi. I nostri antenati si difesero. È falso quel che dicono i bianchi, che ci trovarono addormentati. Anche loro hanno combattuto. E perché noi non dovremmo combattere con le stesse armi che usa il proprietario terriero?». Se una persona anziana ci dice questo, beh, è la verità. La prima iniziativa della comunità fu di far sì che mio padre, per la sua responsabilità di eletto[2], abitasse nel centro della comunità. Era questa l'opinione generale. Infatti, dopo che Kjell[3] aveva diviso le nostre terre in parcelle[4], se ne erano andati tutti a vivere, chi da una parte chi dall'altra, sui diversi appezzamenti. Di conseguenza ci eravamo trovati a una certa distanza dagli altri compaesani. Io e i miei fratelli – mio padre era con noi in quel momento – proponemmo allora che il piccolo appezzamento che avevamo nel piano lo mettessimo in comune. Che scendessero tutti quelli della comunità che vivevano lontano, e che si vivesse assieme, con le nostre casette ben strette le une alle altre e abbastanza vicine da poterci chiamare se arrivava il proprietario terriero. Sarebbe stato un primo passo. Ma che cosa saremmo andati a dire alla gente? La gente sapeva che dovevamo difenderci dal proprietario, però ancora non immaginavamo che un giorno la repressione sarebbe arrivata ad ammazzarci in massa. Si fece una riunione a livello familiare. Si parlò di mettere in comune il piccolo appezzamento dietro casa perché i compaesani potessero vivere vicini. Si parlò anche di interpellare l'altro vicino, perché anche lui mettesse a disposizione una parte del suo campicello. Ci proponemmo di avere, nel giro di due mesi, tutte le case vicino alla nostra. Si fece la proposta alla comunità: siete disposti a venir giù con le vostre case, perché si viva a fianco a fianco e i proprietari, quando arrivano, ci trovino uniti?

2. **eletto:** rappresentante degli indios del villaggio.
3. **Kjell:** il generale Kjell Lagerud, presidente del Guatemala dal 1974, che procede con la violenza all'espulsione degli indios dalle terre coltivabili.
4. **parcelle:** unità agricole in cui, per ordine del governo, vengono divisi i latifondi allo scopo di frantumare l'antica comunità del villaggio e costringere le famiglie a vivere separate nei diversi appezzamenti.

5. *milpa*: campo coltivato a mais e fagioli.
6. *elotes*: spighe di granoturco, nella lingua degli indios del Guatemala.

Stavamo facendo questo progetto, quando la repressione arrivò vicino alla nostra *aldea*. Colpì San Pablo, un'*aldea* vicina. Sequestrarono i principali dirigenti della comunità, il capo dei catechisti, l'eletto degli indigeni: li sequestrarono con tutta la loro famiglia. E sequestrarono anche altri catechisti. Furono sequestrati uomini, donne, bambini. Anche lì erano in lotta con i proprietari terrieri, però non erano organizzati.
Questo fatto ci diede un esempio di quel che poteva succedere, quindi iniziammo subito, con i miei fratelli e i compaesani, a ripartire i compiti. Tutti andarono a tagliare palme per costruire le case. Gli uni preparavano il terreno su cui costruire, altri tagliavano le foglie, altri i pali per le pareti. Ogni compito era stato ripartito. Si costruirono le case più vicine. E un certo giorno arrivarono i soldati.
Era la prima volta che vedevamo una truppa di novanta soldati nell'*aldea*. Perciò non potevamo far niente, e tanto meno li provocammo. "E se prendono qualcuno?" ci chiedevamo. La comunità aveva più o meno un'idea di come avrebbe affrontato una tale situazione. Sin dall'inizio l'idea era: ci ammazzino tutti o ci lascino in pace. Ma non lasceremo che ci portino via un solo compagno.
Così fu. I soldati restarono quindici giorni nel villaggio, usando la nostra casa comune, quella in cui teniamo le nostre cerimonie e le nostre riunioni. La usarono come fosse casa loro.
Vissero lì. Di notte uscivano per la *milpa*[5] a grattare le patate che avevano germinato, a tagliare gli *elotes*[6] o i fagiolini teneri, insomma mangiavano assai bene.
Raccoglievano tutti gli *elotes* che gli pareva. Secondo il costume di noi indigeni, prima di provare l'*elote*, frutto della terra e del lavoro dei contadini, bisogna fare una cerimonia. Era una violazione della nostra cultura. Eravamo furenti, ma non mostravamo la nostra rabbia, perché erano novanta soldati e sarebbero stati capaci di ammazzarci tutti. Erano armati. Quindici giorni dopo, però, se ne andarono. [...]
Dopo che i soldati lasciarono l'*aldea*, la comunità si riunì per decidere che cosa fare in pratica della *milpa*. Mettiamo per il momento da parte le usanze, le cerimonie, pianifichiamo in primo luogo la nostra sicurezza, poi vedremo il da farsi. Così decise la comunità. Ora compagni, dicemmo, nessuno dovrà carpire il segreto della nostra comunità. Deve essere tanto segreto che né il nemico, né altre comunità possano sapere quello che stiamo facendo qui. Erano tutti d'accordo. Si cominciò a educare i bambini a essere discreti. E lo sono già in realtà, ma gli si raccomandava di non far parola ad altri bambini fuori della comunità su quel che facevano i genitori, su quel che faceva la comunità.

› Pedro Azabache (1918-2012), *Campiña Mache*, 1943, particolare, collezione privata.

Mettemmo a punto i nostri segnali, per i quali non usavamo altro che le cose della natura. […]
Cominciammo anche a sviluppare le armi da tenere segrete, le nostre trappole. Nessuno doveva conoscere le trappole che preparavamo nelle nostre *aldeas*. Certo, ciascuno doveva conoscere le trappole dei suoi vicini, altrimenti, al posto di richiudersi su un soldato o su un guardaspalle dei ricchi, ci finiva uno della nostra comunità. Un gruppetto di nostri compagni si incaricava di aumentare le trappole o di perfezionare quelle esistenti. Queste all'inizio erano destinate soprattutto ai topi, che mangiano le pannocchie, e agli animali della montagna che scendevano a mangiare la nostra *milpa*. Queste trappole avevano anche un altro scopo, quello di pescare soldati. Si tratta più che altro di grandi fosse coperte da fili invisibili, che l'esercito o l'animale non possono vedere. Possono anche consistere in qualche oggetto metallico, utile ad arrestare l'esercito. Sapevamo che l'esercito non sarebbe arrivato in camion, né in bicicletta, né in moto, dato che non ci sono strade per le nostre *aldeas*, quindi doveva arrivare a piedi e passare per un solo cammino. […]
Ci fu un episodio importante i primi tempi che mettevamo in atto i nostri sistemi di autodifesa, dopo la partenza dei soldati che si erano fermati quindici giorni. Questi ebbero il sospetto che il villaggio si era organizzato. Stando nell'*aldea*, certe cose li insospettirono, per quanto segreta fosse la nostra organizzazione. Una notte ritornarono. Tutta la nostra rete informativa era già in funzione. Avevamo impiantato un accampamento dell'*aldea*, perché a un dato momento, il giorno in cui non avessimo potuto vivere al villaggio, potessimo andarcene all'accampamento. E fu proprio questa esigenza, che ci spinse a considerare l'utilità di tutto l'ambiente naturale: le piante, gli alberi e le montagne. La comunità cominciò ad abituarsi a una vita ancora più difficile lì all'accampamento, nel caso che non si fosse potuto scendere all'*aldea* per quindici, venti giorni. Però questo era, per noi, preferibile all'essere massacrati. Ci siamo allenati ad andarcene tutti quanti ci fossero stati o meno i nemici, a dormire all'accampamento, per maggiore sicurezza.
Ci davano il segnale i nostri compagni, di lontano. Certo, c'erano le trappole lungo il cammino, c'erano le trappole nelle case, c'erano tutti gli altri dispositivi, come ad esempio una casa con un compagno su ogni cammino... Questa casa di notte restava vuota, ma rimanevano i cani. Ogni volta, quando i soldati arrivano di notte, i cani abbaiano e li inseguono. Finché i cani non tacciono, sappiamo che non se ne sono andati.
I cani danno un contributo in questo senso, ci fanno sapere che l'esercito è nell'*aldea*. Il giorno o l'ora che l'esercito se ne va i cani fanno chiasso. È il segnale che l'esercito ha abbandonato l'*aldea*. Ma questo non era sufficiente. La prima notte che arrivarono e entrarono nelle case non trovarono nessuno. Incominciarono a picchiare i cani, perché nessun compaesano si trovava in casa. Picchiarono i cani, ne ammazzarono alcuni, e se ne andarono. Allora noi dicemmo: sono entrati nelle case, vuol dire che continueranno a cercarci. Ora abbiamo buoni motivi per cercare nuovi sistemi. La comunità cercava perciò di perfezionare i dispositivi che non erano ancora a punto. A tutto ciò si lavorava in comune, dato che nella comunità non c'è un lavoro specifico, solo per la donna o solo per l'uomo, bensì, che si tratti di lavorare nei campi, o si debba costruire la casa di un compaesano o quel che sia, lo facciamo collettivamente. Nessuno lavora individualmente, perché questo porterebbe alla dispersione della comunità e se viene il nemico è capace di sequestrare qualcuno. Bisogna perciò lavorare in comune in previsione dell'arrivo dell'esercito.

Rigoberta Menchú-Elisabeth Burgos, *Mi chiamo Rigoberta Menchú*, Giunti, Firenze

Note di lettura

La sottomissione degli indios

A causa della **colonizzazione spagnola** del XVI secolo, attualmente nei territori dell'America centro-meridionale convivono popoli di origine diversa come i **creoli**, la minoranza bianca discendente degli antichi conquistatori, i **meticci**, nati dall'incrocio fra Europei e indigeni, e gli **indios**, eredi delle civiltà precolombiane. I rapporti tra questi gruppi sono stati storicamente caratterizzati da una profonda **diseguaglianza**, poiché ovunque la minoranza creola si è impossessata del potere politico ed economico e gli indios, privati dei diritti più elementari, sono stati scacciati dalle loro terre per facilitare la realizzazione di progetti più remunerativi come la costruzione di autostrade, la vendita di latifondi a società multinazionali e lo sfruttamento del sottosuolo.
Gli **indios del Guatemala** sono suddivisi in **oltre venti etnie di lingua diversa** e, a differenza di quanto accade in altre nazioni, costituiscono la maggioranza della popolazione; tuttavia, nonostante la loro consistenza numerica, in questo Stato si è creata una **situazione simile per molti aspetti a quella dell'*apartheid* sudafricano** (vedi p. 155) e un gruppo ristretto di origine europea ha governato per secoli il Paese schiacciando i diritti degli indigeni.

La repressione militare

La situazione degli indios guatemaltechi si è fatta particolarmente difficile a partire dalla metà degli anni Cinquanta, quando gruppi guerriglieri hanno organizzato una **resistenza armata clandestina** contro i dittatori succedutisi alla guida del Paese coinvolgendo nella loro lotta la popolazione india. Per questa ragione, la **ferocissima repressione dei militari** ha colpito anche molte delle loro comunità, sospettate di sostenere la guerriglia, innanzitutto ripartendo le terre in modo che essi fossero costretti a vivere lontani gli uni dagli altri, poi imponendo loro di coltivare solo determinati prodotti e di non disboscare la foresta per evitare che raggiungessero l'autosufficienza economica. Infine, i loro villaggi sono stati sottoposti a **improvvise incursioni notturne a opera dei militari** allo scopo di eliminare fisicamente persone appartenenti a una razza considerata 'inferiore' e, allo stesso tempo, creare un **clima di panico** che inducesse i sopravvissuti a non sostenere più la guerriglia.

Il valore della tradizione

Nella difesa del villaggio narrata da Rigoberta Menchú assume un ruolo centrale l'acquisizione di una **coscienza collettiva** che trasforma individui prima divisi e impauriti in un gruppo coeso che riconosce nei *ladinos* il nemico comune e agisce per perseguire un obiettivo condiviso impegnando ciascun membro in un compito diverso ma di pari valore.
La sopravvivenza degli indios è strettamente legata al **recupero** di quell'**insieme di conoscenze e valori tramandati oralmente generazione dopo generazione** che i *ladinos* hanno cercato di cancellare sgretolando i villaggi e sparpagliandone gli abitanti in un ampio territorio. Ma i Quipe combattono tenacemente contro questo disegno e riaffermano il loro senso di appartenenza seguendo il tracciato della loro secolare tradizione.
Le parole di Rigoberta Menchú ci mostrano infatti un microcosmo che nutre un profondissimo **rispetto nei confronti degli antenati**, dai quali trae ispirazione per agire, e **degli anziani**, le cui parole sono considerate fonte di verità e saggezza, e nel quale ogni evento presente ha un senso solo se posto in relazione con il passato.

Le strategie di sopravvivenza

Nonostante ciò, Rigoberta Menchú è consapevole del fatto che talvolta è necessario **saper rinunciare ai valori più profondi** se si vuole sopravvivere: è questo il motivo per cui, pur considerando sacra la natura, gli indios imparano a dissimulare la rabbia e l'amarezza dinanzi alla profanazione perpetrata dai soldati ritrovando nella loro storia passata quella **legge del segreto** grazie a cui hanno preservato nel tempo la propria identità. Ed è questo il motivo per cui ella stessa, per dare voce al suo popolo, viola la regola stabilita dalle comunità indie di non usare mai lo spagnolo – la lingua dei dominatori imposta con la forza – per parlare di se stessi e della loro cultura.

‹ Julia Codesido (1892-1979), *Varayoc*, 1950 ca., collezione privata.

Competenze alla prova

Comprensione

difficoltà

1. Dove e in quale periodo storico si svolgono i fatti narrati nel brano?
2. Chi sono i "nemici" degli indios? Che cosa stanno cercando di fare nei confronti delle comunità indigene?
3. Quali sono le prime azioni compiute dagli indios per organizzare la difesa del villaggio?
4. Con quali mezzi gli indios cercano di difendersi dalle incursioni dei soldati?

Analisi

difficoltà

5. Su quali di questi elementi sono prevalentemente basate le relazioni nel villaggio? Indica le risposte possibili, poi motiva la tua scelta con esempi tratti dal testo.
   - ☐ Invidia
   - ☐ Solidarietà
   - ☐ Paura
   - ☐ Parità
   - ☐ Gerarchia
   - ☐ Collegialità delle decisioni
6. Quali concetti prima sconosciuti gli indios Quipe acquisiscono dal contatto con i *ladinos*?
7. Quali passaggi del brano dimostrano il profondo rispetto degli indios per le opinioni degli anziani e per la natura?
8. Trattandosi di un'autobiografia il testo appartiene al genere letterario, tuttavia i fatti raccontati vengono proposti con una modalità tipica dei testi non letterari. Qual è?
   - ☐ Modalità informativa
   - ☐ Modalità descrittiva
   - ☐ Modalità argomentativa
   - ☐ Modalità espositiva

Produzione

difficoltà

9. Trasforma il brano di Rigoberta Menchú in un *reportage* che intende informare i lettori sul modo in cui gli indios Quipe si sono organizzati per difendersi dagli attacchi dei soldati. In particolare:
   a. esponi gli eventi dal punto di vista di un osservatore esterno alla vicenda;
   b. descrivi le caratteristiche fisiche dell'ambiente in cui si svolgono i fatti,
   c. sottolinea gli aspetti tipici della cultura degli abitanti del villaggio;
   d. esprimi la tua opinione affinché il reportage serva per denunciare l'ingiustizia della situazione.

Mission

Titolo originale	The Mission
Lingua originale	inglese, guaraní (lingua degli indios del Paraguay)
Paese di produzione	Regno Unito
Anno	1986
Durata	125 minuti
Genere	storico, drammatico
Regia	Roland Joffé
Soggetto	Robert Bolt
Sceneggiatura	Robert Bolt, David Puttnam
Cast	Robert De Niro, Jeremy Irons, Ray McAnally, Liam Neeson, Aidan Quinn, Cherie Lunghi, Ronald Pickup, Chuck Low, Bercelio Moya

Trama

Il vescovo spagnolo Luis Altamirano informa il Papa di ciò che è accaduto nei territori del **Paraguay tra il 1750 e il 1752** attraverso una lettera che apre un ampio *flashback*.
La parte principale della vicenda è ambientata nella foresta pluviale nei pressi delle Cascate dell'Iguazú, dove il gesuita padre Gabriel (interpretato da Jeremy Irons) ha conquistato la fiducia degli indios convertendoli al cristianesimo e creando un villaggio in cui essi trovano rifugio e protezione dagli schiavisti europei. Qui giunge l'ex cacciatore di schiavi Rodrigo Mendoza (Robert De Niro) che, dopo aver ucciso in duello il fratello, viene convinto da padre Gabriel a espiare il delitto diventando un missionario.
Mentre padre Rodrigo comincia la sua nuova vita, a Madrid viene stipulato un trattato che impone alla corona spagnola di cedere al Portogallo parte delle terre in cui i gesuiti hanno insediato le loro missioni e, a causa delle pressioni dei coloni, il vescovo Altamirano è costretto a ordinare ai religiosi di lasciare le terre degli indios ai nuovi padroni.
Scoperta questa decisione, i **Guarany** decidono di **combattere** per la difesa del villaggio, appoggiati da tutti i missionari che vivono con loro e in particolar modo da padre Rodrigo, che recupera le sue vecchie armi e si prepara alla battaglia, mentre padre Gabriel rifiuta la violenza scegliendo la strada della preghiera.
Il film si conclude con lo **scontro tra gli indios e i soldati portoghesi**, che alla fine riescono a penetrare nel villaggio uccidendo padre Rodrigo mentre combatte e padre Gabriel mentre avanza contro i nemici portando in processione l'ostensorio.
Gli indios vengono quasi completamente sterminati e i pochi sopravvissuti sono ridotti in schiavitù; solo alcuni bambini riescono a salvarsi abbandonando il villaggio devastato su una canoa che li conduce all'interno della foresta.
Il film si basa su una serie di **eventi storici** accaduti in seguito al Trattato di Madrid del 1750 e anche il vescovo Altamirano corrisponde a una figura effettivamente esistita, ma mentre i villaggi coinvolti nel conflitto tra Guaraní e colonizzatori furono in realtà sette, il film si concentra esclusivamente sulla missione di São Miguel das Missões.
Tra i numerosissimi riconoscimenti ottenuti da *Mission* ricordiamo: nel 1986 la palma d'oro e il Grand Prix Tecnico per la **miglior regia** al **Festival di Cannes**; nel 1987 il premio **Oscar** per la migliore fotografia, il premio **Kansas City Film Critics Circle Award** per il miglior film, il **David di Donatello** per il miglior produttore straniero; i **Golden Globes** per la migliore sceneggiatura e la migliore colonna sonora; i premi **BAFTA** per il miglior attore non protagonista (attribuito a Ray McAnally, interprete del vescovo Altamirano), per il miglior montaggio e per la miglior colonna sonora.

Laboratorio

Il linguaggio cinematografico

I film possono essere considerati particolari tipi di racconto basati sulla combinazione di elementi **verbali**, **visivi** e **sonori** che danno origine ad un linguaggio diverso da quello della letteratura, definito **linguaggio cinematografico**.

GLI ELEMENTI VERBALI: dal soggetto alla sceneggiatura

Il punto di partenza di un film è il **soggetto**, che può essere costituito da una storia scritta appositamente per lo schermo (soggetto originale), ricavato da un altro film – e in questo caso si parla di *remake* (che vuol dire "rifacimento") – o tratto da un'opera letteraria, da un evento storico o da una notizia di cronaca. Tutti i film proposti in questo percorso, per esempio, prendono spunto da personaggi reali o da episodi della storia (per lo più recente).
Una volta definito il soggetto, si costruisce una **scaletta** che funge da ossatura del film e mette in relazione ambientazione, personaggi e azioni verificando che le diverse parti siano coerenti tra loro ed efficaci sul piano drammatico.
Partendo dalla scaletta, si elabora poi un racconto più articolato, definito **trattamento**, o **copione**, che oltre a sviluppare l'intreccio presenta ogni elemento utile alla caratterizzazione dell'ambiente e dei personaggi: è in questa fase che gli attori ricevono tutte le informazioni necessarie per immedesimarsi nella storia e nel personaggio che devono interpretare.
Il passaggio dalla scrittura alla realizzazione del film avviene attraverso la **sceneggiatura**, che si realizza dividendo il racconto in **scene numerate** e munite di indicazioni relative al **luogo** e al **momento** dell'azione, al **dialogo** tra i personaggi e al modo in cui devono essere realizzate le *inquadrature*; talvolta la sceneggiatura assume la forma dello *story board*, una "striscia" di disegni nei quali viene descritto lo svolgimento della storia inquadratura dopo inquadratura.

GLI ELEMENTI VISIVI: le riprese e la regia

Ultimata questa fase, hanno inizio le **riprese**, durante le quali vengono filmate le **scene** che successivamente verranno selezionate e montate fino a dare corpo al film. La trasformazione della storia in immagini si ottiene attraverso la **macchina da presa**, la cui azione produce **inquadrature** che possono essere più o meno ravvicinate (primo piano, primissimo piano, piano americano ecc.) e più o meno ampie (panoramica, carrellata, zoomata ecc.).
In questo passaggio è determinante la figura del **regista**, che ha il compito di stabilire il modo in cui ogni scena deve essere girata. Quando il regista ha girato tutte le scene, inizia la fase del **montaggio**, in cui rivede tutto il materiale girato, sceglie le scene migliori, le ricompone insieme e dà vita al film vero e proprio.
L'impronta del regista è particolarmente rilevante quando egli è anche ideatore del soggetto e della sceneggiatura, come accade nel film *Mission*, e in questi casi si parla di **film d'autore**.
La scelta di un particolare tipo di inquadratura e il modo in cui vengono costruite le scene determina la **focalizzazione** del film, che corrisponde al punto di vista dal quale vengono osservati gli avvenimenti. A seconda dell'effetto che intende realizzare il regista può adottare un'**inquadratura oggettiva**, quando cerca di riprodurre la realtà come se fosse osservata da un narratore esterno e neutrale, o un'inquadratura **soggettiva** quando lo spettatore osserva i fatti attraverso lo sguardo di uno dei personaggi.

GLI ELEMENTI SONORI: i dialoghi e la musica

La **colonna sonora** che accompagna lo scorrere delle scene cinematografiche è formata dalle **battute** pronunciate dagli attori nel corso dei dialoghi, dai **rumori** (detti anche **effetti sonori**) che danno concretezza alle immagini, e talvolta dalla **musica**, che viene utilizzata per accompagnare il flusso della narrazione o per sottolinearne i passaggi salienti. Quando il regista ha terminato il montaggio delle scene, procede al montaggio del sonoro.

I PERSONAGGI

Come avviene nei romanzi, nei racconti e nelle opere teatrali, anche i personaggi dei film sono organizzati secondo un sistema di relazioni che distingue le figure principali (**protagonista-comprimario-antagonista**), da quelle secondarie e di sfondo (**comparse**).
Vengono definiti **film corali** quelli in cui mancano individualità di spicco e sono le masse a svolgere il ruolo principale, tuttavia **scene corali** possono esistere anche all'interno di opere nelle quali il sistema dei personaggi è ben delineato.

La struttura

Esattamente come accade nelle opere letterarie, anche i film possono presentare gli avvenimenti secondo un ordine prevalentemente cronologico, oppure costruire intrecci basati sull'alterazione della *fabula* che spesso viene realizzata mediante i meccanismi del *flashback* e del *flashfuture* (o *flashforward*).
Tra gli espedienti più usati per realizzare il *flashback* ci sono:

- l'irruzione nel flusso narrativo dei **ricordi** di un personaggio, che sono segnalati visivamente mediante l'inserimento di scene in bianco e nero o di didascalie recitanti "un anno prima", "l'estate precedente" ecc.;
- la presentazione della **scena finale** e la successiva ricostruzione degli eventi precedenti, come accade in *Gandhi*;
- l'invio di una **lettera** che riepiloga una serie di fatti appena conclusi, come si verifica in *Mission*.

Il *flashfuture*, invece, è meno frequente e di solito si realizza attribuendo a uno dei personaggi capacità profetiche o di premonizione.

1. Seguendo la traccia che ti proponiamo qui di seguito, elabora una relazione su uno dei film che hai visto in classe.
   a. Presenta le informazioni generali sul film ricavandole dalla scheda introduttiva (Titolo, Regia, Anno...).
   b. Definisci l'ambientazione storico-geografica della vicenda.
   c. Fa' una sintesi della trama (in circa 15 righe).
   d. Illustra i passaggi più importanti per lo sviluppo dell'intreccio.
   e. Delinea il sistema dei personaggi, individuando protagonista, antagonista, figure secondarie di particolare rilievo ecc. e tratteggiandone brevemente le caratteristiche.
   f. Individua le eventuali alterazioni della *fabula* e il punto di vista da cui è osservata la storia.
   g. Presenta il tema (o i temi) più significativi del film.
   h. Eventualmente, sottolinea l'importanza della musica e/o delle scene corali nella creazione dell'atmosfera.
2. Ora fa' una recensione in circa 30 righe di questo stesso film sintetizzando al massimo gli elementi informativi e dando spazio al tuo giudizio sull'opera.

2 Conoscere

Rockwell Kent (1882-1971), particolare di una illustrazione del capitolo XII di *Moby Dick* di Herman Melville nell'edizione The Lakeside Press, Chicago 1930.

BIOGRAFIE
M. Hack
C. Colombo
J. Cameron
A. Moravia
M. Colvin

I latini chiamavano *curiositas* l'impulso tipicamente umano di oltrepassare i confini di ciò che è noto per indagare e scoprire aspetti nuovi della realtà: nell'arco di migliaia di anni, gli esseri umani sono stati capaci di enormi progressi proprio grazie alla capacità di progettare, formulare ipotesi e correre rischi.
Esemplare di questo atteggiamento è la ricerca scientifica, nella quale l'osservazione del reale non è che il primo passo di un lungo percorso verso l'ignoto che sposta incessantemente i confini del possibile, come ha messo in luce **Margherita Hack** (*La sorpresa della scoperta*) ma lo stesso approccio è anche il motore che ha spinto molti uomini a esplorare la superficie della terra, come ha fatto, per esempio, **Cristoforo Colombo** (*Terra! Terra!*), o le profondità degli abissi, come il regista **James Cameron** (*Diecimila metri sotto i mari*), trasformando fantasie millenarie in dati concreti. Altri, come **Alberto Moravia** (*Il cielo è più vecchio*), hanno documentato eventi eccezionali che hanno segnato il progresso umano, come lo sbarco sulla Luna, oppure hanno speso la propria vita a comprendere e spiegare eventi sconvolgenti come le guerre: è il caso, per esempio, della giornalista **Marie Colvin** (*Giornalisti di guerra*).
La molla che spinge a incamminarsi sulla strada della conoscenza è quindi insita nell'animo umano e spesso pone gli esploratori – dello spazio, della natura o della mente – in aperto contrasto con i loro contemporanei, che li considerano pericolosi visionari e li ostacolano in ogni modo per aver voluto mettere in discussione conoscenze e certezze consolidate.
In questo capitolo conosceremo gli uomini e le donne che abbiamo citato: persone vissute in tempi e luoghi diversi, ma accomunate dalla volontà di mettere in gioco ogni certezza, talvolta la propria stessa vita, per aggiungere un altro tassello al bagaglio delle conoscenze umane.

La sorpresa della scoperta

di Margherita Hack

Luogo:
Italia
Anno:
2004
Edizione:
Laterza, Roma-Bari

Nell'autobiografia da cui è tratto questo brano Margherita Hack ripercorre i passaggi più importanti della sua storia personale, con un atteggiamento vitale e gioioso che si riflette anche nell'approccio alla ricerca scientifica. Nel testo la scienziata riflette sui momenti nei quali ci si accorge che il risultato degli esperimenti non corrisponde all'ipotesi iniziale e, invece di mettere l'accento sull'inevitabile senso di frustrazione del ricercatore, sottolinea la funzione conoscitiva dell'errore che costringe la mente a ricercare soluzioni inedite. Le sue parole dimostrano che la scienza è il terreno del dubbio e che le scoperte più rivoluzionarie si realizzano solo quando si ha il coraggio di abbandonare le certezze consolidate.

BIOGRAFIA
M. Hack

Il lavoro dello scienziato diventa veramente interessante quando si incontra qualcosa d'inaspettato. Per esempio, dall'osservazione di una stella ci si aspettano risultati che confermino determinate ipotesi di partenza. Ma può capitare che questi risultati non arrivino e i dati siano contraddittori o addirittura opposti a quanto ci si attende. Nel mio caso specifico, mi occupavo di analisi chimiche quantitative delle atmosfere stellari. In generale, la maggior parte delle stelle ha circa la stessa composizione chimica, ma quando capitava di scoprire che un dato elemento fosse molto più presente o più scarso del previsto, allora cominciava il divertimento. Mi chiedevo cosa fosse successo, se fosse un effetto reale, un mescolamento delle righe spettrali[1] di quell'elemento con altre sconosciute o davvero un'anomalia di composizione chimica. Quale che fosse la risposta, ero comunque ben felice di aver trovato qualcosa di strano. In questi momenti non bisogna farsi sconfiggere dalla paura di conoscere, perché è proprio questo salto che permette di vedere che cosa c'è oltre... Eppure, in alcune occasioni simili ho visto ricercatori spaventati, timorosi di aver sbagliato qualcosa nel procedimento, o che i dati non fossero corretti. Ogni scienziato serio sa che incorrere in un errore durante un'osservazione o un esperimento è un'eventualità tutt'altro che remota, soprattutto di fronte a risultati anomali. Ma, quando la verifica dei dati spazza via questa possibilità, allora è necessario scacciare la paura, perché sta per cominciare il bello. La pigrizia mentale porta a trascurare le cose strane: si tende sempre a cercare conferme e l'inaspettato è visto come fonte di preoccupazione. Comprendere le ragioni di un problema imprevisto è il motore fondamentale di tutta l'impresa scientifica, e la storia della scienza dimostra come i grandi passi in avanti siano stati sempre preceduti da dubbi, incomprensioni e critiche feroci.

1. **righe spettrali:** sono le righe luminose che compongono lo spettro di un corpo. La spettroscopia è un metodo d'indagine che si basa sull'analisi delle radiazioni luminose emesse da un corpo: la luce emessa da una sorgente viene fatta passare attraverso un prisma che la scompone e crea una figura, chiamata "spettro", formata da strisce luminose (righe spettrali) che definiscono in modo inequivocabile le caratteristiche chimiche e fisiche di un corpo.

› Duilio Cambellotti (1876-1960), particolare di una tavola fuori testo per il volume *Storie meravigliose*, 1912-1913.

La mia esperienza mi ha insegnato ad affrontare queste circostanze in maniera razionale, come se si dovesse venire a capo di un mistero. Come nel più classico dei romanzi gialli, ci sono tutti gli elementi: un enigma, degli indizi e un detective. In un certo senso, fare scienza è come andare a caccia dell'assassino, con lo scienziato nei panni dell'investigatore. E non si tratta di indagini troppo semplici, visto che da uno spettro si devono dedurre tanti elementi di una stella, la natura fisica, la composizione chimica, l'età, lo stato evolutivo, ripercorrendo in pratica tutta la sua storia indietro nel tempo, per comprendere che cosa sia veramente accaduto. E che dire allora dell'universo? Attualmente sappiamo che solo il 4% dell'esistente è composto da materia normale, cioè che emette luce o altre radiazioni elettromagnetiche (raggi gamma, x, radio). Il resto sarebbe diviso tra materia ed energia oscura. Quindi ci sarebbero ben due assassini, oscuri come il mistero che li avvolge. Mi piace pensare che il mio lavoro sia come quello dei classici detectives creati da Agatha Christie e Georges Simenon[2], o come quelli più moderni degli sceneggiati televisivi, come il tenente Colombo o Jessica Fletcher[3]. Sono personaggi fantastici accomunati dalla voglia di utilizzare meccanismi logici con intelligenza e razionalità, a partire da tracce spesso confuse. Fare ricerca è proprio questo: capire cosa c'è sotto e poi raccontarlo agli altri per mezzo di un articolo scientifico, che purtroppo è un po' meno suggestivo del salotto con il camino in cui Hercule Poirot[4] svelava il nome dell'assassino nascosto tra i presenti.

Nel lavoro del detective come in quello dello scienziato una delle caratteristiche fondamentali è senza dubbio la pazienza. Ce ne vuole tanta per provare, riprovare e confrontare gli indizi trovati. Basti pensare a quanti spettri è necessario paragonare tra loro in ricerche simili a quelle che facevo io. Al di là dell'aspetto teorico, quando ho cominciato c'era moltissimo lavoro manuale da svolgere; come ho accennato, si trattava di operazioni lunghissime, anche penose e ripetitive, che, però, avevano il vantaggio di lasciare tanto tempo per riflettere. In questi lunghi intervalli il ricercatore poteva pensare, osservare meglio i risultati ed eventualmente notare le cause dell'errore. C'erano senza dubbio più occasioni per pensare di quante se ne abbiano oggi fissando lo schermo del computer con i risultati già pronti: ho l'impressione che la velocità dei calcolatori abbia limitato questi momenti di pausa, che solo apparentemente possono sembrare inutili.

Margherita Hack, *Qualcosa di inaspettato. I miei affetti, i miei valori, le mie passioni*, Laterza Roma-Bari

2. **Agatha Christie e Georges Simenon:** due celebri scrittori di romanzi gialli vissuti rispettivamente nel XIX e nel XX secolo.
3. **tenente Colombo o Jessica Fletcher:** detective protagonisti di due popolari serie televisive.
4. **Hercule Poirot:** investigatore belga protagonista di molti gialli di Agatha Christie.

Note di lettura

▸ La funzione dell'errore

La ricerca astronomica ha come oggetto lo studio di corpi celesti lontanissimi e misteriosi (stelle, pianeti, asteroidi...) che costringono gli scienziati a elaborare **teorie complesse**, dimostrabili mediante lunghe procedure basate sull'osservazione, la descrizione e il confronto sistematico dei dati. Tuttavia, come accade in tutti gli altri settori della scienza, anche per l'astrofisico sono sempre in agguato **elementi imprevisti** che spesso risultano inspiegabili all'interno dell'ipotesi di partenza, ed è questo il momento in cui, per avanzare nella strada della conoscenza, il vero scienziato deve saper **assumere un punto di vista diverso da quello iniziale**: il **coraggio** di cui parla Margherita Hack consiste proprio nella disponibilità ad abbandonare certezze e ipotesi in apparenza convincenti per elaborarne di nuove, maggiormente in grado di spiegare dati contraddittori.

▸ Le sfide della ricerca

La forza dell'attività scientifica risiede nella capacità di rifiutare pregiudizi, soluzioni di comodo e spiegazioni soprannaturali utilizzando in modo sistematico la **ragione**; per questo motivo l'autrice paragona i ricercatori agli **investigatori** poiché entrambi procedono raccogliendo pazientemente prove e indizi allo scopo di definire un quadro d'insieme logico e capace di spiegare in modo persuasivo una **molteplicità di dettagli eterogenei**.
Nonostante le procedure di ricerca siano il più delle volte «*lunghissime, anche penose e ripetitive*», dalle parole dell'astrofisica traspare un **atteggiamento entusiasta** e pieno di curiosità che la spinge a considerare l'errore e l'anomalia come la parte più stimolante del suo lavoro, poiché chi risolve un complesso rompicapo vince una duplice sfida, contribuendo al progresso delle conoscenze umane e al tempo stesso superando i propri limiti individuali.

‹ Edouard-Léon-Louis Edy-Legrand (1892-1970), particolare di una illustrazione per *Voyages et glorieuses découvertes des grands navigateurs et explorateurs français*, edizioni Tolmer, Parigi 1921.

Competenze alla prova

Comprensione

difficoltà

1. Qual è l'oggetto principale della ricerca di Margherita Hack?
2. Quali informazioni sulle stelle è possibile dedurre utilizzando la spettroscopia?
3. Secondo Margherita Hack, per ottenere risultati soddisfacenti uno scienziato ha bisogno di:
   - ☐ grande disponibilità di tempo
   - ☐ strumenti di misurazione rapidi
   - ☐ atteggiamento deciso e sicuro
   - ☐ spirito di collaborazione
   - ☐ tenacia e costanza
   - ☐ creatività e intuito
   - ☐ flessibilità mentale
4. Che cosa hanno in comune un detective e uno scienziato? In che cosa la loro attività è diversa?

Analisi

difficoltà

5. Il metodo della spettroscopia consentirà nei prossimi anni di conoscere in modo completo la composizione dell'universo?
6. A quale sostantivo chiave si riferiscono gli aggettivi "strano", "anomalo" "inaspettato" evidenziati nel testo?
7. Nel brano è possibile individuare due campi semantici contrapposti, quello del divertimento e quello della paura. Cerca i termini relativi a ciascuno di essi, poi indica quale di essi descrive l'atteggiamento di Margherita Hack nei confronti della scienza.
   - Divertimento: ....
   - Paura: ....

Tipologia testuale

difficoltà

8. Il testo è tratto dall'autobiografia di Margherita Hack, un genere letterario fondato sul racconto retrospettivo dell'esistenza del narratore che seleziona tra gli episodi del passato quelli che ritiene decisivi per la strutturazione della sua personalità (vedi vol. A, p. 416 e sgg.). Nel brano proposto, qual è il contenuto prevalente dei ricordi su cui l'autrice concentra la propria attenzione?
   - ☐ Vita familiare
   - ☐ Vita sentimentale
   - ☐ Attività di ricerca
   - ☐ Attività di studio
9. All'interno del testo si fa riferimento a un altro tipo di scrittura non letteraria: qual è? Quale funzione le viene attribuita?

Produzione

difficoltà

10. L'idea di considerare gli errori utili al progresso è esclusiva del mondo scientifico o è applicabile anche ad ambiti diversi? Sviluppa questa traccia elaborando un testo argomentativo in cui proponi esempi e riflessioni personali.

Terra! Terra!

di **Cristoforo Colombo**

Anno:
1492-1493
Tratto da:
Giornale di viaggio del primo viaggio e della scoperta delle Indie
Edizione Italiana:
Rizzoli, Milano

BIOGRAFIA
C. Colombo

Per realizzare il proprio progetto di esplorazione Colombo si rivolge prima al re del Portogallo Giovanni II, poi alla regina Isabella di Castiglia che gli fornisce metà del capitale necessario per intraprendere il viaggio. La flotta che si muove verso le Americhe è formata dalla Santa Marìa, capitanata dallo stesso Colombo, a cui si aggiungono la Pinta, condotta da Martín Alonso Pinzón e la Niña, guidata dal fratello di Pinzón, Vicente Yáñez.
Nel corso della spedizione l'ammiraglio tiene un diario di bordo in cui annota tutto ciò che accade durante la navigazione, ma poiché il documento originale non ci è pervenuto le tappe di questa straordinaria avventura ci sono note solo attraverso le parole del frate domenicano Bartolomè de Las Casas, che nel XVI secolo ne riassunse il contenuto e utilizzò le informazioni fornite da Colombo per scrivere un ampio trattato intitolato *Storia delle Indie*.

Giovedì-Venerdì 11-12 Ottobre

L'Ammiraglio navigò verso Ovest Sud Ovest. Ebbero mare grosso più che in tutto il viaggio non avessero avuto. Videro alcune procellarie[1] e un giunco verde passare vicino alla nave.
Gli uomini della caravella *Pinta* scorsero una canna e un bastone, pescarono un altro bastone lavorato, a quel che pareva, col ferro, e videro ancora un pezzo di canna, ed erba diversa dalla solita e che nasce in terra, e una tavoletta. Anche quelli della caravella *Niña* videro altri segni di terra e un tronco di spino carico di frutti rossi. Con questi indizi tutti si sentirono sollevati e allegri.
In questo giorno, fino al tramonto, percorsero 27 leghe[2].
Dopo il tramonto l'Ammiraglio tornò alla sua rotta d'Occidente. Correvano a 12 miglia[3] all'ora, e fino alle 2 dopo mezzanotte avevano fatto 90 miglia, ossia 22 leghe e mezza; e poiché la caravella *Pinta* era più veloce delle altre due caravelle, e precedeva l'Ammiraglio, così trovò terra e fece i segnali che l'Ammiraglio aveva ordinato.
Questa terra vide per primo un marinaio che si chiamava Rodrigo da Triana, sebbene l'Ammiraglio, alle 10 di notte, stando sul castello di poppa[4], avesse visto una luce. Per quanto la cosa fosse tanto vaga che non osò affermare che fosse terra, pure chiamò Pedro Gutièrrez, credenziere[5] del Re, e gli disse che gli pareva una luce e che anch'egli guardasse, e così fece quegli, e la vide; lo stesso disse a Rodrigo Sànchez[6] di Segovia, che il Re e la Regina avevano mandato sull'Armata come ispettore, il quale nulla vide perché non si trovava in luogo da dove potesse vederla. Dopo che l'Ammiraglio aveva parlato, quella luce fu vista una volta o due; ed era come una candeluccia di cera che si alzava e si abbassava, ciò che tuttavia sarebbe parso a ben pochi esser indizio di terra; ma l'Ammiraglio tuttavia fu certo di trovarsi prossimo ad essa. Per lo che[7], quando gli uomini dissero la *Salve Regina*[8], che tutti i marinai costumano[9] recitare e cantare a modo loro, e tutti fanno silenzio, l'Ammiraglio li pregò e consigliò di far buona guardia sul castello di prua e di far attenzione all'apparir

1. **procellarie:** uccelli di grandi dimensioni dal piumaggio nero e bianco che volano a pelo d'acqua e nidificano sulle scogliere.
2. **leghe:** la lega è un'unità di misura di origine romana. Ai tempi di Cristoforo Colombo la *lega spagnola* corrispondeva a circa 4,2 km.
3. **miglia:** il miglio è un'unità di misura corrispondente a 153 metri.
4. **castello di poppa:** il castello, o *cassero*, è la struttura sopraelevata rispetto al ponte di coperta che può trovarsi sia a prua che a poppa.
5. **credenziere:** ispettore addetto al controllo di entrate e uscite durante il viaggio.
6. **Rodrigo Sànchez:** uno dei notai inviati dal re con la spedizione.
7. **Per lo che:** per questa ragione.
8. ***Salve Regina*:** preghiera indirizzata alla Madonna.
9. **costumano:** hanno l'abitudine.

della terra, e al primo che gli dicesse di veder terra farebbe subito il dono di un giubbone di seta, senza pregiudizio[10] delle altre ricompense che i Sovrani avevan promesso, e cioè diecimila *maravedìs*[11] di pensione perpetua.

Alle due dopo la mezzanotte apparve la terra dalla quale eran lontani due leghe circa. Ammainarono tutte le vele e avanzarono solo col trevo, che è la vela maggiore, senza coltellacci[12], e si posero in panna[13], temporeggiando fino al nuovo giorno, venerdì, quando giunsero ad una Isoletta delle Lucaie[14] che nella lingua degli Indiani si chiamava Guanahanì.

Videro tosto gente ignuda[15], e l'Ammiraglio si avviò a terra con la barca armata[16], in compagnia di Martin Alonso Pinzòn e di Vicente Yáñez suo fratello, che era capitano della *Niña*. L'Ammiraglio spiegò la bandiera reale e i due capitani brandirono due bandiere con la croce verde che l'Ammiraglio recava in tutti i navigli come insegna e che avevano una *F* e una *Y*[17], e sopra ad ogni lettera una corona, una da una parte e l'altra dall'altra della croce. Sbarcati che furono, videro alberi verdissimi, molte acque e frutti di diversa specie.

L'Ammiraglio chiamò i due capitani e gli altri che erano saltati a terra, e Rodrigo d'Escobedo, notaio di tutta l'Armata, e Rodrigo Sánchez di Segovia, e disse loro che gli facessero fede e testimonianza come egli in presenza di tutti prendeva possesso, come infatti prese, della detta Isola per il re e per la Regina suoi Signori, facendo le proteste di diritto[18] come più diffusamente si legge negli atti che colà furono redatti per iscritto.

Subito si radunò in quel punto molta gente dell'Isola[19]. Queste che seguono sono parole testuali dell'Ammiraglio da lui scritte nel libro della sua prima navigazione e scoperta di queste Indie.

"Io", egli dice, "conosciuto che ebbi che era gente la quale meglio[20] si sarebbe salvata e convertita alla nostra santa Religione con l'amore che con la forza, allo scopo di farceli amici regalai ad alcuni di loro alcuni berretti rossi e coroncine di vetro che si mettevano al collo e altre cosette diverse di poco valore, di che ebbero molto piacere; e tanto divennero nostri amici che era una meraviglia. Essi, poi, venivano nuotando alle barche dei navigli, dove noi stavamo, e ci portavano pappagalli, filo di cotone in gomitoli, zagaglie[21] e tante altre cose, le quali scambiavano con altre che noi davamo loro come perline di vetro e sonagli. [...] Debbono essere buoni servitori e ingegnosi, perché osservo che ripetono presto tutto quello che io dico loro, e ritengo anche che possano diventare agevolmente cristiani, poiché mi pare che non appartengano a nessuna setta. Piacendo a Nostro Signore, quando partirò di qui prenderò con me sei di questi uomini per condurli alle Altezze Vostre, affinché imparino a parlare[22]. In quest'Isola non ho visto animali di nessuna specie, salvo pappagalli". Queste sono tutte parole dell'Ammiraglio.

Cristoforo Colombo, *Giornale di bordo del primo viaggio e della scoperta delle Indie*, Rizzoli, Milano

---

10. **senza pregiudizio:** in aggiunta.
11. ***maravedìs*:** antica moneta coniata dagli Arabi nei secoli XII e XIII e successivamente utilizzata nei regni di Spagna e Portogallo.
12. **coltellacci:** piccole vele di forma quadrata.
13. **si posero in panna:** si fermarono. La panna è la posizione di arresto di una nave a vela che si ottiene disponendo le vele in modo che alcune spingano in una direzione, altre in direzione opposta.
14. **Isoletta delle Lucaie:** nome delle isole Bahamas prima dell'arrivo degli Spagnoli.
15. **ignuda:** nuda.
16. **barca armata:** imbarcazione dotata di albero.
17. **una *F* e una *Y*:** le iniziali dei re di Spagna Fernando (Ferdinando) e Ysabel (Isabella).
18. **facendo le proteste di diritto:** pronunciando le formule di rito.
19. **molta gente dell'Isola:** gli abitanti di Guanahani appartengono all'etnia Taino.
20. **meglio:** più facilmente.
21. **zagaglie:** armi simili alle lance ma più corte.
22. **imparino a parlare:** Colombo vuole che gli indios imparino il castigliano, la lingua ufficiale dei sovrani spagnoli.

Note di lettura

▸ Il diario di bordo

Il brano riportato si basa sul **giornale di bordo** di Cristoforo Colombo, un particolare tipo di testo narrativo che non nasce per essere letto o pubblicato, ma ha come scopo principale quello di fissare in forma scritta tutti gli aspetti della navigazione che si considerano rilevanti: la rotta seguita dall'imbarcazione, le condizioni del mare, le miglia percorse, la direzione e la forza del vento, le caratteristiche del litorale costiero ecc. Va infatti ricordato che, ai tempi della spedizione di Colombo, chi navigava non disponeva degli attuali strumenti di navigazione e l'annotazione scrupolosa di tutto quanto si poteva osservare (soprattutto quando si trattava di luoghi sconosciuti) era di fondamentale importanza per identificare la posizione geografica dell'imbarcazione e per il successo complessivo dell'impresa: questo spiega perché il linguaggio adottato in questi casi mescola elementi del parlato (come ripetizioni e modi di dire) a espressioni tecniche, ed è ricco di sigle e abbreviazioni che si riferiscono a persone o circostanze note soltanto a chi scrive. Altri elementi formali tipici di questo genere sono la **data** – e qualche volta anche l'ora – che precisa il momento nel quale si è verificato il fatto (per esempio, «*Giovedì-Venerdì 11-12 ottobre*»), la reiterazione di **formule convenzionali** che aprono e chiudono la comunicazione ("Il giorno... dell'anno...") e talvolta la presenza di un **interlocutore, reale** o **immaginario**, a cui chi scrive finge di rivolgersi.

▸ Il valore della scoperta

Il testo si riferisce al **momento decisivo del viaggio**, quando per la prima volta **viene avvistata la costa** che Colombo considera ancora parte del continente asiatico. La scoperta assume immediatamente un **significato politico**, come dimostrano le azioni e le parole del navigatore che trasformano i lontani sovrani di Spagna nei protagonisti indiretti della scena: sono chiamati a confermare l'avvistamento Pedro Gutièrrez e Rodrigo Sànchez, due dei nove funzionari regi inviati per controllare la spedizione, lo sbarco sull'isola avviene su scialuppe fregiate dalle insegne reali e la terra viene dichiarata possedimento della corona spagnola mediante la pronuncia di formule ufficiali.

La testimonianza di Colombo, fedelmente riportata da Bartolomè de Las Casas, rivela anche la consapevolezza del **valore spirituale** dell'impresa poiché l'ammiraglio dichiara di voler diffondere il cristianesimo e sostiene che, data la mitezza degli indios, la conversione avverrà attraverso una pacifica persuasione e non renderà necessario l'uso della violenza («*era gente la quale meglio si sarebbe salvata e convertita alla nostra santa Religione con l'amore che con la forza*»).

Ma la più importante **implicazione** della spedizione è quella **culturale**: nonostante Colombo ritenga erroneamente di essere arrivato in Estremo Oriente, la sua impresa dimostra che è possibile «*buscar el Levante por el Ponente*», cioè raggiungere l'Oriente navigando verso Occidente, e sfata il millenario timore dei marinai nei confronti dell'oceano Atlantico, provando empiricamente la teoria della sfericità della Terra e mettendo in contatto due mondi lontani. Pochi anni dopo Amerigo Vespucci, un altro navigatore italiano al servizio della Spagna, stabilirà in modo definitivo che la terra toccata dalle navi spagnole non è l'India ma un *nuevo mundo*, cioè un continente sconosciuto.

‹ Edouard-Léon-Louis Edy-Legrand (1892-1970), copertina per *Voyages et glorieuses découvertes des grands navigateurs et explorateurs français*, edizioni Tolmer, Parigi 1921.

Competenze alla prova

Comprensione

difficoltà

1. Quali indizi segnalano ai navigatori la presenza della terraferma?
2. Quale premio i re di Spagna intendono offrire a chi per primo avvisterà la costa?
   - Chi si aggiudica questa ricompensa?
   - Su quale nave è imbarcato?
3. In quale momento la costa appare chiaramente visibile?
   - ☐ Alle 22 di giovedì 11 ottobre
   - ☐ Alle 2 di giovedì 11 ottobre
   - ☐ All'alba di venerdì 12 ottobre
   - ☐ Alle 2 di venerdì 12 ottobre
4. In che modo Colombo conquista la fiducia degli indigeni? Qual è il suo obiettivo?

Analisi

difficoltà

5. In quali punti del brano risulta evidente l'importanza della fede religiosa nella spedizione di Colombo?
6. Nel testo è possibile identificare due livelli della narrazione.
   - ☐ Chi è il narratore di primo grado?
   - ☐ Qual è la sua finalità comunicativa?
   - ☐ Chi è il narratore di secondo grado?
   - ☐ Qual è la sua finalità comunicativa?

Tipologia testuale

difficoltà

7. Tra le caratteristiche del diario di bordo c'è l'utilizzo di una terminologia tecnica tipica del mondo marinaresco: individua nel brano i termini che appartengono a quest'area semantica.
8. Basandoti sulle parole conclusive del giornale di bordo di Colombo (righi 54-67: «*Io* [...] *conosciuto che ebbi che era gente la quale meglio* [...] *In quest'isola non ho visto animali di nessuna specie, salvo pappagalli*»), chi sono i destinatari effettivi del testo? Motiva brevemente la tua risposta.

Produzione

difficoltà

9. Scegli l'affermazione più adatta a descrivere l'atteggiamento di Colombo nei confronti degli abitanti dell'isola, poi realizza un testo di 10-15 righe argomentando la tua risposta.
   - ☐ Colombo agisce con grande cortesia nei confronti degli indigeni perché ritiene che sia un buon modo per fare affari con loro
   - ☐ Colombo tratta con rispetto gli indigeni perché è convinto che tutti gli uomini siano uguali
   - ☐ Colombo considera gli indigeni creature ingenue e poco evolute che vanno educate ed istruite
   - ☐ Colombo mostra disprezzo nei confronti degli indigeni che considera simili a bestie selvatiche

Il cielo è vecchio

di Alberto Moravia

Luogo:
Italia
Anno:
1969
Tratto da:
"L'Espresso"

BIOGRAFIA
A. Moravia

Nel 1961 gli Stati Uniti danno inizio al programma "Apollo", il cui obiettivo finale è lo sbarco di uomini sulla Luna. A tale scopo vengono organizzate diverse missioni preliminari, con lo scopo di studiare le caratteristiche dell'atmosfera lunare e le possibilità di adattamento dell'essere umano a quel tipo di ambiente. In qualche caso queste missioni si concludono tragicamente, come accade nel 1967 quando una navicella spaziale esplode durante una prova causando la morte dei tre astronauti.
Nel 1968 il primo razzo con equipaggio umano effettua numerose orbite intorno alla Luna e scatta le prime foto del pianeta Terra; i successivi lanci sperimentano lo sgancio, l'avvicinamento e il riaggancio del LEM, la parte dell'astronave destinata a toccare il suolo, e per la prima volta gli astronauti escono dal loro abitacolo, galleggiando nello spazio. A questo punto il programma Apollo è giunto alla fase finale: il 16 luglio 1969 il razzo Saturn V è pronto per iniziare il suo storico volo.

La tecnologia americana ha celebrato in questi giorni i suoi due grandi riti, i più grandi del secolo: lo spettacolo del lancio da Cape Kennedy[1] e quello dell'esplorazione lunare dal centro spaziale di Houston[2]. Eccoci dunque, il giorno della consacrazione, nella tribuna della stampa, proprio di fronte al sito del lancio, a due miglia di distanza dal monstre tecnologico[3].
Ci siamo alzati alle tre e mezzo del mattino per insinuarci a tempo nelle colonne di automobili che a passo d'uomo si dirigevano per gli stradoni del Cocoa Beach verso Cape Kennedy. Abbiamo visto, passando lungo la laguna della Banana River, nella notte nera, brillare laggiù il feticcio[4] d'oro del razzo, dal quale dei riflettori proiettavano raggi di luce mobili e potenti. Il razzo, però, illuminava soltanto il cielo: sotto quei raggi simbolici della tecnologia, l'acquitrino[5] di Cape Kennedy brillava appena, malinconicamente. Il cielo era dunque la meta: la terra non era più che un trampolino per arrivare alla meta.
Poi il Sole si è levato, l'orizzonte era limpido e, spingendo lo sguardo al di là della tettoia, vedevamo benissimo oltre l'acquitrino, la torre del lancio ritta sull'orizzonte, con le sue mani di ferro protese a stringere il bellissimo razzo bianco così simile per il suo colore e la sua forma ad un altissimo, slanciato, elegante campanile. [...]
Una voce nasale e amplificata ci avverte che mancano venti, dieci, cinque secondi al lancio: che ce ne mancano quattro, tre, due. Guardiamo laggiù al razzo bianco e alla torre rossa. Tutto ad un tratto, ecco, fumo e fuoco ribollono sotto il razzo e quindi due lunghe fiammate rosse erompono[6] a livello della terra, da ambo i lati, propagandosi e gonfiandosi.
L'ascesa è meravigliosa perché lenta, maestosa e molto plastica[7]: dà il senso dell'enorme peso che sta ascendendo e dell'enorme potenza dell'esplosione che lo fa ascendere. Seguono altri scoppi, altre detonazioni, sempre dello stesso genere cupo, fondo, minaccioso. Adesso il razzo sale con sicurezza, la punta

1. **Cape Kennedy:** il John Fitzgerald Kennedy Space Center è la struttura per il lancio di veicoli spaziali della NASA (National Aeronautics and Space Administration), l'agenzia governativa responsabile del programma. Si trova a Cape Canaveral, in Florida.
2. **Houston:** città del Texas, sede della NASA.
3. **monstre tecnologico:** il razzo Saturno V è definito un vero fenomeno («*monstre*») della tecnologia.
4. **feticcio:** idolo, oggetto adorato come una divinità.
5. **acquitrino:** stagno.
6. **erompono:** esplodono, si sprigionano.
7. **molto plastica:** dalla traiettoria elegante e decisa.

volta verso il cielo. Sale attraverso il sereno, quindi buca le nuvole di calore e continua a salire in trasparenza.
Quattro giorni più tardi, nella sala televisiva riservata alla stampa, seguiamo su due schermi, uno grande e uno piccolo, l'atterraggio sulla Luna del modulo lunare di Armstrong e di Aldrin. [...]
Poi uno scatto del video spazza via ogni cosa e sui due schermi, meravigliosi a vedersi, appaiono le prime vere immagini dello sbarco lunare. Sono immagini incomprensibili, informi, oscure. Poi comprendiamo: è un braccio di Armstrong teso in avanti: poco indietro si intravede l'enorme globo di plastica dentro il quale è la sua testa. Da questo momento, la nostra identificazione esce dal limbo dell'attesa, diventa partecipazione. Vediamo Armstrong, fotografato dall'interno della navicella, che si attacca con le sue braccia alla scaletta, tende indietro un piede, esita, poi prende a discendere.

È enorme con un enorme scatolone sulle spalle, una testa enorme, delle braccia enormi. Ma questa goffa enormità, che ha uno spettrale color grigio, è pure un uomo: si vede che ha una testa, delle braccia, delle gambe. E quando una di

François-Louis Schmied (1873-1941), particolare di una illustrazione xilografica per *Les ballades françaises* di Paul Fort, 1927.

quelle gambe tende in avanti il piede, esita e quindi si lascia andare giù e poggia la pianta del piede sul suolo, sappiamo bene che l'evento atteso si è verificato. Con quel primo passo, il vuoto temporale che aveva finora regnato sulla Luna, crolla d'improvviso, almeno per noi. La Luna cessa di essere un mondo senza tempo umano, entra nel tempo. Un momento fa, allorché abbiamo visto il piede poggiare sul suolo, erano appena pochi secondi che la Luna "esisteva" nel nostro tempo. Adesso sono già un paio di minuti.

Tutta la sequenza del primo passo sulla Luna è molto bella: la macchina da presa è ancora dentro la navicella e le immagini goffe, sfocate, enormi, allusive hanno una grande potenza di suggestione.

Sembra di assistere ad un'operazione oscura e misteriosa che presto tuttavia si svelerà nella sua precisa realtà. E infatti di lì a poco Armstrong appare, ombra grigia e mobile sullo sfondo bianco, accecante e nero d'inchiostro della luna e del cielo della Luna. Il Sole splende sulla Luna e il firmamento rimane tenebroso. Armstrong cammina verso di noi. Procede di lato, si vede che si trattiene per non saltare. Dietro di lui, il pendio dell'orizzonte lunare, sotto il cielo nero appare abbagliante: ogni tanto il Sole si imbatte sulla tuta bianca di Armstrong e allora un barbaglio[8] distrugge per un secondo la figura di un astronauta.

Poi tutto cambia. Armstrong è riuscito a piantare a una distanza di quindici metri dalla navicella la sua macchina da presa, su treppiede[9], e d'improvviso il luogo, la navicella e, vorremmo dire, la situazione in tutta la sua incredibilità, ci appaiono sullo schermo. Ecco il suolo lunare, stratificato, bucherellato di piccoli crateri, sparso di uno sbriciolio di massi grandi e piccoli, biancheggiante come neve. E poi ecco in questo paesaggio assolutamente ignudo e disumano il modulo lunare rassicurante nonostante il suo aspetto di ragno gigante. Tra il modulo e noi, Armstrong e Aldrin (che nel frattempo è disceso anche lui dalla navicella) si muovono con crescente anche se pur sempre goffa agilità. I due astronauti si esibiscono in una serie di goffi saltellamenti e passi quasi di danza per dimostrare la differenza di gravità tra la Terra e la Luna[10] (ma probabilmente anche per divertirsi loro stessi), quindi piantano la bandiera americana sul suolo lunare. Il presidente Nixon rivolge alcune parole dalla Casa Bianca, gli astronauti le ascoltano col saluto militare. Nella sala scrosciano applausi.

L'esplorazione o meglio il riconoscimento del suolo continua, affascinante appunto perché monotona, perché priva di avvenimenti. Gli astronauti si danno da fare per raccogliere, con uno speciale strumento fornito di una pinza, sassi e polvere lunare che mettono in un sacco il quale, poi, viene tirato a bordo. [...]

Passano così due ore. Gli astronauti hanno raccolto tutto il materiale che dovevano raccogliere, hanno camminato in su e in giù intorno al modulo lunare: hanno riacquistato grazie a tutti questi loro comportamenti, la loro umanità che si era, per così dire, separata da loro. [...] Dopo ventuno ore e mezza dallo sbarco il Lem riaccende i razzi e si stacca dalla Luna, cerca la sua parabola di ritorno.

Allora nel momento in cui il razzo riprende la sua marcia di ritorno, ci rendiamo conto di aver assistito ad un evento al tempo stesso tecnologico e religioso. Ad una solennità insieme scientifica e rituale. E il rito è consistito nell'essere testimoni della magica trasformazione del cielo in spazio. A questa trasformazione hanno assistito milioni di persone. Milioni di persone, quasi si vorrebbe dire di fedeli, hanno assistito alla dissacrazione tecnologica del cielo, trasformato istantaneamente da sito dei sogni più illusi dell'umanità a luogo di soggiorno e di transito.

riduzione e adattamento da Alberto Moravia, "L'Espresso", 27 luglio 1969

8. **barbaglio:** improvviso lampo di luce.
9. **treppiede:** sostegno a tre gambe su cui si poggia la macchina fotografica.
10. **la differenza ... Luna:** la forza di gravità della Luna è un sesto di quella terrestre, ragione per cui gli astronauti sono più leggeri e procedono saltellando.

Note di lettura

Sfida nei cieli

Lo sbarco sulla Luna è l'atto conclusivo della lunga **sfida tecnologica tra Stati Uniti e Unione Sovietica**, le due superpotenze che a partire dagli anni Cinquanta si fronteggiano su vari piani per affermare la propria egemonia sul mondo, in un'estenuante "guerra fredda" nella quale la reciproca ostilità non si concretizza in un conflitto militare diretto. Nel 1959 la sonda sovietica "Luna 2" tocca la superficie lunare, e la successiva missione "Luna 3" trasmette le immagini della faccia nascosta della Luna, mai vista prima di allora; per ridimensionare il successo degli avversari, nel 1961 il presidente statunitense John F. Kennedy inaugura il "**Programma Apollo**", il cui obiettivo è portare l'uomo sulla Luna, ma subito i sovietici annunciano l'intenzione di far sbarcare un equipaggio sul satellite per installare una base permanente.
Negli anni successivi i viaggi nello spazio delle due superpotenze procedono in parallelo e la conquista della Luna diventa il terreno sul quale dimostrare la superiorità tecnologica: per questa ragione l'Unione Sovietica tenta di precedere l'allunaggio statunitense e il 13 luglio 1969 lancia la sonda "Luna 15", che raggiunge l'orbita lunare il 17 luglio, qualche ora prima dell'equipaggio dell'"Apollo 11", ma non riesce a portare a termine l'impresa a causa di un incidente.

L'allunaggio

Il 16 luglio 1969 dalla base di Cape Kennedy in Florida (USA) decolla il razzo "Saturn V". A bordo ci sono gli astronauti Edwin Aldrin, Neil Armstrong e Michael Collins: obiettivo della missione è realizzare il **primo sbarco umano sulla Luna**. Raggiunta l'orbita lunare, il razzo si divide in due parti: Collins rimane a bordo del modulo di comando "Columbia", mentre Aldrin e Armstrong si trasferiscono nell'"Eagle", il LEM (Lunar Excursion Module) predisposto per l'allunaggio, con il quale raggiungono un ampio cratere lunare chiamato Mare della Tranquillità.
Neil Armstrong è il primo uomo a poggiare il piede sulla superficie lunare, seguito da Aldrin; i due raccolgono campioni, scattano fotografie e installano apparecchiature per il monitoraggio dell'ambiente. Al termine, tornano sul LEM per ricongiungersi all'altro segmento della navicella spaziale e iniziano il viaggio di ritorno, che si conclude il 24 luglio con un perfetto ammaraggio nell'Oceano Pacifico, nei pressi delle Isole Hawaii.

Un evento planetario

Lo sbarco dell'uomo sulla Luna viene trasmesso dalle televisioni di tutto il mondo in una **diretta via satellite** che dura 28 ore e viene seguita da più di 500 milioni di persone, diventando il primo esempio di comunicazione globale del nostro tempo.
Nel centro spaziale di Houston, tra i giornalisti ammessi ad assistere allo storico evento, c'è lo scrittore **Alberto Moravia**, che dà voce alla meraviglia e allo stupore dell'uomo comune nei confronti di un'impresa eccezionale, descrivendo la straordinaria partenza del "Saturn V", il suo volo solenne e inarrestabile verso il cielo e lo stupefacente spettacolo di primi passi degli astronauti sul suolo lunare, seguiti in tempo reale grazie ai prodigiosi progressi della tecnologia.

Sacro e profano

La missione dell'"Apollo 11" conduce l'umanità verso un luogo misterioso e fino ad allora irraggiungibile, utilizzando conoscenze tecnico-scientifiche inaudite e pertanto l'impresa di Armstrong, Aldrin e Collins assume la forza di un **evento sacro**, trasformandosi nel fulcro di una **nuova religione** che ha come **dio** la tecnologia, come **oggetto di culto** («*feticcio*») il razzo – non a caso paragonato a un «*campanile*» –, come **sacerdoti** due astronauti dal corpo dilatato e ingigantito («*È enorme con un enorme scatolone sulle spalle, una testa enorme, delle braccia enormi*») e come **fedeli** i milioni di spettatori in silenziosa e trepida attesa.
D'altro canto però, tra gli effetti del volo del "Saturn V" c'è la **desacralizzazione della Luna**, che da luogo immaginato e sognato da poeti e innamorati viene trasformata in uno spazio fisico concreto che può essere conosciuto, toccato, percorso e quindi dominato: così, se negli attimi precedenti il lancio la **Terra** pareva ridotta a malinconico trampolino verso il cielo, alla fine della missione essa **riacquista centralità e importanza in quanto "patria" degli uomini**, la cui intelligenza e capacità ha reso possibile un'impresa tanto straordinaria.

Competenze alla prova

Comprensione

difficoltà ●○○

1. In quale giorno Armstrong e Aldrin sbarcano sulla Luna?

2. Quali azioni compiono gli astronauti nel corso della loro permanenza sulla Luna?

Analisi

difficoltà ●●●

3. Sottolinea tutti gli elementi relativi alle caratteristiche dell'ambiente lunare, poi elabora una scheda descrittiva del satellite dell'ampiezza di circa dieci righe.

4. La diversità tra l'ambiente terrestre e quello lunare è sottolineata anche dalla differenza di colori e di luce: quali tinte prevalgono nella base spaziale di Cape Kennedy e quali sulla Luna?

5. Che cosa intende dire l'autore quando scrive che con lo sbarco umano «*la Luna cessa di essere un mondo senza tempo umano, entra nel tempo*»?

6. Nella frase «*l'acquitrino di Cape Kennedy brillava appena, malinconicamente*» (righi 11-12) l'avverbio "malinconicamente" viene usato per sottolineare:
   - ☐ il colore cupo dello stagno di Houston
   - ☐ lo stato d'animo degli astronauti prima della partenza
   - ☐ lo stato d'animo di Alberto Moravia mentre assiste al lancio
   - ☐ la progressiva perdita d'importanza della Terra
   - Motiva la tua risposta.

7. Lo stile di Moravia è ricco di ripetizioni. Individua gli aggettivi ripetuti con maggiore frequenza poi rifletti sulle ragioni di questa scelta stilistica.

8. Interpreta le frasi che seguono, spiegando le metafore su cui sono costruite.

   «*Abbiamo visto* [...] *brillare laggiù il feticcio d'oro del razzo*».

   ....

   «*vedevamo* [...] *la torre del lancio ritta sull'orizzonte, con le sue mani di ferro protese a stringere il bellissimo razzo bianco*».

   ....

   «*il modulo lunare rassicurante nonostante il suo aspetto di ragno gigante*».

   ....

Tipologia testuale

difficoltà ●●○

9. Individua le caratteristiche che riconducono quest'articolo al genere del *reportage*.

Produzione

difficoltà ●●○

10. Riassumi il contenuto dei fatti esposti nel brano, escludendo riflessioni e considerazioni dell'autore.

Undicimila metri sotto i mari

di **Federico Rampini**

Luogo:
Italia
Anno:
2012
Tratto da:
"la Repubblica"

BIOGRAFIE
F. Rampini
J. Cameron

Appassionato di immersioni subacquee, il 26 marzo 2012 **James Cameron** è sceso con uno speciale sommergibile a 10.898 metri sotto il livello del mare allo scopo di raccogliere campioni e filmare l'ambiente. Dopo una discesa durata 2 ore e 36 minuti in una cabina lunga circa otto metri e larga appena uno, il regista ha raggiunto il punto più basso della Fossa delle Marianne, la depressione oceanica più profonda del mondo, e vi si è fermato per alcune ore. Una volta riemerso, ha affermato di sentirsi come se avesse visitato un altro pianeta, raccontando di aver visto una realtà inimmaginabile e aliena, a causa dell'assoluta assenza di luce e la quasi totale mancanza di forme di vita.

«Laggiù il paesaggio è tetro e spoglio come sulla Luna. Neppure le meduse e gli anemoni di mare[1] riescono a spingersi così in fondo». C'è riuscito il regista di Titanic e Avatar, con un'impresa eccezionale e ad altissimo rischio che sposta i confini dell'esplorazione marina. Ne erano morti cinque prima di lui, inseguendo questo exploit estremo. James Cameron si è conquistato il titolo di "Steve Jobs[2] dell'oceanografia", come lo definisce l'esperto di sommergibili militari Alfred McLaren.

Altro che dilettantismo: otto anni di preparazione top secret, in Australia, hanno preceduto la straordinaria impresa di questa domenica: la conquista dell'Abisso Challenger, il punto più profondo della Fossa delle Marianne, 6,8 miglia marine sotto l'oceano Pacifico. «È solo un inizio – ha commentato Cameron appena tornato in superficie, parlando sullo yacht Octopus a 300 km dall'isola di Guam[3] – ora la scienza potrà capire meglio quel che accade nelle profondità del nostro pianeta». L'immersione-record del regista 57enne apre possibilità fin qui impensabili: sarà possibile verificare l'ipotesi di forme primordiali di vita, non ancora note, che potrebbero esistere anche in altre parti dello spazio come la luna Europa del pianeta Giove[4], dove forse vi è un oceano dalle caratteristiche simili. Cameron ha spostato in poche ore le frontiere della conoscenza umana, in un luogo più inaccessibile della Luna o di Marte: una dozzina di astronauti hanno camminato sulla Luna passandoci più di 80 ore, diverse sonde spaziali sono arrivate su Marte, mentre gli abissi degli oceani sono ancora in larga parte ignoti. E molto più ostili: le temperature sono glaciali, l'acqua marina corrode i materiali e a quelle profondità impedisce la trasmissione radio, il buio è totale. La pressione della massa d'acqua è tremenda: l'equivalente di 1,5 tonnellate per ogni centimetro quadrato.

Cameron ha dovuto ideare e costruire un sommergibile, meraviglia tecnologica che ha battezzato "Deepsea Challenger": quello che "sfida le profondità dei mari".

È come una "torpedine[5] mirata all'ingiù", con un asse verticale che lo distingue dall'asse orizzontale di tutti i sottomarini e sommergibili. Ha dovuto inventare

1. **anemoni di mare:** animali marini dell'ordine dei Celenterati che vivono attaccati alle rocce dei fondali marini o sulle barriere coralline.
2. **Steve Jobs:** Steve Jobs (1955- 2011) è l'imprenditore che ha fondato la "Apple" e ha inventato prodotti informatici estremamente innovativi come il computer Macintosh, l'iPod, l'iPhone e l'iPad.
3. **isola di Guam:** isola dell'oceano Pacifico, appartenente all'arcipelago delle Marianne.
4. **la luna Europa del pianeta Giove:** Europa è uno dei satelliti di Giove scoperti da Galileo Galilei nel 1610.
5. **torpedine:** pesce marino dalla forma ovale allungata.

Antonio Maria Nardi (1897-1973), particolare di una tavola fuori testo per *Le novellette del focolare*, 1923.

e brevettare materiali speciali, inclusa una "schiuma" adesiva e isolante che resiste a quelle pressioni. Il regista ha sbaragliato qualunque concorrenza, anche delle marine militari più potenti del mondo. I sommergibili di profondità oggi in dotazione a Stati Uniti, Cina, Giappone, Francia e Russia arrivano ad un massimo di 4 miglia sotto il mare. Una sola volta, 52 anni fa, la US Navy mandò un sommergibile nella Fossa delle Marianne, con a bordo il capitano Don Walsh e l'ingegnere svizzero Jacques Piccard: rimasero soltanto 20 minuti e l'operazione fu un fiasco, perché i motori del sommergibile sollevarono una nuvola di sabbia dal fondale che tolse ogni visibilità.

Cameron è riuscito invece a fermarsi per ben tre ore, a filmare i fondali (ovviamente in 3D!) illuminandoli con potenti luci Led, a raccogliere campioni di sabbie e rocce con un braccio robotizzato, a misurare temperature, grado di salinità, pressione. Per progettare e costruire il gioiello tecnologico Deepsea Challenger, il regista del Titanic ha schierato una grande coalizione di partner privati: dal National Geographic che sponsorizza tutta la spedizione, al suo amico Paul Allen co-fondatore della Microsoft e proprietario dello yacht Octopus, che ha informato su Twitter il mondo intero via via che l'immersione procedeva. Cameron è stato generoso con le istituzioni di ricerca, coinvolgendo scienziati della Scripps Institution of Oceanography e l'università delle Hawaii.

Siamo entrati in una nuova era: gli Stati hanno meno risorse da dedicare a imprese scientifiche tanto costose, così subentrano i privati con mezzi molto superiori.

Ma oltre all'eccellenza tecnologica, Cameron ci ha messo tanto coraggio personale e un allenamento maniacale: ha praticato a lungo anche lo yoga, per prepararsi a resistere nove ore immobile in un abitacolo verticale, largo solo un metro, e pieno zeppo di apparecchiature scientifiche.

Federico Rampini, "la Repubblica", 27 marzo 2012

Note di lettura

Sfidare l'ignoto

Le ultime frontiere del nostro pianeta sono state superate intorno alla metà del Novecento con le spedizioni in Antartide effettuate per ragioni scientifiche, ma una volta conclusa l'esplorazione della Terra il desiderio di affrontare l'ignoto non si è placato e si è diretto verso destinazioni ancora più "impossibili", come lo spazio e gli abissi marini.

In realtà, ben prima che la tecnologia permettesse di raggiungere questi nuovi obiettivi, scrittori e registi avevano organizzato **viaggi immaginari**, inventando storie fantastiche ambientate in pianeti sconosciuti e mondi sommersi popolati da creature bizzarre o mostruose, che sollecitavano la fantasia dei lettori con il loro alone di mistero. Sul fascino degli abissi si basa infatti il romanzo di **Jules Verne** *Ventimila leghe sotto i mari* – al quale fa esplicito riferimento il titolo dell'articolo –, pubblicato nel 1870 e costruito intorno alle avventure del "Nautilus", un gigantesco sottomarino grazie al quale il misterioso capitan Nemo percorre circa 80 000 chilometri sott'acqua.

Antonio Maria Nardi (1897-1973), particolare di una illustrazione per *Sette chicchi di una melagrana*, 1926.

L'Abisso Challenger

In concreto, però, l'**esplorazione degli abissi** si è rivelata **estremamente complessa** e solo lo sviluppo tecnico-scientifico del XX secolo ha permesso di accedere ai segreti delle profondità oceaniche. Ciononostante, alcune zone sono rimaste a lungo inaccessibili all'uomo, e tra queste, la Fossa delle Marianne, la depressione situata a nord-ovest dell'oceano Pacifico nella quale si trova l'Abisso Challenger (Challenger Deep), considerato il punto più profondo della Terra, con i suoi 10.898 metri sotto il livello del mare.

I primi uomini ad affrontare questa discesa sono stati **Don Walsh** e **Jacques Piccard**, che nel dicembre **1960** hanno raggiunto il Challenger Deep a bordo del batiscafo "Trieste" della Marina Statunitense, ma la loro permanenza nell'abisso è stata breve e non ha prodotto una soddisfacente documentazione fotografica a causa della grande quantità di sabbia e detriti sollevata dal batiscafo.

Il trionfo della tecnologia

A distanza di oltre 50 anni, l'impresa è stata nuovamente tentata dal regista **James Cameron**, che l'ha portata a termine grazie al concorso di un insieme di fattori: coraggio, determinazione e tecnologia, "ingredienti" decisivi nelle spedizioni geografiche di tutti i tempi.

Il "Deepsea Challenger" è stato progettato e realizzato dallo stesso Cameron insieme all'ingegnere australiano Ron Allen e, grazie all'ausilio di bracci meccanici, luci LED e telecamere, consente all'esploratore di raccogliere numerosi campioni e di filmare un ambiente sconosciuto, desolante e terribile nella sua alterità, uno **scenario non fantastico ma reale che supera di gran lunga i mondi immaginati dagli scrittori**, nel quale si potrebbero trovare tracce di remote forme di vita ancora sconosciute.

Competenze alla prova

Comprensione

difficoltà ●○○

1. Quali ostacoli fisici e ambientali deve superare Cameron per realizzare la sua impresa?
2. Quale finalità scientifica viene attribuita all'esplorazione della Fossa delle Marianne?
3. Per quali ragioni la precedente missione sottomarina è stata considerata un fallimento sotto il profilo scientifico?

Analisi

difficoltà ●●○

4. A che cosa si riferisce l'appellativo «*Steve Jobs dell'oceanografia*» attribuito a Cameron?
   - ☐ Al suo coraggio
   - ☐ Alla sua capacità di affrontare situazioni nuove
   - ☐ Alla popolarità, che ha raggiunto con questa impresa
   - ☐ Alla ricchezza che gli è servita per realizzare il progetto
5. Individua i punti in cui l'articolo fa riferimento all'esplorazione dello spazio e spiega le ragioni per cui l'impresa di Cameron viene spesso messa in relazione ai viaggi interplanetari.

Tipologia testuale

difficoltà ●●●

6. Il brano è tratto da un articolo di cronaca estera, e pertanto riferisce fatti di notevole rilevanza verificatisi fuori dai confini nazionali. In che modo potrebbe essere trasformato in un testo informativo di carattere scientifico?

Produzione

difficoltà ●●●

7. Facendo riferimento al contenuto del brano ricostruisci la successione degli eventi secondo la regola delle cinque W.

   1960
   - Dove? ....
   - Chi? ....
   - Che cosa? ....

   2004-2012
   - Chi? ....
   - Che cosa? ....
   - Perché? ....

   26 marzo 2012
   - Dove? ....
   - Chi? ....
   - Che cosa? ....
8. Per realizzare il progetto di Cameron è stato più determinante il coraggio o la tecnologia? Illustra il tuo punto di vista in un testo espositivo-argomentativo dell'ampiezza di circa 30 righe.

Giornalisti di guerra

di **Marie Colvin**

Luogo:
Italia
Anno:
2012
Tratto da:
"la Repubblica"

BIOGRAFIA
M. Colvin

Il 10 novembre 2010, nel corso di una cerimonia svoltasi nella chiesa di St. Bride a Londra, la giornalista Marie Colvin tiene un discorso per ricordare gli inviati di guerra morti facendo il loro lavoro. Le parole cariche di orgoglio con cui sottolinea l'importante funzione del giornalismo di guerra possono essere considerate il testamento spirituale della Colvin che da lì a poco sarebbe stata uccisa in Siria, dove si era recata per documentare la violenza delle forze di sicurezza del governo di Bashar el Asad contro i dimostranti.

Sono stata corrispondente di guerra per gran parte della mia vita professionale. È sempre stato un mestiere difficile, ma la necessità di reportage obiettivi dal fronte non è mai stata forte come oggi. Raccontare una guerra significa cercare di trovare la verità in un turbine di propaganda, mentre eserciti, tribù o terroristi si combattono fra loro. E sì, significa correre dei rischi, e spesso farli correre anche alle persone che lavorano con te.
Nonostante il linguaggio edulcorato[1] sulle bombe intelligenti[2], lo scenario sul terreno è più o meno lo stesso da centinaia di anni: crateri; case bruciate; corpi mutilati; donne che piangono per i figli e i mariti morti; uomini che piangono per le loro mogli, madri, figli. La nostra missione è raccontare questi orrori senza pregiudizi. Dobbiamo sempre chiederci se il rischio è commisurato alla storia da raccontare, essere capaci di distinguere il coraggio dall'incoscienza. I giornalisti di guerra devono prendere scelte difficili. A volte pagano il prezzo più alto.
Io ho perso l'occhio in un'imboscata durante la guerra civile in Sri Lanka[3]. Ero andata nella zona tamil, dove ai giornalisti era vietato l'accesso, e avevo trovato una catastrofe umanitaria di cui nessuno parlava. Tornando indietro di nascosto attraverso il confine interno, un soldato ha tirato una bomba a mano nella mia direzione.
La settimana scorsa ho preso un caffè in Afghanistan con un amico fotografo, João Silva. Abbiamo parlato del terrore che bisogna tenere sotto controllo, quando si va *embedded*[4] con le forze armate, preparandosi a ogni passo all'esplosione. L'attesa di quell'esplosione è un incubo. Due giorni dopo il nostro incontro, João ha messo il piede su una mina e ha perso tutte e due le gambe fino all'altezza del ginocchio.
Molti di voi probabilmente si saranno chiesti o si staranno chiedendo ora: tutto questo vale la perdita di vite umane, la sofferenza, il dolore? Siamo davvero in grado di cambiare qualcosa? È una domanda che mi sono fatta quando sono rimasta ferita. Un quotidiano titolò: *Marie Colvin non si sarà spinta troppo oltre?* La mia risposta, allora come adesso, è che sì, ne vale la pena. Andiamo in zone di guerra remote per riferire quello che sta succedendo. Il pubblico ha il diritto di sapere quello che il governo e le forze armate stanno facendo in nome nostro. La nostra missione è dire la verità.

1. **edulcorato:** che cerca di addolcire i fatti presentandoli come meno gravi di quanto sono in realtà.
2. **bombe intelligenti:** bombe dotate di sensori che dovrebbero essere in grado di identificare autonomamente il bersaglio, evitando la distruzione di obiettivi non militari. Nella realtà, spesso molti edifici civili (con i relativi abitanti) sono stati colpiti e distrutti da "bombe intelligenti".
3. **Sri Lanka:** Stato insulare situato a sud-est dell'India che dal 1983 al 2009 è stato lacerato da una guerra civile tra la maggioranza etnica cingalese e la minoranza tamil. L'episodio di cui parla Marie Colvin è accaduto il 16 aprile 2001.

Nel 1964, a Stanleyville (l'odierna Kisangani), in Congo, durante la battaglia per la conquista della città c'era un solo fotografo italiano: Gianfranco Moroldo (1927-2001). Unico reporter anche nello sbarco dei mercenari sulla sponda sinistra del fiume Congo dove i guerriglieri tenevano prigionieri numerosi bianchi.

La storia della nostra professione è una storia di cui andare orgogliosi.

Il primo corrispondente di guerra dell'era moderna fu William Howard Russell[5], del *Times*, inviato in Crimea[6] a raccontare il conflitto fra una coalizione guidata dagli inglesi e gli invasori russi. Russell scatenò l'indignazione dell'opinione pubblica in patria rivelando l'inadeguatezza dell'equipaggiamento e il trattamento vergognoso dei feriti. Fu una rivoluzione. Fino a quel momento, le guerre venivano raccontate dagli ufficiali di grado inferiore. Billy Russell andò in guerra con la mente aperta, un telescopio, un taccuino e una bottiglia di brandy.

I reportage di guerra sono cambiati negli ultimi anni. Ora andiamo in guerra con un telefono satellitare, un portatile, una videocamera e un giubbotto antiproiettile. Ma l'essenza del giornalismo di guerra è sempre quella: qualcuno deve andare laggiù e vedere cosa succede. La vera difficoltà è avere abbastanza fiducia nell'umanità da credere che ci sia gente a cui interessa quello che scrivi. Noi abbiamo questa fiducia perché siamo convinti di poter fare la differenza.

Marie Colvin, *Giornalisti di guerra*, "la Repubblica", 23 Febbraio 2012

4. ***embedded***: nel linguaggio giornalistico il termine *embedded* definisce l'inviato di guerra inserito in un'unità combattente.
5. **William Howard Russell:** giornalista irlandese (1820-1907) che ha "inventato" le corrispondenze di guerra.
6. **Crimea:** penisola situata sulla costa settentrionale del mar Nero che oggi fa parte dell'Ucraina. La giornalista si riferisce alla guerra combattuta tra 1853 e il 1856 dall'Impero russo contro l'Impero ottomano e i suoi alleati europei (Regno Unito, Francia e Regno di Sardegna).

Note di lettura

La ricerca della verità

Ogni volta che ne ha avuto l'occasione, Marie Colvin ha sottolineato come il compito principale del corrispondente di guerra sia **testimoniare ciò che effettivamente accade** nelle zone di battaglia per gettare un fascio di luce sugli aspetti meno noti dei conflitti, senza farsi condizionare da comunicati ufficiali o idee preconcette.

Per questa ragione la Colvin è sempre apparsa **scarsamente interessata agli aspetti tecnici della guerra** e ha privilegiato, invece, l'osservazione dei suoi effetti sulla popolazione inerme introducendosi con stratagemmi di ogni genere in campi profughi, ospedali, trincee e rifugi di fortuna. Anche se i suoi servizi hanno spesso avuto una grande notorietà per il forte impatto emotivo suscitato nei lettori, il suo vero obiettivo non è mai stato realizzare *scoop* o raggiungere la fama quanto **ricercare la verità**, nella tenace convinzione che immagini e parole fossero un indispensabile strumento di denuncia.

La funzione etica del giornalismo

La convinzione che la conoscenza dei fatti possa produrre uno **scatto nelle coscienze** rivela una concezione non del tutto negativa dell'umanità, nella quale la Colvin ripone ancora una certa fiducia nonostante gli orrori a cui ha assistito più volte. Quando insiste sull'**utilità pratica dell'azione dei *reporter*** non sta utopisticamente sognando di porre fine alle guerre, ma intende esortare i colleghi a non rinunciare al loro compito, affinché forze politiche e organismi internazionali si impegnino nella **tutela dei diritti umani** e non abbandonino i più deboli in balia dei loro carnefici.

Da questo punto di vista il giornalismo di guerra assume una **straordinaria funzione etica** che giustifica i pesanti rischi accollatisi da chi, con un coraggio che talvolta diventa temerarietà, sceglie di raccontare con voce imparziale e indipendente ciò che succede nei luoghi più tormentati del mondo, oltrepassando la rassicurante ipocrisia delle versioni ufficiali.

Una vita in prima linea

La ricerca della verità è stata un obiettivo costante nella vita di Marie Colvin, che dal 1985 al momento della morte ha raggiunto i fronti di guerra sparsi nel mondo per riferire ai lettori del "Sunday Times" ciò che stava effettivamente accadendo.

Con tenacia e coraggio instancabili la Colvin si è trovata spesso **al centro di situazioni pericolose**, talvolta disperate, ma senza mai fermarsi ha continuato a svolgere quella che ha sempre considerato una **missione**. Durante la guerra tra Iran e Iraq (1980-1988) riesce a entrare sotto mentite spoglie nella città di **Bàssora**, allora completamente isolata; nel 1987 è a **Bourj el Barajneh**, il campo di rifugiati palestinesi in Libano che per due anni resiste all'accerchiamento delle milizie di Amal; successivamente sopravvive alle granate del lunghissimo assedio di **Sarajevo** (1992-1996) ed è uno dei pochi giornalisti rimasti in **Kosovo** quando i serbi scatenano la pulizia etnica (1998-1999). Molte volte le sue scelte hanno **oltrepassato i limiti** di quanto viene richiesto a un bravo giornalista. Nel 1999 si trova a **Timor Est** (Stato insulare del Sud-est asiatico) nel momento in cui le truppe indonesiane circondano il campo dove si sono rifugiate 1500 persone; quando il contingente ONU decide di ritirarsi e abbandonare i civili al loro destino, insieme con due colleghe la Colvin si rifiuta di allontanarsi e continua a informare l'opinione pubblica internazionale dell'accaduto, costringendo l'esercito indonesiano a permettere l'evacuazione dei rifugiati e salvando così la vita a centinaia di persone.

In alcune circostanze questo coraggio le è costato moltissimo, come essa stessa ricorda nel suo discorso: nell'aprile 2001 si trova in **Sri Lanka** per seguire l'ultima fase della guerra civile tra il governo cingalese e i ribelli tamil e raccontare la catastrofe umanitaria causata dal blocco di cibo e medicinali imposto dal governo; nonostante ai giornalisti stranieri sia proibito accedere alle regioni settentrionali, riesce ad eludere i controlli percorrendo circa 30 miglia attraverso la giungla, ma finisce vittima di un'imboscata e viene colpita da una scheggia di granata che le fa perdere l'uso dell'occhio sinistro, che da quel giorno coprirà con una benda nera.

Competenze alla prova

Comprensione

difficoltà ●○○

1. Qual è, secondo Marie Colvin, la precisa missione del giornalista di guerra?
2. In che modo questo mestiere è cambiato nel corso del tempo?
3. Per quali aspetti le guerre contemporanee sono simili a quelle del passato? Che cosa sostiene, invece, chi cerca di dipingerle in modo meno cruento?
4. «*Ma la necessità di reportage obiettivi dal fronte non è mai stata forte come oggi*». L'affermazione della Colvin si riferisce al fatto che:
   - ☐ oggi le guerre sono molto più frequenti che in passato
   - ☐ oggi le vittime civili delle guerre sono più numerose che in passato
   - ☐ oggi la crudezza della guerra viene più facilmente mascherata da dichiarazioni ufficiali non veritiere
   - ☐ oggi i giornalisti sono più protetti che in passato da attacchi e attentati

Analisi

difficoltà ●●●

5. Individua la metafora contenuta nella frase «*Raccontare una guerra significa cercare di trovare la verità in un turbine di propaganda*» e spiegane il significato.
6. Parlando di "fiducia" (rigo 48) la Colvin si riferisce:
   - ☐ alla speranza che le guerre finiscano presto
   - ☐ al sogno che i diritti umani vengano rispettati anche durante la guerra
   - ☐ alla convinzione che i suoi articoli siano chiari e ben scritti
   - ☐ alla speranza che le sue parole trovino lettori attenti e sensibili

Tipologia testuale

difficoltà ●●●

7. Il brano è tratto da un discorso pubblico, e quindi è nato per essere pronunciato dinanzi a un uditorio in una precisa circostanza, ma si è trasformato in un testo scritto vero e proprio in occasione della morte di Marie Colvin, quando i maggiori quotidiani internazionali hanno riportato le sue parole per illustrarne l'atteggiamento. Poiché si tratta di una tipologia testuale mista, indica quali elementi riconosci, motivando la tua risposta.

Produzione

difficoltà ●●●

8. Individua i riferimenti a situazioni di guerra (passate e attuali) presenti nel brano, poi, con l'aiuto di Internet, enciclopedie, libri di storia ecc. presenta brevemente uno di questi conflitti secondo lo schema delle cinque W.
9. Vale la pena rischiare la vita per conoscere e raccontare la verità o l'incolumità personale viene prima di ogni altra cosa? Esponi le tue riflessioni in un testo argomentativo di circa 20 righe.

Laboratorio

IL SAGGIO BREVE

Il **saggio breve** è una tipologia testuale che ha lo scopo di **verificare le capacità espositive e argomentative attraverso la comprensione, l'analisi e l'interpretazione critica** di documenti di vario genere.
Per facilitare l'approccio a questo tipo di scrittura e al lavoro preliminare che la caratterizza, i **documenti** del nostro laboratorio sono costituiti dai testi presentati in questo Percorso.
Vediamo subito in quale forma viene proposto il saggio breve all'Esame di Stato.

TIPOLOGIA B
Redazione di un saggio breve
(puoi scegliere uno degli argomenti relativi ai quattro ambiti proposti: artistico-letterario; socio-economico; storico-politico; tecnico-scientifico)

Consegne

1. Sviluppa l'argomento scelto in forma di saggio breve o di articolo di giornale, <u>interpretando e confrontando i documenti e i dati forniti</u>.
2. Se scegli la forma del saggio breve, argomenta la tua trattazione, anche con opportuni <u>riferimenti alle tue conoscenze ed esperienze di studio</u>.
3. Premetti al saggio un <u>titolo coerente</u> e, se vuoi, <u>suddividilo in paragrafi</u>.
4. Non superare <u>cinque colonne di metà di foglio protocollo</u>.

Partendo dalla consegna, individuiamo gli **aspetti per cui il saggio breve si differenzia dal tema argomentativo**:

- il primo elemento di novità è costituito dalla scelta di un **argomento** appartenente a uno dei quattro ambiti (artistico-letterario; socio-economico; storico-politico; tecnico-scientifico) individuati dal Ministero dell'Istruzione;
- la traccia è accompagnata da diversi testi, definiti "**documenti**", che sono fondamentali per lo sviluppo del compito; può trattarsi di:
  - brani letterari, espositivi, argomentativi,
  - tabelle,
  - materiali iconografici come foto e riproduzioni di dipinti;
- la consegna stabilisce le **modalità** di sviluppo del saggio, che va svolto utilizzando un **procedimento argomentativo**, cioè sostenendo il ragionamento con argomenti ricavati:
  - sia dai documenti forniti,
  - sia da conoscenze acquisite al di fuori del percorso scolastico (letture, mostre, viaggi, concerti...);
- è necessario attribuire un **titolo** al lavoro, che è quindi assimilato agli scritti destinati alla pubblicazione;
- vengono definite la **lunghezza** e la **struttura** della prova, che non deve superare le cinque colonne di metà di foglio protocollo e può essere suddivisa in paragrafi.

Scrivere un saggio breve è un'**operazione complessa** che richiede un discreto bagaglio di **conoscenze**, adeguate capacità di **analisi**, **sintesi** e **rielaborazione personale** e la padronanza di alcune **tecniche di scrittura** che si apprendono progressivamente durante il ciclo scolastico.

Le pagine che seguono ti forniranno qualche suggerimento pratico per iniziare questo percorso e anche se gli esempi che ti proporremo si riferiscono esclusivamente a testi scritti, la griglia di analisi che li accompagna è utilizzabile anche per documenti di altro genere.

FASE 1 - PRIMA DI SCRIVERE

1. La classificazione

Il primo passo da effettuare è la **classificazione** dei documenti, ossia la **definizione**:

- del **genere**;
- della **funzione**;
- del **periodo di composizione**.

Un'esatta definizione di questi elementi è possibile che si attua rispondendo ad alcune domande.

- A quale **genere** appartiene il documento? È un **testo letterario** (un brano di romanzo, una novella, una poesia) oppure è **uno scritto espositivo-informativo** (un articolo di giornale o di rivista, la voce di un'enciclopedia ecc.)?
- Con quale **finalità** è stato scritto? La sua funzione prevalente è:
  - narrativa,
  - esplicativa,
  - informativa o
  - argomentativa?
- In quale **periodo storico** è stato realizzato?
- È frutto della **libera ispirazione** dell'autore o è stato pubblicato per una particolare **circostanza** o **occasione**?

A titolo di esempio, prendiamo in esame un breve passaggio del volume *Elogio dell'imperfezione* di Rita Levi Montalcini:

BIOGRAFIA R. Levi Montalcini

Nella seconda metà del 1942, con il successo dell'armata inglese sul fronte settentrionale africano e il sistematico bombardamento delle città del Nord Italia e in particolare di Torino, obiettivo favorito per la sua produzione industriale, la vita in città si fece ogni giorno più difficile. Quasi tutte le notti, l'urlo delle sirene che annunciava l'arrivo degli aerei britannici ci obbligava a scendere nelle cantine, con il rischio, come accadde a centinaia di persone, di rimanere sepolti sotto le macerie. A ogni allarme, portavo con me «in salvo» nei sotterranei il microscopio binoculare Zeiss e il materiale più prezioso, preparata a veglie che in genere si prolungavano per ore, tra le nenie delle preghiere intonate dalle donne, sino a quando la sirena avvertiva che per il momento il pericolo era cessato. Ma molte volte l'urlo che annunciava una nuova ondata di aerei ci obbligava a ritornare precipitosamente nei rifugi.

Rita Levi Montalcini, *Elogio dell'imperfezione*, Garzanti, Milano 1987

Il brano è tratto dall'**autobiografia** della scienziata, un **genere** in cui il protagonista è un personaggio reale che racconta in prima persona le principali tappe della sua vita.
L'espressione «*Nella seconda metà del 1942*» (sottolineata in rosso) si riferisce al periodo storico in cui si sono svolti i fatti ricordati dalla scrittrice, mentre la dicitura «*Milano 1987*» (sottolineata in blu) indica il luogo e l'anno di edizione del volume: mentre la prima informazione è indispensabile per la comprensione del testo, la seconda chiarisce il momento in cui l'opera è stata pubblicata, che non necessariamente coincide con il periodo in cui è stata scritta.

2. La comprensione

Quando si analizza un testo è possibile imbattersi in **elementi lessicali** sconosciuti e in **concetti** nuovi o poco chiari.
Ad esempio, nel brano *Terra! Terra!* (p. 183) termini come "castello di prua", "castello di poppa", "navigli", "ammainare", provengono dal linguaggio marinaresco e pertanto possono risultare incomprensibili al lettore, ma in questo caso per ricostruire il significato delle parole basta un buon vocabolario; l'articolo *Il cielo è vecchio* (p. 187), invece, presenta difficoltà di altro genere, come dimostra questo breve segmento testuale:

> Allora nel momento in cui il razzo riprende la sua marcia di ritorno, ci rendiamo conto di aver assistito ad un evento al tempo stesso tecnologico e religioso. Ad una solennità insieme scientifica e rituale. E il rito è consistito nell'essere testimoni della magica trasformazione del cielo in spazio. A questa trasformazione hanno assistito milioni di persone. Milioni di persone, quasi si vorrebbe dire di fedeli, hanno assistito alla dissacrazione tecnologica del cielo, trasformato istantaneamente da sito dei sogni più illusi dell'umanità a luogo di soggiorno e di transito.

Esaminando la frase sottolineata in rosso appare chiaro che il problema non è tanto costituito dalle parole da cui è formata quanto dalla **complessità del concetto espresso**, che per essere correttamente interpretato va inserito nel **contesto del ragionamento** sviluppato dall'autore, secondo il quale l'impresa del "Saturn V" ha eliminato la connotazione sacra attribuita in precedenza al cielo trasformandolo nello spazio reale e concreto dell'azione umana.

In pratica, quando analizzi un testo, incomincia sottolineando le espressioni che non capisci, poi cerca la strategia idonea a risolvere i tuoi dubbi. Il più delle volte l'uso del dizionario o un'attenta rilettura del testo sono sufficienti a chiarire i passaggi complessi, ma quando un documento contiene concetti la cui comprensione richiede un bagaglio culturale particolarmente ricco e approfondito, il rischio di fornire un'interpretazione parziale o addirittura errata è alto. In questi casi bisogna **valutare** con attenzione il peso della fonte esaminata e **operare una scelta**:

- se le frasi oscure sono poche e brevi, puoi decidere di ignorarle per concentrarti su altri aspetti, poiché è probabile che esse abbiano un'importanza secondaria;
- se invece le parti di cui non comprendi il senso sono quantitativamente rilevanti, è meglio non utilizzare affatto quella fonte.

La **consegna del saggio breve non impone** infatti **di servirsi di tutti i materiali proposti** e risulta più sensato ed efficace strutturare il discorso solo su quelli che sono stati compresi a fondo, piuttosto che mostrare di aver frainteso – in parte o del tutto – il loro contenuto.

Carlo Orsi (1941), Metropolitana, 1964, particolare, dal volume *Milano*, in collaborazione con Giulia Pirelli e testo di Dino Buzzati, Alfieri Editore 1965.

3. La selezione dei dati

Il passaggio successivo consiste nell'estrapolare dal testo i **dati fondamentali** e **significativi**, distinguendo le **informazioni rilevanti** da quelle che non lo sono, e **individuando le tesi** sostenute o riportate nel documento.
Proviamo a illustrare questo procedimento esaminando un passaggio del discorso di Marie Colvin (p. 196).

Sono stata corrispondente di guerra per gran parte della mia vita professionale. È sempre stato un mestiere difficile, ma la necessità di reportage obiettivi dal fronte non è mai stata forte come oggi. Raccontare una guerra significa cercare di trovare la verità in un turbine di propaganda, mentre eserciti, tribù o terroristi si combattono fra loro. E sì, significa correre dei rischi, e spesso farli correre anche alle persone che lavorano con te.
Nonostante il linguaggio edulcorato sulle bombe intelligenti, lo scenario sul terreno è più o meno lo stesso da centinaia di anni: crateri; case bruciate; corpi mutilati; donne che piangono per i figli e i mariti morti; uomini che piangono per le loro mogli, madri, figli. La nostra missione è raccontare questi orrori senza pregiudizi. Dobbiamo sempre chiederci se il rischio è commisurato alla storia da raccontare, essere capaci di distinguere il coraggio dall'incoscienza. I giornalisti di guerra devono prendere scelte difficili. A volte pagano il prezzo più alto.

L'analisi del brano ci permette di distinguere:

- le **informazioni fondamentali** (sottolineate in viola), che definiscono l'attività della Colvin («*Sono stata corrispondente di guerra per gran parte della mia vita professionale*»);
- i **dati di contesto** (sottolineati in verde), che chiariscono l'ambito in cui la giornalista abitualmente agisce («*crateri; case bruciate; corpi mutilati; donne che piangono per i figli e i mariti morti; uomini che piangono per le loro mogli, madri, figli*»);
- il **punto di vista** della giornalista (sottolineato in rosso) sulla funzione del suo lavoro, esposto in una serie di tesi:
  - **TESI 1** «*la necessità di* reportage *obiettivi dal fronte non è mai stata forte come oggi*»;
  - **TESI 2** «*Raccontare una guerra significa cercare di trovare la verità in un turbine di propaganda*»;
  - **TESI 3** «*La nostra missione è raccontare questi orrori senza pregiudizi*»;
- la sua **riflessione** (sottolineata in blu) sulla necessità di adeguare il comportamento alle circostanze («*Dobbiamo sempre chiederci se il rischio è commisurato alla storia da raccontare, essere capaci di distinguere il coraggio dall'incoscienza*»).

Compiuta questa operazione per ciascuno dei documenti proposti, potrai sintetizzare in forma schematica il loro contenuto specificando autore, titolo, genere ecc., perché queste informazioni si riveleranno utili al momento della stesura del saggio. Per esempio:

AUTORE E TITOLO
Marie Colvin, discorso riportato sul quotidiano "la Repubblica" il 23 febbraio 2012 con il titolo ***Giornalisti di guerra***.

DATI
Reporter di guerra, impegnata in numerosi conflitti.

CONTENUTO (TESI)
La funzione fondamentale del giornalismo di guerra è quella di documentare che cosa effettivamente si nasconde dietro le notizie ufficiali.

4. Collegare e riflettere

Una volta conclusa la lettura e l'analisi dei documenti, noterai che essi **hanno in comune uno o più temi** che affrontano da **differenti punti di vista**.
Incomincia a riflettere su questo aspetto e prendi nota:

- delle **analogie tematiche** e dei **legami intertestuali** che riesci a rilevare;
- delle **differenze concettuali** più evidenti.

Tutti i testi di questo percorso, per esempio, trattano dell'**importanza della conoscenza**, che spesso comporta una **sfida dei limiti** imposti e talvolta mette a **rischio l'incolumità personale**, ma queste tematiche vengono sviluppate attraverso esempi, immagini e situazioni diverse. Per esempio:

- la pagina relativa al **viaggio di Colombo** può essere collegata all'articolo sull'**impresa di Cameron**, perché entrambi affrontano uno **spazio ignoto**, ma mentre nel primo caso il viaggio è dettato dal desiderio di **dimostrare la veridicità di un'intuizione**, nel secondo esso è frutto di un'**enorme curiosità** supportata da **avanzatissimi mezzi tecnologici**;
- **Marie Colvin** partecipa **direttamente** agli avvenimenti, rischiando la vita per scoprire gli effetti delle guerre sui civili, mentre **Alberto Moravia** assume il ruolo di **osservatore esterno** di un evento memorabile, da cui trae spunto per riflettere sulle conseguenze della mutata concezione dell'universo;
- nell'**esperienza di Margherita Hack**, invece, il **cammino** verso la conoscenza non è fisico ma **mentale** e si realizza grazie a una tenace **attività di ricerca**.

Basandoti su osservazioni di questo tipo, puoi avviare **un'ulteriore fase di riflessione e approfondimento**, che consiste nel **valutare criticamente** i documenti utilizzando come traccia alcune domande.

- I testi propongono modalità simili, diverse o opposte di valutare lo stesso argomento?
- Rispetto al tema (ai temi) individuato, quale tra i punti di vista espressi ti pare più convincente? Quale posizione, invece, non ti convince affatto?
- Hai una convinzione personale diversa da quelle esposte nei testi?
- Conosci libri, film, opere d'arte ecc. che affrontano le stesse tematiche?

La **risposta sintetica** a ciascuno di questi quesiti sarà l'**ossatura del tuo saggio**, che potrai arricchire e ampliare quando passerai alla stesura vera e propria.

Gianfranco Moroldo (1927-2001), Vietnam 1968.

FASE 2 - LA STESURA DEL SAGGIO

Adesso puoi cominciare a scrivere il saggio, tenendo ben presente che esso **non può limitarsi a esporre sinteticamente** il contenuto dei documenti, ma deve evidenziare la tua capacità di interpretarli e confrontarli secondo precise procedure argomentative (vedi *Il testo argomentativo*, pp. 20 e sgg.).
Ipotizziamo che tu debba utilizzare i documenti proposti in questo percorso per sviluppare un saggio il cui oggetto è **LA RICERCA DELL'IGNOTO**.

1. La premessa

Per dare al tuo lavoro una struttura coerente, inizia **esponendo nella premessa l'argomento** che intendi trattare. Per esempio:

«L'ansia di conoscenza è uno dei tratti peculiari degli esseri umani, che sin dalla loro comparsa sulla Terra hanno mostrato un'istintiva curiosità nei confronti dell'ignoto, e forse è questa una delle ragioni della diffusione delle nostra specie in tutto il pianeta, anche quando le condizioni ambientali sono molto disagevoli.
L'apertura di nuove possibilità spesso comporta rischi e sacrifici, tanto che il mito e la letteratura raccontano spesso di personaggi che hanno pagato a caro prezzo il tentativo di superare i limiti della condizione umana: è il caso di Icaro, che precipita per essersi avvicinato troppo al Sole, o di Ulisse che nell'interpretazione di Dante muore per aver voluto superare le inviolabili colonne d'Ercole».

2. La tesi

Dopo aver impostato il problema nelle sue linee generali, formula **la tesi principale che intendi sostenere**, che può:

- coincidere con il punto di vista espresso da uno degli autori;
- scaturire da una tua personale riflessione.

Ecco due possibili tesi, contrapposte tra loro ma coerenti con l'argomento del saggio:

TESI 1
«Il progresso scientifico, tecnologico e culturale dipende dalla capacità di alcuni individui di scommettere la loro credibilità e la loro stessa vita per dimostrare l'esistenza di qualcosa che la maggior parte dei loro contemporanei non riesce nemmeno a immaginare».

TESI 2
«Il progresso umano non dipende affatto dall'azione individuale di uomini coraggiosi e spregiudicati, perché molti di essi agiscono soprattutto per dimostrare agli altri il proprio valore e si impegnano in imprese poco rilevanti per la collettività».

Ogni tesi può essere ampliata e articolata mediante la formulazione di **tesi secondarie**, che possono essere desunte dalle fonti o ricavate dalle riflessioni individuali. Per esempio:

Tesi 1a
«Gli esploratori e gli scienziati sono l'esempio più alto della sete di sapere dell'uomo perché spesso impegnano tutta la vita per dimostrare le loro idee».

Tesi 2a
«La maggior parte delle scoperte non ha alcun effetto migliorativo sulla vita delle persone comuni e quindi esse non vanno considerate come un contributo al progresso».

3. L'argomentazione: la citazione dei documenti

Per svolgere adeguatamente il saggio è necessario **sostenere la tesi con argomenti ed esempi** tratti:

- dai **documenti forniti** e, in minore misura,
- dalle **esperienze** e **conoscenze personali**.

L'utilizzo dei documenti si effettua attraverso la **citazione**, che consiste **nel riportare il loro contenuto in modo chiaro, esplicito e puntuale**.
La **citazione** può essere:

- **testuale,** quando stralci più o meno ampi di un testo vengono riferiti fedelmente, senza cambiare nemmeno una virgola; in questo caso le frasi citate sono riconoscibili grazie alle virgolette alte ("...") o basse («...») che le distinguono dal resto dello scritto (talvolta, il testo citato all'interno delle virgolette può essere in corsivo, in modo da differenziarsi ancora meglio rispetto al resto della trattazione);
- fatta **per parafrasi**, in cui i concetti vengono rielaborati modificando la forma linguistica ma lasciando inalterato il loro significato complessivo.

Per esempio, le tesi individuate nel discorso di Marie Colvin possono essere citate così:

CITAZIONE TESTUALE
«Riflettendo sulla natura del suo lavoro, la Colvin sostiene che "la necessità di reportage obiettivi dal fronte non è mai stata forte come oggi" perché "raccontare una guerra significa cercare di trovare la verità in un turbine di propaganda"».

CITAZIONE PER PARAFRASI
«Marie Colvin sostiene che al giorno d'oggi è più necessario che in passato realizzare reportage di guerra perché la propaganda politica fa in modo da occultare la verità dei fatti».

In ogni caso, perché sia efficace, **la citazione deve essere breve e selettiva** e quindi vanno riprese solo le parti del documento più significative e utili ai fini dello sviluppo del ragionamento.

FASE 3 - IL TITOLO

Quando ritieni di aver fornito un quadro chiaro ed esauriente della questione presa in esame, e quindi di aver completato la stesura del saggio, puoi pensare di **attribuire un titolo** al tuo lavoro. Dare un titolo non significa solo definire l'argomento trattato, ma anche esplicitare il taglio con cui lo si è affrontato fornendo al potenziale lettore una chiave interpretativa preliminare. Per questo motivo il titolo deve essere preciso e pertinente: per il tuo saggio sull'argomento **LA RICERCA DELL'IGNOTO** è preferibile un titolo come ***PROGRESSO UMANO E SUPERAMENTO DEI LIMITI***, che circoscrive e definisce l'ambito del tuo discorso, invece che ***L'IMPORTANZA DELLA CONOSCENZA UMANA***, eccessivamente generico e poco indicativo del percorso seguito.

Gino Begotti (1941), I Beatles, Londra, 14 dicembre 1963, particolare.

FASE 4 - LA REVISIONE

Il passaggio che precede la consegna del compito è un momento decisivo, perché stabilisce in via definitiva **la forma** con cui il tuo lavoro si presenterà a chi lo legge. Arrivato a questo punto, quindi:

1. controlla che **le diverse parti del saggio siano bilanciate**, evitando che si alternino aspetti ampiamente sviluppati ad altri solo accennati;
2. verifica che i **connettivi testuali** siano scelti in modo da rendere il **ragionamento lineare, logico e facile da seguire**;
3. **rendi omogeneo il registro linguistico**, evitando che termini aulici si mescolino a espressioni colloquiali;
4. con l'aiuto del dizionario dei sinonimi e dei contrari **elimina le ripetizioni lessicali** sostituendo i termini imprecisi e generici.

Basandoti sulle indicazioni fornite e seguendo la traccia di lavoro utilizza i testi presentati in questo capitolo per elaborare un saggio breve della lunghezza massima di tre colonne del foglio protocollo.

ARGOMENTO: LA RICERCA DELL'IGNOTO

TRACCIA DI LAVORO

1. **Classificare** (**indicare** autore, titolo, casa editrice, luogo (queste due indicazioni sono possibili se non si tratta di un articolo di giornale o rivista), anno di pubblicazione, genere per ognuno dei cinque documenti. Il primo viene dato come esempio)

   Documento 1: Margherita Hack, *La sorpresa della* scoperta, in *Qualcosa di inaspettato. I miei affetti, i miei valori, le mie passioni*, Laterza, Roma-Bari, autobiografia.

2. **Comprendere** (**sottolineare** i termini e i concetti sconosciuti, poi provare a **spiegarne il significato** per ognuno dei cinque documenti).
3. **Selezionare** (**individuare** le informazioni **rilevanti; riconoscere** e trascrivere la/le tesi contenute in ognuno dei cinque documenti).
4. **Riformulare** (**riassumere** in 2-3 righe il contenuto di ognuno dei cinque documenti).
5. **Collegare** (**riconoscere** analogie tematiche e differenze concettuali tra i cinque documenti).
6. **Riflettere** (**formulare la tesi** su cui è costruito il saggio; **ricavare** da ognuno dei cinque documenti e da conoscenze personali **un adeguato numero di argomentazioni**; **discutere e confutare** eventuali tesi opposte).

La scrittura creativa

Ricette per vari tipi di scrittura

Si impara a scrivere scrivendo. Non ci sono altri modi. Si possono conoscere bene tutte le teorie della narrazione ed essere espertissimi nell'analisi testuale, ma **non c'è altro modo per imparare a scrivere un racconto o un romanzo, o qualsiasi altro testo, che scriverlo.**

Del resto mai nessuno è diventato un buon cuoco semplicemente leggendo i ricettari così come mai nessuno ha imparato a nuotare se non buttandosi in acqua e imparando un po' alla volta il galleggiamento, poi la respirazione, poi come muovere le gambe e le braccia.

La teoria da sola non basta: occorre provare e riprovare – nel nostro caso a scrivere – **senza scoraggiarsi.**

In questo breve manuale vi proponiamo di **provare e riprovare con la scrittura**. Dunque non si tratta di un manuale teorico: piuttosto dovrete "buttarvi" nella scrittura! Non senza istruzioni (sempre e comunque necessarie) e salvagente: gli esercizi vi insegneranno, che così come tutti galleggiano, tutti possono scrivere. Partiremo da esercizi facili per arrivare a esercizi più complessi che vi renderanno **autonomi nell'affrontare il cammino verso la costruzione di un testo.**

Lo scopo di questo manuale è rendervi più sicuri e disinvolti: **dalla vostra fantasia possono scaturire idee, storie perché ciascuno di voi ha delle cose da dire e da raccontare**. Scrivere può essere un po' più facile per alcuni e più faticoso per altri: l'importante è che ciascuno lo faccia "a misura" di se stesso.

COMPETENZA

SCRIVERE TESTI A PARTIRE DALLE TECNICHE NARRATIVE

CONOSCENZE	ABILITÀ
Le tecniche narrative con cui sono strutturati i testi narrativi.	Saper scrivere testi creativi in modo meditato e razionale, utilizzando varie strategie logiche e narratologiche.

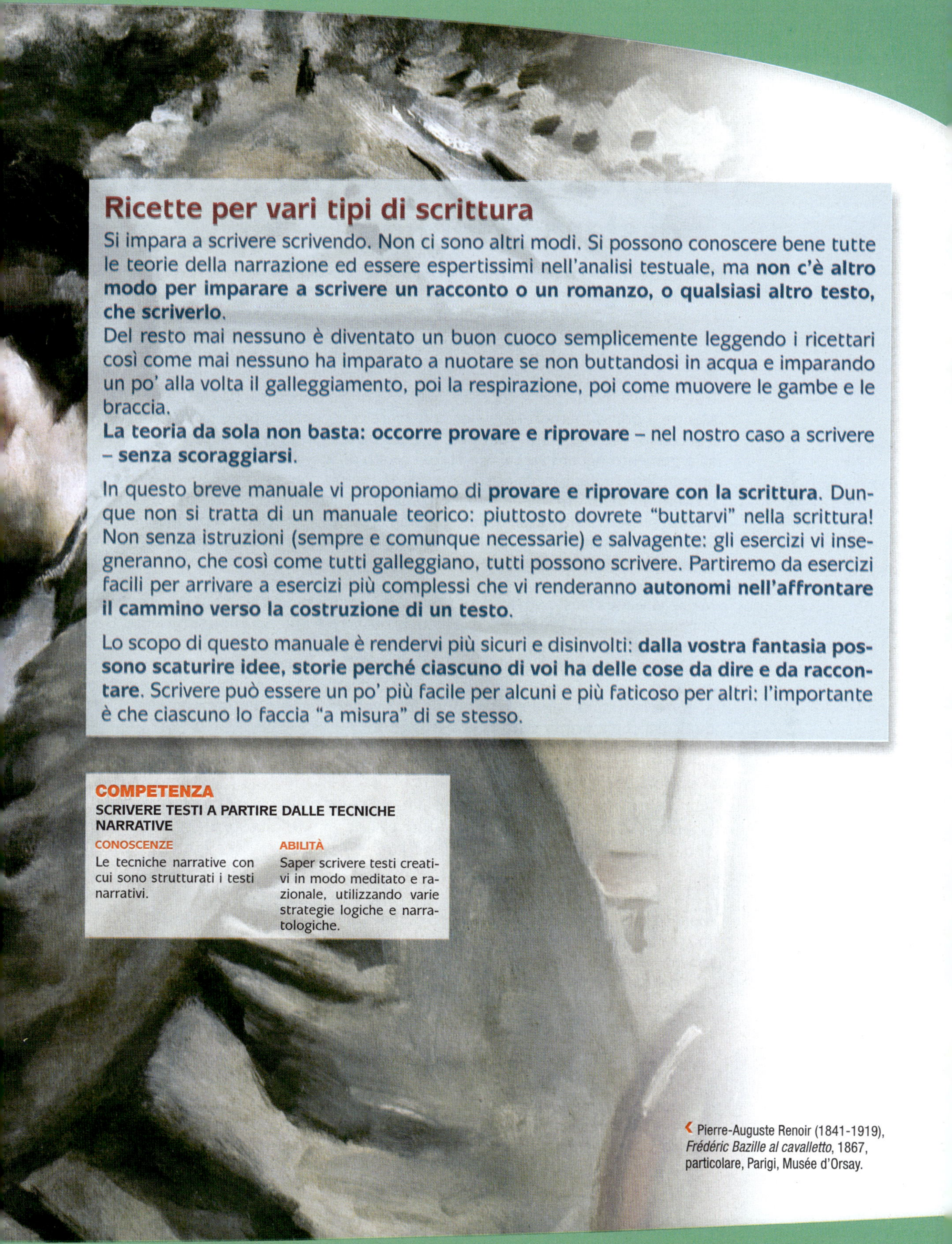

‹ Pierre-Auguste Renoir (1841-1919), *Frédéric Bazille al cavalletto*, 1867, particolare, Parigi, Musée d'Orsay.

1 Tecniche di prescrittura

Scrivere: un modo più intenso di stare al mondo

Se leggete l'introduzione di *Trame* trovate la definizione che la scrittrice **Christa Wolf** dà della lettura. Proviamo a vedere se ciò che dice vale anche per la scrittura.
Quante volte, a scuola, quando vi viene assegnato un qualsiasi esercizio che riguarda la scrittura, vi siete fatti prendere dal panico. È normale. Si chiama "**sindrome da pagina bianca**". «*Non so che cosa scrivere*» è il primo pensiero che assale molti e la reazione normalmente è andare a cercare qualche testo da copiare (da un libro, da Internet ecc.) oppure frugare nella mente per recuperare qualcosa di già elaborato, da trasferire sulla pagina. Mentre il primo metodo (copiare) può avere conseguenze poco piacevoli nel risultato, il secondo, qualche volta, funziona: questo perché abbiamo riflettuto o pensato molto all'argomento riguardo a cui ci è stato chiesto di scrivere oppure perché un'immagine o un pensiero ruotano nella nostra mente da tempo. Per esempio, se ci viene chiesto di scrivere un testo argomentativo è indispensabile conoscere ed essersi documentati su quanto scrivere. Ancora, se dovete eseguire uno degli esercizi di scrittura che trovate nei laboratori di *Trame* (per esempio cambiare un punto di vista, modificare i testi verbali, riassumere), se avete studiato con attenzione la sezione *Tecniche narrative* il compito sarà più facile.
Ma se vi viene chiesto di far ricorso solo alla vostra fantasia, non a partire da un testo appena letto, come si è detto conoscere le tecniche è utile, ma non sufficiente. Dove trovare le idee? Come creare qualcosa di inedito? **Non si scrive infatti solo per riprodurre quel che già si sa, ma anche per scoprire ciò che ancora non si sa**. Creare vuol dire appunto questo. **Creare** – in questo caso **scrivere** – è un modo per conoscerci meglio e, come la lettura appunto, **un modo per vedere in sé e nel mondo che ci circonda qualcosa che a prima vista ci era sfuggito**.
Con una frase un po' forte la scrittrice statunitense **Flannery O'Connor** dice:

BIOGRAFIA
Ch. Wolf
F. O'Connor

> Il profeta che è [nello scrittore] deve vedere l'anormale. [...] Se uno scrittore vale qualcosa, ciò che crea avrà la propria fonte in un reame assai più vasto di quello che la sua mente cosciente può abbracciare e sarà sempre una sorpresa maggiore per lui di quanto possa mai esserlo per il suo lettore.

Nel territorio del diavolo. Sul mistero di scrivere, Minimum Fax, Roma

Molti scrittori hanno raccontato la loro esperienza di incontro con la "pagina bianca": veniamo così a sapere, per esempio, che se quando cominciano a scrivere sapessero già tutto, non scriverebbero più. Il fascino della scrittura sta nella progressiva scoperta di ciò che emerge e si fa strada mentre le parole, le frasi, i paragrafi e i capitoli si mettono uno in fila all'altro. Questo **non significa certo dimenticare le tecniche** che avete studiato, che sono **importanti quando si scrive una storia**. Tuttavia l'opera letteraria è intessuta di spazi bianchi, è aperta cioè alle idee di chi legge. Così **l'opera scritta è aperta alle idee di chi scrive, idee che magari non è neppure conscio di avere**.

Dunque, non dimentichiamoci delle tecniche, ma accantoniamole per un momento. Per ora, ci accontenteremo di fare alcuni esercizi per comprendere come **dentro tutti noi, indipendentemente dal fatto che siamo bravi o no, ci siano una montagna di cose che aspettano di essere scritte**.

Competenze alla prova

Esercizi a tempo

1. Il primo è un esercizio a tempo. Si scrive per 10 minuti. Non uno di più e non uno di meno. L'insegnante terrà l'orologio per darvi il via e per segnare la fine dell'esercizio.

Fa parte di un metodo di scrittura che in inglese chiamano *free writing*, scrittura libera, ma non senza regole.

Free writing: regole

1. Non dovete alzare la penna dal foglio.
2. Non dovete fermarvi a pensare che cosa scrivere.
3. Non dovete tornare indietro, neanche per un attimo, a leggere ciò che avete scritto.
4. È proibito correggere, anche gli errori di ortografia, o cancellare quello che avete scritto.
5. Se non sapete che cosa scrivere, scrivete che non sapete che cosa scrivere; se pensate "*non mi viene neanche un'idea*" scrivete "*non mi viene neanche un'idea*" e se pensate di essere ottusi e incapaci scrivetelo, non c'è niente che deve fermarvi. Andante avanti per 10 minuti implacabilmente.

Ci sono infine due regole molto importanti.

- La prima è che nessuno sarà obbligato a condividere quello che ha scritto.
  La lettura ad alta voce potrà essere un regalo che ciascuno fa agli altri, ma solo se vuole farlo. Altrimenti niente.
  Mentre un compagno legge trattenetevi dal fare commenti: ascoltate in silenzio e siate rispettosi.
- L'altra regola è che su questo esercizio non si danno voti o valutazioni.
  Massima libertà dunque e massima riservatezza.

L'insegnante fornirà la prima parola: ma solo la prima. Non una frase o un pensiero. Una parola sola. Un colore per esempio, un frutto, un animale, il nome di un oggetto. Quella sarà la prima parola del vostro testo e voi, come in uno scivolo, dovete lasciare andare avanti la penna.
Non preoccupatevi di essere troppo logici o sensati né di scrivere cose belle. Scrivete tutto quello che vi viene in mente partendo da quella parola.
La prima volta vi sembrerà strano, ma la seconda e la terza tutto sarà più fluido.

2. Dopo gli esercizi con una sola parola potete fare esercizi a tempo (sempre 10 minuti per scrivere) partendo da inizi come quelli proposti di seguito.
   - Dietro alla porta...
   - Arrivati al mare...
   - Seguendo la strada...

Clustering

Un altro modo per giocare con l'imprevisto è stato inventato da una scrittrice americana che si chiama Gabriele Roussel Rico (il libro è *Writing the natural way*). Si basa sul raggruppamento (*cluster* significa "gruppo") di elementi – in questo caso parole – che hanno tra loro un qualche legame.

3. L'esercizio funziona così: prendete un foglio bianco, scrivete al centro una parola e poi riempite il foglio di altre parole che vi sembrano legate, vicine o lontane, più importanti o meno importanti, con caratteri grandi e piccoli, collegandole con frecce, scrivendole più vicine o lontane dal centro, sopra, sotto o di lato (come nell'esempio che trovate sotto). Quando avete finito mettevi davanti il foglio e redigete un testo che contenga tutte le parole che avete scritto, costruendo le frasi che vi vengono in mente. Tutte le parole presenti sono da scrivere una sola volta; parole nuove (verbi, congiunzioni, avverbi) possono essere usate per legare una parola, o una frase, con l'altra. Avete 5 minuti di tempo.

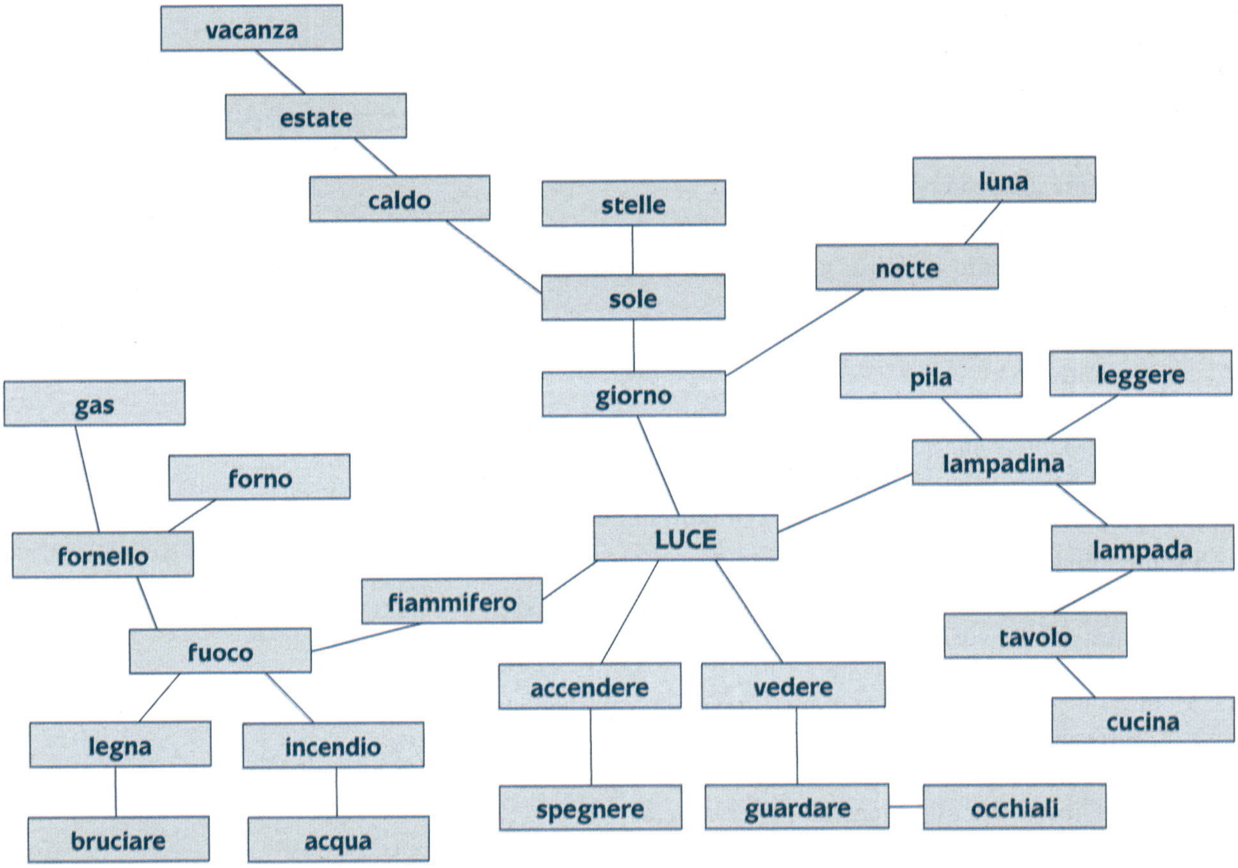

Mi ricordo...

BIOGRAFIA
G. Perec

Un altro semplice esercizio è ripreso dallo scrittore francese **Georges Perec**, autore di una raccolta di ricordi di una sola frase che sono poi divenuti un libro dal titolo *Mi ricordo*. Proviamo anche noi a partire così.

4. L'esercizio è molto semplice. Dovete scrivere i ricordi che vi vengono in mente. Ma devono essere ricordi brevissimi. Non "mi ricordo che quando mia nonna mi teneva in braccio io mi abbandonavo...". No. Più asciutti. "Mi ricordo la nonna che mi teneva in braccio sul divano. Mi ricordo la bicicletta con le rotelle". Meglio se ricordate anche oggetti, giocattoli, trasmissioni televisive, paesaggi, canzoni. Oppure singoli momenti: "La volta che... Il giorno del...". Tutto in una sola frase. Siate precisi e non trascurate i dettagli.

Vi proponiamo alcuni esempi di ricordi di una sola frase.

- Ricordo mia zia Carla che mangiava i biscotti.
- Ricordo il vicino di casa che ha avuto un incidente in moto.
- Ricordo la volta che sono caduto dalla bici.
- Ricordo il costume da bagno a pois di mio cugino.

Anche in questo caso avete 10 minuti seguendo le regole dell'esercizio a tempo.

Cento ricordi

5. Se l'esercizio vi è piaciuto raccogliete la sfida dei cento ricordi. Compratevi un taccuino e raccogliete i ricordi a mano a mano che vi vengono in mente, fino a scriverne almeno cento. E se superate la soglia dei cento andate ai duecento e così via.

Ho dimenticato

6. Non valgono le scuse del tipo "*non ricordo niente*". Se non abbiamo problemi medici di memoria siamo tutti pieni di ricordi. Tuttavia può essere utile l'esercizio del "dimenticato". Avete dieci minuti di tempo per scrivere ciò che avete dimenticato.

- Ho dimenticato il nome di quel ragazzo in tram.
- Ho dimenticato il voto che ho preso alle elementari.
- Ho dimenticato il volto dello zio.
- Ho dimenticato il colore...

Vedrete che è molto più difficile ricordare ciò che avete dimenticato!

Il tempo per ricordare

7. Scegliete uno di questi ricordi e scrivete per 10 minuti seguendo le regole dell'esercizio a tempo, senza pensare e senza riflettere troppo, lasciando che le parole vengano fuori da sole.

Le liste

Un altro esercizio molto semplice è quello di scrivere elenchi e liste di cose o persone.

8. Elencate tutto – tutto vuol dire tutto – quello che avete addosso e nella cartella. Avete 10 minuti (esercizio a tempo, vedi a p. 115).
   Oppure:
   - elencate tutto quello che avete mangiato e bevuto negli ultimi due giorni;
   - fate l'elenco di tutti i parenti che conoscete;
   - fate l'elenco delle canzoni;
   - compilate la play list delle musiche che amate di più;
   - fate l'elenco delle cose preferite;
   - fate l'elenco delle cose che amate;
   - fate l'elenco delle cose che odiate.

Regole di ferro

Dicono gli scrittori che la più grande spinta alla creatività è il limite. Curioso. Uno pensa di essere libero, senza regole e invece scopre che se è costretto a passare in una ragnatela di fili a infrarossi, senza far scattare l'allarme, si destreggia in un movimento del corpo che mai avrebbe immaginato di poter fare. Gli scrittori dell'UOLIPO (acronimo dal francese ***Ou**vroir de **Li**ttérature **Po**tentielle*, traducibile in italiano "officina di letteratura potenziale", gruppo di scrittori e matematici francesi, fondato nel 1960, che mirava a ricercare nuove strutture e nuovi schemi che potessero essere usati dagli scrittori nella maniera preferita utilizzando, tra le altre, le tecniche della "scrittura vincolata", detta anche "a restrizione") la pensavano un po' in questo modo e per dimostrarlo hanno inventato degli esercizi "terribili".

Lipogrammi

Il primo è il più facile da capire, ma il più difficile da fare. Consiste nello scrivere un testo senza utilizzare una lettera dell'alfabeto. Può essere una vocale o una consonante. Ci sono autori che hanno scritto un romanzo intero senza usare la lettera ***e*** o la lettera ***a***. Noi ci limiteremo a scrivere qualche frase.

9. Provate a scrivere cinque frasi senza mai usare la lettera *a*. Dovete metterci un po' di impegno. Il tempo è di 10 minuti (esercizio a tempo, vedi a p. 115). Le frasi brevi sono più semplici.

Ecco alcuni esempi.

- Un solo cerchio vedo nel cielo turchese: meno di quello non posso.
- Il vento sereno scende di nuovo sul monte.
- Sogno il cioccolato mentre dormo.

10. Scriviamo ora cinque frasi senza la *e*, poi senza la *i*, come nei due esempi che seguono.

- La mia casa brucia ma io sono salvo.
- La palla rotola sotto la tavola.

11. Cominciate con una sola frase. Poi fate esercizi di dieci righe. Non preoccupatevi di quel che viene fuori. L'importante è che si intraveda un po' di senso. Scrivete poi frasi via via sempre più lunghe, eliminando di volta in volta una delle vocali.

Ecco un altro esempio senza la ***a***.

Le volte che Irene urlò per il serpente nel cortile noi ridemmo. Sempre. Non fu semplice dirle che non fummo onesti: il serpente gommoso scivolò nei ricordi divenendo mostruoso nei sogni. Ogni sogno un serpente. Ogni serpente un urlo.
Fu doloroso il tempo in cui ognuno di noi trovò un serpente vero nel letto. L'incubo girò e lei rise.

(Lucia Minervi)

Sostituzioni con il dizionario S+7

Questo è un esercizio da fare con il vocabolario. Si tratta di sostituire una parola con la settima successiva nel vocabolario. I sostantivi vanno sostituiti con i sostantivi, gli aggettivi con gli aggettivi ecc. Qui abbiamo scelto di sostituire alcuni sostantivi.

12. Prendete le prime quattro/cinque righe con cui si apre uno dei racconti di *Trame* e sostituite ogni sostantivo che incontrate con il settimo sostantivo che segue a esso nel vocabolario.
Sostituite solo i sostantivi, tralasciate i verbi e gli aggettivi, le parole derivate, gli avverbi ecc.

Ecco un esempio: è l'inizio del racconto *La ragazza della Biblioteca* di Yengar.

Correva svelta, incespicando nell'**orlo** lacero della **gonna** che sfiorava le **caviglie**, per **vicoli** stretti che svoltavano all'improvviso ogni pochi **passi**.
Svelta, svelta, prima che le **onde** di **lamiera** calassero e l'**occhio** si chiudesse. "L'**occhio** del **quartiere**" pensò fantasiosamente Talat.

Correva svelta, incespicando nell'**ornello** lacero della **gora** che sfiorava i **cavi**, per **videogiochi** stretti che svoltavano all'improvviso ogni poche **pastelle**.
Svelta svelta, prima che gli **oneri** di **lampada** calassero e l'**oceano** si chiudesse. "L'**oceano** della **quarzite**" pensò fantasiosamente Talat.

Naturalmente non ci sono limiti alla lunghezza. Provate con una pagina intera!

Tautogrammi

Un tautogramma è una frase, o un testo di più frasi, in cui tutte le parole cominciano con la stessa lettera. Per esempio:

- sono stato sempre seduto su sedie storte;
- ascoltare asini assenti assomiglia ad ammirare asole astruse;
- dimmi dove devi dirigerti districandoti da deviazioni.

Ecco un esempio.

P: parcheggio pubblico piuttosto particolare

Preavviso pratico (portate pazienza, possediamo poche piazzole!): per prevenire patemi, palpitazioni, pericarditi, pleuriti (potrebbe piovere, perlomeno periodicamente), preferibile prenotarsi. Prenotazioni possibili presso Pizzeria Pasqualina (piatti poco prelibati: puttanesca passabile, pizza pessima; però piacente proprietaria parecchio procace), Panetteria Piazza Parini (pane parigino, palermitano, pugliese; producono perfino, pensate, panini pechinesi pepati). Pensateci!
Proibito precipitarsi. Posteggiando procedete piano, posizionatevi percorrendo pazientemente percorsi predisposti: precisione! Prendendo posto, poi, per piacere prudenza! Perché parcheggiando potreste picchiare parecchi paraurti, provocando paurosi patratrac, poi, palesemente, perniciose parolacce. Pensateci: piccole precauzioni prevenendo pericoli, permettono posteggi pacifici. Poi, per poter partire, prima pagate. Per pagamenti, pochi paroloni, proponiamo patti puliti: premete pulsanti predisposti; preparate pezzi piccoli: pratichiamo prezzi popolari!

dal sito http://www.amicigg.it/tautogrammi/tautogramma.php?id=25

13. Provate a prendere le prime tre righe di *Una rosa per Emily* nel volume A a p. 2. Riscrivetele sostituendo tutte le parole con altre che incomincino per *s*. Attenzione: il testo che ne scaturisce deve avere senso compiuto!

Associazioni pericolose

Leggiamo due microracconti dello scrittore **Russell Edson**, riportati da **Natalie Goldberg**, come esempio di testi costruiti attraverso la tecnica delle associazioni pericolose.

BIOGRAFIA
R. Edson
N. Goldberg
G. Rodari

Soffriggere

Un uomo stava facendo soffriggere il proprio cappello, e nel frattempo pensava a come sua madre aveva fatto soffriggere il cappello di suo padre, e a come sua nonna aveva fatto soffriggere il cappello di suo nonno.
Un po' d'aglio, un po' di vino, il cappello non sa più assolutamente di cappello, sa di mutande...
E facendo soffriggere il cappello pensava a come sua madre avesse fatto soffriggere il cappello di suo padre, e a come sua nonna avesse fatto soffriggere il cappello di suo nonno, e pensò che gli sarebbe piaciuto in qualche modo trovar moglie, in modo da avere qualcuno che gli facesse soffriggere il cappello; a far soffriggere i cappelli ci si sente così soli...

Ci rincresce sinceramente

Come un lumacone bianco, la tazza del gabinetto scivola nel soggiorno, ed esige di essere amata.
Ci rincresce sinceramente, ma non è assolutamente possibile.
Nel libro del cuore, non si accenna agli articoli da bagno.
E sebbene molte volte ci si sia intimamente intrattenuti con te, tu appartieni a una stirpe disgraziata, a cui preferiremmo non unirci...
La tazza del gabinetto scivola fuori dal soggiorno come un lumacone bianco, gorgogliando di dolore...

da *Scrivere Zen*, Ubaldini, Milano

Sperimentiamo questa procedura. Questo esercizio ha diverse varianti ed è stato proposto da molti autori tra cui **Gianni Rodari**, che gli ha dato il nome di "binomio fantastico". Si tratta di creare un legame tra parole diverse e vedere che cosa accade.

14. Nella versione che vi proponiamo il gioco si articola in questo modo.

- Prendete 12 bigliettini di carta. Scrivete sei nomi di oggetti, i primi che vi vengono in mente. Sugli altri sei scrivete sei verbi che indichino azioni il più concrete possibili.
- Dopo di che scambiate l'elenco dei nomi con i vicini di banco, tenendo voi i verbi.
- A questo punto girate i foglietti come delle carte in modo che non possiate vederne il contenuto e cominciate ad associarli: un nome un verbo, un nome un verbo.

Il verbo va declinato sempre nella forma attiva e non in quella passiva o riflessiva. Ovviamente dovrete aggiungere articoli, preposizioni, avverbi e tutto quanto serve per formare frasi di senso compiuto.

Ecco alcuni esempi di ciò che può accadere.

- Il cielo starnuta quando la lampada legge.
- Le scarpe dormono perché la tazza canta.
- La forchetta studia ma la cerniera dorme.

15. A partire dalla frase composta scrivete un racconto lampo in 10 minuti.
Le regole sono quelle degli esercizi a tempo (vedi a p. 115).

Lasciate che la fantasia segua il suo corso. Non cercate di essere logici. Seguite la storia come viene. Più vi appare illogica, più si definiscono legami creativi che generano nuove possibilità di significato.
Ecco un esempio.

Il cielo starnuta quando la lampada legge. Non c'è niente da fare. La lampada cerca di leggere di notte quando il cielo pare che dorma. Sbrum! Può essere stellato o nuvoloso ma quel tuono arriva sempre come un rimprovero. BRuum. Lei lo ha capito. Aveva pensato di leggere di giorno restando spenta. Ma come si fa a leggere ad occhi chiusi? Accendersi in pieno giorno poi... Altro che BRuum. Una volta è stata presa in giro per una settimana dal lampadario, sommersa dalle battute dell'applique sulla parete, insultata persino dalla pila del campeggio. Il fatto è che il cielo non ama i libri, pensa. Immagina che sia una specie di allergia. Senza rimedio. Così pian piano ha rinunciato. Si accende ma guarda la parete, si perde a contare le righe sul pavimento, si distrae appena osservando il ragno nell'angolo del soffitto. Lentamente muore, fa una luce sempre più debole che se anche volesse non riuscirebbe a leggere niente. L'hanno trovata così, accasciata sul divano. Con un libro per cuscino.

(Milena Pardi)

Cut-up

Il *cut-up* è una tecnica letteraria che consiste nel tagliare fisicamente un testo scritto (a metà, a strisce ecc.), lasciando intatte solo parole o frasi per poi mischiare i vari pezzi e ricomporli in un nuovo testo che avrà un nuovo significato, creato dalla nuova disposizione delle frasi, accostate come in un collage. E un collage non è mai assolutamente caotico.
Questo tipo di esercizi riprende alcune tecniche sperimentate dallo scrittore **William Burroughs** autore con **Brion Gysin** del testo da cui è tratto il brano seguente. Ecco un esempio.

BIOGRAFIA
W. Burroughs
G. Gysin

Minutes to go

Nell'estate del 1959 Brion Gysin, scrittore e pittore, ritagliò strisce di articoli di giornale, ricomponendole casualmente. *Minutes to go* è il risultato di questo primo esperimento con il *cut-up*. *Minutes to go* è composto di *cut-up* non riveduti né corretti, che risultano come una prosa del tutto coerente e significante. La metodica *cut-up* dona allo scrittore il collage, praticato dai pittori da almeno 50 anni, usato dalle cineprese, fisse o in movimento. Ogni ripresa per strada è, nei fatti, un *cut-up*,

per gli imprevedibili fattori del traffico e delle entrate in campo e i fotografi vi confermeranno come le loro migliori immagini siano spesso fortuite e altrettanto gli scrittori... Non potete volere la spontaneità, potete però introdurre l'imprevedibile-spontaneo con un paio di forbici.
Il metodo è banale. Vi insegno un modo per agire. Prendete una pagina. Ora tagliatela a metà, e ancora a metà. Avete quattro ritagli: 1 2 3 4. Ora ricomponete i ritagli accostando il 4 con l'1 e il 2 con il 3. Avete una nuova pagina. Talvolta dice le stesse cose, qualche volta dice cose del tutto diverse – il *cut-up* dei discorsi politici è un interessante esercizio – e comunque scoprirete che esprime qualcosa e qualcosa di ben preciso. Scegliete un poeta o romanziere a vostra scelta, i brani che avete letto e straletto. Attraverso anni di ripetizione le parole hanno perso vita e significato. [...] Tagliate le parole vedete come cadono. Shakespeare, Rimbaud vivono nelle loro parole. Tagliate le righe, sentirete la loro voce. I *cut-up* spesso si rivelano come messaggi in codice con un senso speciale per chi scompone... In fin dei conti tutta la scrittura è un *cut-up*. Un collage di parole lette sentite sorprese. Cos'altro?...

da *Il demone della letteratura*, Shake edizioni, Milano

16. Provate a seguire le istruzioni contenute nel brano precedente, applicandole al testo *Place de la Pyramide, 1875* che trovate nelle pagine digitali. Attenzione a compiere i tagli, in modo che coincidano con la fine di frasi compiute.

Collage dadaista

Il poeta **Tristan Tzara** lo descriveva nel modo seguente.

BIOGRAFIA
T. Tzara

Per fare un poema dadaista

Prendete un giornale. Prendete delle forbici. Scegliete nel giornale un articolo che abbia la lunghezza che contate di dare al vostro poema. Ritagliate l'articolo. Ritagliate quindi con cura ognuna delle parole che formano questo articolo e mettetele in un sacco. Agitate piano. Tirate fuori quindi ogni ritaglio, uno dopo l'altro, disponendoli nell'ordine in cui hanno lasciato il sacco. Copiate coscienziosamente.

da *Manifesto sull'amore debole e l'amore amaro* (1920)
citato in Mario de Micheli, *Le avanguardie artistiche del novecento*, Feltrinelli, Milano

17. Prendete un qualsiasi articolo di giornale e seguite le istruzioni di Tzara e verificatene l'effetto!

2 Immaginazione

La fantasia non manca a nessuno

Il pregiudizio sulla propria incapacità a scrivere rimanda spesso a una presunta mancanza di fantasia e di immaginazione. "*Non ho storie da raccontare. Non so inventare, non ho fantasia. È un tema difficile*".
Non è detto che tutti siano potenziali grandi scrittori, ma **la creatività e la fantasia appartengono a tutti gli esseri umani**. Pensate a quando fantasticate a occhi aperti; pensate ai sogni che siete in grado di fare; pensate alle volte che avete trovato una soluzione a un problema. E se proprio siete pessimisti circa voi stessi, pensate alle bugie che avete detto o che avreste voluto dire. Anche in quest'ultimo caso ci va della fantasia per essere credibili. La menzogna, la capacità di mentire è l'esercizio più semplice di creatività fantastica. È un modo per dipingere la realtà in modo diverso da quello che è, il frutto di immaginazione, fantasia e creatività.
Insomma **la fantasia non manca a nessuno**. Ce l'ha e la usa anche chi pensa di non averla. Fa parte del nostro modo di stare al mondo e di orientarci nello spazio e nel tempo, al di là di ciò che in un certo momento vediamo e viviamo.
Ci invitano a una festa e prima di arrivarci immaginiamo e facciamo delle ipotesi su come sarà. Dobbiamo fare un viaggio e immaginiamo la nostra destinazione in un certo modo.
Anche il desiderio e la paura hanno a che vedere con l'immaginazione. La paura in modo particolare. La convinzione di non avere fantasia non ha insomma alcun fondamento.
La letteratura è un po' diversa, certo. Ma in fondo si tratta di immaginare un mondo altro da quello che è. Non è giornalismo, non è cronaca. Sono "storie". "**Il narratore 'finge' di affermare sul serio qualcosa di immaginario**" dice Umberto Eco in un'intervista.
Più difficile è esercitare la fantasia e l'immaginazione, creare finzioni con la scrittura.
Il metodo più semplice è **abbandonarsi a una suggestione e vedere dove ci porta**.
Senza preoccuparci ancora se tutto questo possa essere un racconto o una storia, se riesce bene o male.
Fate finta che siano esercizi di allenamento. Anche in questo caso, senza pretendere di essere già in piena attività compositiva. Non stiamo ancora scrivendo un racconto. Semplicemente stiamo esercitando la nostra mente a immaginare, a "sognare" a occhi aperti.

Menzogne fantastiche

18. Mentire o falsificare la realtà non è una pratica eticamente corretta. Tuttavia immaginare una situazione in cui si è nella necessità di dover mentire, è un esercizio utile per capire quanto la nostra mente sia capace di inventare. Da non usare nella realtà, naturalmente. Utilizzando gli spunti che vi offriamo, provate a inventare. Avete 10 minuti di tempo (esercizio a tempo, vedi a p. 115).

- Siete su un treno e volete far credere di essere qualcuno di importante. Che cosa raccontate?
- Siete arrivati tardi a un appuntamento molto importante. Inventate una storia esagerata.
- Dovete fare colpo su un/una nuovo/a amica e raccontate un viaggio mai fatto.
- Siete al mare con persone che non vi conoscono e raccontate un'avventura mai vissuta.

False storie, false spiegazioni

19. Ci sono molti giochi che si basano su fatti assolutamente falsi ma presentati come se fossero veri. Uno dei più comuni è la descrizione di come è stato inventato un oggetto: la ruota, per esempio, il tavolo oppure l'ombrello. Raccontate, in un testo di circa trenta righe, in modo realistico, l'origine di un oggetto, quello che preferite, come nell'esempio che segue.

Archeologia della bicicletta

Falsa è l'idea che la bicicletta sia stata inventata nel secolo scorso. E altrettanto falsa è l'ipotesi che sia stato Leonardo da Vinci a concepirla per primo. Bisogna risalire alle pitture rupestri, prima ancora dell'apparizione della ruota, per trovare i segni anticipatori di un'invenzione così geniale. Perché, paradossalmente, la bici è stata concepita prima della ruota: anzi possiamo dimostrare che la ruota singola è ciò che originariamente era duplice, una bicicletta. Platone aveva intuito qualcosa di simile quando disse che in fondo una volta eravamo due in uno o uno in due: il mito platonico dell'amore per cui ogni donna e ogni uomo in fondo ricercano la metà di se stessi, prende origine dall'idea archetipica originaria della bicicletta. Ma abbandoniamo le divagazioni e torniamo alle prove e ai reperti: la prima testimonianza si ritrova in una pittura rupestre, appunto nelle grotte di Lascaux. Mai si era fatta attenzione a due insoliti cerchi che appaiono sullo sfondo dei cavalli. Sono poco più che ombre. Eppure ingrandite e elaborate le immagini con i più avanzati strumenti elettronici, ecco che il primo esemplare appare con evidenza: due ruote collegate da un elementare bastone, le corna d'alce che paiono forcelle e un inequivocabile manubrio d'osso. Doveva trattarsi di un'invenzione segreta, religiosamente custodita e in qualche modo criptata e confusa, appunto, dietro una normale scena di caccia. Ma non ci sono dubbi: è una bicicletta. Come si sia persa la memoria di questa grande invenzione, come si sia dovuti ripartire dalle ruote singole è ancora da spiegare. Ma un grande passo è già stato compiuto.

(Gianni Cordelli)

Si possono anche fare riassunti di romanzi mai scritti, biografie di scrittori o artisti inesistenti. Borges ha scritto un libro, *Finzioni*, in cui si dilunga a parlare di pseudo libri, ovverosia di libri inventati. Tutto diventa finto: la recensione di un libro che non è mai stato scritto e che quindi non esiste, è una piccola burla ma anche un esercizio creativo interessante. In fondo siete liberi di immaginare il libro di cui parlate come vi pare e altrettanto potete dire dell'autore che, naturalmente, non è mai esistito. Altri hanno inventato cataloghi d'arte con tanto di biografie di artisti mai esistiti.

20. Provate a scrivere la recensione, circa 30 righe, di un romanzo mai scritto. Parlate anche dell'autore, della trama, dei personaggi. Lo stesso potete fare con un film o un quadro. L'importante è che tutto sia falso.

Sogni a occhi aperti

Leggiamo insieme questo brano tratto da un libro di **Terry Brooks**, uno tra i più famosi e apprezzati scrittori di fantasy.

BIOGRAFIA
T. Brooks

Lo scrittore al lavoro

Qualche anno fa ho cominciato a inviare fotografie in cui ero ritratto in una sdraio, sulla spiaggia, a occhi chiusi, mentre mi crogiolavo al sole. Le avevo fatte stampare su cartoline postali, con la dicitura: "Questo sono io mentre lavoro". Era un messaggio ironico, naturalmente, ma in realtà è il modo in cui uno scrittore effettua una parte del suo lavoro più importante. Il sogno apre le porte della creatività. Permette all'immaginazione di inventare qualcosa di meraviglioso.

da *A volte la magia funziona*, Mondadori, Milano 2003

21. Provate a scrivere liberamente per 15 minuti seguendo le regole degli esercizi a tempo (vedi a p. 115), a partire dagli spunti che vi forniamo. Abbandonatevi alla fantasia, non preoccupatevi ora della scrittura: immergetevi nel "sogno".

- Qualcuno entra dalla finestra nella vostra stanza in una notte d'estate.
- Domani vorrei che...

- Incontro il mio sosia. È identico a me ma fa tutte le cose che io non posso fare.
- Sopravvissuti con la classe in un'isola deserta.
- Sono un/una grande star dello spettacolo.

Sogni veri

Sognare è sicuramente una prova della nostra capacità fantastica. Anche se non li ricordiamo, i sogni accompagnano le nostre notti.
Talvolta ci sembrano lunghi come dei film, altre volte sono brevissime immagini; alcuni sono così assurdi che non li capiamo, altri sono così realistici che li confondiamo con la vita vera; altri ancora ci fanno così paura da lasciarci senza fiato.
Insomma i sogni testimoniano che la nostra immaginazione, da qualche parte dentro di noi, funziona bene e che in quanto a creatività nessuno è meglio o peggio di altri.
Poiché abitualmente la maggior parte dei sogni si dimentica, un buon esercizio da fare è scrivere i sogni che più ci colpiscono, magari gli incubi che ci hanno inquietato. Anche questo è un modo per arricchire la nostra capacità di inventare e creare storie. Tenere un quaderno dei sogni può essere una buona idea.

22. Scrivete i sogni che ricordate. Se ne avete uno ricorrente scrivete quello. Se avete un incubo da raccontare ancora meglio. Non dovete preoccuparvi di come lo scrivete. Scrivetelo per voi, per ricordarvelo meglio.

Immedesimarsi

Un altro esercizio interessante per esercitare l'immaginazione è quello dell'immedesimazione.

23. Immaginate di essere un oggetto, un animale, una pianta, un fiore, un minerale o un elemento naturale (acqua, fuoco, vento) che abbia a che vedere con il vostro stato d'animo del momento. Avete 10 minuti. Le regole sono quelle degli esercizi a tempo (vedi a p. 115).

Leggiamo però prima insieme un esempio.

Sono la brace sotto la cenere. Fuori è grigio e freddo: ma dentro brucio. Mi basterebbe un soffio di vento, uno spiffero improvviso dalla finestra lasciata aperta e tornerei a brillare e a scoppiettare. È il mio sogno. Se poi aggiungessero legna tornerei quel che sono davvero. Ho fretta però: questo covare lento mi fa paura. Aria vento: qualcuno ridia fiato al fuoco.

(Lucia M.)

Che cosa accadrebbe se...

Più semplice, ma ricco di possibilità, è l'esercizio che molti ritengono alla base di buona parte delle invenzioni letterarie. Si tratta di immaginare una situazione le cui premesse sono definite dalla formula "che cosa accadrebbe se...".
È un'esercitazione potenzialmente infinita e che si può modulare in maniera diversa a seconda della suggestione di partenza.

24. Che cosa accadrebbe se:
- improvvisamente poteste volare...;
- le piante e gli animali cominciassero a parlarvi...;
- foste invisibili...;
- da un giorno all'altro...;
- una mattina vi risvegliaste scarafaggi...

Prendete spunto da una delle ipotesi da noi suggerite oppure da un'altra a vostra scelta e scrivete un testo di circa 50 righe.

3 Visibilità e concretezza

Vedere con occhi che non vedono

Quando leggiamo un racconto o un romanzo, tendiamo a immaginarci, come in un film, i luoghi, i personaggi e tutto ciò che accade. È una visione così intensa che, se ci capita di vedere un film tratto da quel racconto o da quel romanzo, può succedere che rimaniamo perplessi o delusi a causa dello scarto rispetto alla nostra immaginazione.
Ci sono spiegazioni interessanti per comprendere come funziona questo meccanismo: in fondo si tratta di **processi immaginativi attivati dalle parole che leggiamo**.
Come fanno le parole a "far vedere", a generare immagini? Gli scrittori e i narratori lo sanno bene.
In un bel racconto di **Paul Auster**, uno studente, per procurarsi i soldi per i suoi studi, accetta di fare da accompagnatore a un anziano signore cieco e costretto sulla sedia a rotelle. Ogni giorno deve portarlo in giro per la città a fare una passeggiata. Spostarsi in città con una carrozzina non è semplice, ma alla fine si impara. La cosa più difficile è un'altra. L'anziano signore infatti vuole che il giovane gli racconti che cosa vede: "Dimmi che cosa vedi". Vi riportiamo il brano. Leggetelo tutto con attenzione.

BIOGRAFIA
P. Auster

Il palazzo della luna

Non mi ci volle molto tempo per impratichirmi della carrozzina. Il primo giorno ci fu qualche inciampo, ma una volta imparato il modo di inclinarla per salire e scendere dai marciapiedi, le cose andarono abbastanza lisce. Effing era straordinariamente leggero, spingerlo mi affaticava pochissimo le braccia.
Da altri punti di vista, invece, tali escursioni mi risultavano particolarmente difficoltose. Non appena eravamo fuori, Effing prendeva a puntare il bastone qua e là, chiedendo ad alta voce notizie circa l'oggetto che stava indicando. Non appena gliele fornivo, pretendeva che glielo descrivessi. Bidoni della spazzatura, vetrine, soglie: esigeva che gliene fornissi una descrizione accurata e se non ero in grado di formulare con sufficiente rapidità le frasi atte a soddisfarlo, esplodeva in accessi d'ira.
– Dannazione, ragazzo – esclamava – usa gli occhi che hai in testa! Io non vedo [...] e tu non fai altro che sputare ciance circa "un comune lampione" o "dei normalissimi tombini". Non c'è una sola cosa che sia uguale a un'altra, scemo, come sa qualsiasi buzzurro. Quello che stai guardando lo voglio vedere [...] esigo che le cose tu me le faccia comparire davanti!
Era umiliante venire rimbrottato in quel modo per strada, lì, in piedi, con il vecchio che mi copriva di improperi e la gente che voltava la testa per osservare tanto trambusto. Un paio di volte fui addirittura tentato di piantarlo in asso ma in realtà non aveva del tutto torto. Non stavo facendo un lavoro ben fatto. Mi resi conto che non avevo mai acquisito l'abitudine a guardare le cose con attenzione e che, di conseguenza, ora che ne venivo richiesto, i risultati erano spaventosamente insufficienti. Fino ad allora avevo sempre avuto la tendenza a generalizzare, a cogliere le similitudini esistenti tra le diverse cose piuttosto che le loro differenze. Ora invece venivo sprofondato in un mondo di particolari e la fatica di farli apparire parole, di evocare i dati immediatamente sensibili, costituiva una sfida cui ero impreparato. Al fine di ottenere ciò che desiderava, Effing avrebbe dovuto assumere Flaubert per farsi spingere per le strade, sebbene anche lui procedesse lentamente, faticando magari ore e ore per limare una sola frase come la voleva lui. A me invece toccava descrivere le cose con cura, ma dovevo anche farlo nel giro di pochi secondi. [...]

– Dacci un taglio e spiega, ragazzo – ribatté. – Dimmi com'è fatta quella nuvola. Descrivimi nei particolari tutte le nuvole che ci sono nel cielo a occidente, a una a una, fino a dove puoi spingere lo sguardo.

Per fare ciò che mi chiedeva, dovetti imparare a tenermi distaccato da lui. L'essenziale era non sentirsi oppresso dai suoi ordini, trasformandoli al contrario in qualcosa che avrei desiderato fare io stesso. Attività che in sé, dopotutto, non aveva nulla di intimamente sbagliato. Se visto nel modo giusto, lo sforzo di descrivere le cose con precisione era precisamente il tipo di disciplina che poteva insegnarmi ciò che più desideravo apprendere: umiltà, pazienza, rigore. Invece di farlo unicamente per scaricarmi di un obbligo, cominciai a considerarlo alla stregua di un esercizio spirituale, un processo di addestramento a osservare il mondo come se lo stessi scoprendo per la prima volta.

Che cosa vedi? E, se vedi qualcosa, come puoi trasformarlo in parole? Il mondo penetra in noi per il tramite degli occhi, tuttavia noi non siamo in grado di dargli un senso finché esso non scende alla bocca. Presi a calcolare quanto fosse lungo tale percorso, a capire quale itinerario dovesse coprire una cosa al fine di trasferirsi da uno di tali punti all'altro. In termini effettivi non si tratta di più di cinque centimetri, ma se si considerano tutti gli incidenti e le perdite che possono avere luogo strada facendo, potrebbe benissimo equivalere a un viaggio dalla terra alla luna. I miei primi tentativi con Effing furono mestamente vaghi, mere ombre aleggianti su uno sfondo confuso. Sono tutte cose che ho già visto, mi dicevo, come può essere che risulti difficile descriverle? Un idrante antincendio, un taxi, un fiotto di vapore emergente dal selciato tutte cose che mi erano profondamente familiari, che pensavo di conoscere a memoria. Invece non mettevo in conto la mutevolezza di simili cose, il modo in cui esse cambiano con l'angolazione della luce, come il loro aspetto può venire alterato dagli eventi circostanti: il passaggio di una persona, un'improvvisa folata di vento, un riflesso strano. Tutto è in costante flusso: per quanto possano assomigliare fortemente l'uno all'altro, due mattoni dello stesso muro non potranno mai essere costruiti in maniera identica. Ancora di più, lo stesso mattone non è mai identico a se stesso. È oggetto di un costante processo di consunzione, di impercettibile sgretolamento per effetto dell'atmosfera, del freddo, del caldo, dei temporali, al punto che, se fosse possibile tenerlo in osservazione per secoli, alla fine non lo si vedrebbe più lì. Tutte le cose inanimate tendono a disintegrarsi, tutte quelle animate a morire. Ogni volta che ci pensavo, la testa prendeva a pulsarmi, riflettendo sul furente, tumultuoso moto delle molecole, sulle incessanti esplosioni della materia, sulle collisioni, sul caos che ribolle sotto la superficie di tutte le cose. Come mi aveva ammonito lui stesso nel corso del nostro primo incontro, non bisogna dare nulla per scontato. Dalla distratta indifferenza passai dunque a uno stadio di profonda attenzione. Le mie descrizioni divennero estremamente esatte, cercavo disperatamente di cogliere ogni possibile sfumatura di ciò che stavo vedendo, ammassando una congerie di particolari in una confusione folle al fine di non lasciare fuori niente. Le parole mi uscivano di bocca come tanti colpi di mitraglia, una raffica di fuoco rapido. Effing doveva continuamente dirmi di rallentare, lamentando di non essere in grado di starmi dietro. Il problema risiedeva tuttavia non tanto nel modo in cui porgevo le diverse cose, quanto in generale nell'approccio con cui mi accostavo a esse. Ammucchiavo troppe parole le une sulle altre, così che esse non svelavano l'oggetto che avevamo davanti, rendendolo in realtà oscuro, seppellendolo sotto una valanga di arzigogoli e astrazioni geometriche. Era fondamentale ricordarsi che Effing non ci vedeva. Il mio compito non consisteva pertanto nell'affaticarlo con lunghe elencazioni, quanto piuttosto nell'aiutarlo a vedere le cose da sé. Alla fine le parole in se stesse non avevano nessuna importanza. Loro compito era rendergli possibile apprendere gli oggetti il più rapidamente possibile e perché ciò avvenisse io dovevo farli sparire nel momento stesso in cui venivano pronunciati. Mi ci vollero dunque settimane di duro apprendistato per semplificare le frasi, per imparare a separare il superfluo dall'essenziale. Scoprii che quanto più alone lasciavo attorno a una cosa, tanto più felici erano i risultati, poiché ciò consentiva a Effing di provvedere da sé alla parte fondamentale del lavoro, ovvero a elaborare un'immagine sulla base di pochi suggerimenti, a sentire la mente procedere verso la cosa che gli stavo descrivendo.

da *Il palazzo della luna*, Rizzoli, Milano

Voglia di concretezza

Se ci pensate bene **lo scrittore è qualcuno che sta scrivendo per un cieco** – il lettore – **cercando di fargli vedere quello che lui ha visto nella realtà o nella sua immaginazione**. Lo scrittore immagina una scena in cui due personaggi corrono su una spiaggia al tramonto e vuole che la veda anche il lettore. Facile a dirsi, difficile a farsi. Eppure è la base della scrittura narrativa.
Leggete, per esempio che cosa dice a questo riguardo **Flannery O'Connor**.

BIOGRAFIA
F. O'Connor

La narrativa opera tramite i sensi e uno dei motivi per cui, secondo me, scrivere dei racconti risulta così arduo è che si tende a dimenticare quanto tempo e pazienza ci vogliano per convincere tramite i sensi. Se non gli viene dato il modo di vivere la storia, di toccarla con mano, il lettore non crederà a niente di quel che il narratore si limita a riferirgli. La caratteristica principale e più evidente della narrativa è quella di affrontare la realtà tramite ciò che si può vedere, sentire, odorare, gustare, toccare. È questa una cosa che non si può imparare con la testa; va appresa come un'abitudine, come un modo abituale di guardare le cose.

da *Nel territorio del diavolo*, Theoria, Roma

La prima regola della visibilità è la concretezza. Alla base del nostro rapporto con il mondo ci sono i sensi.
La nostra **immaginazione è concreta**, vede innanzitutto cose, luoghi, persone, sente odori e rumori, percepisce il caldo e il freddo.
Perché mai quando due personaggi sono in una stanza lo scrittore ci dice che tempo fa fuori, com'è la luce, quali rumori si odono? Perché nel corso di un'astrattissima discussione tra i personaggi, lo scrittore si sofferma a dirci che il tale si alza e si versa da bere o si sistema la camicia o sente la televisione accesa nella stanza del figlio ecc.?
Tutte cose banali, quotidiane. **Ma l'impressione di realtà la danno proprio le cose che costituiscono il mondo in cui viviamo.**
Anche se il personaggio sta per commettere una furto raffinatissimo in Rete con complici invisibili, sempre troveremo una tazza di tè o un pacco di biscotti a fianco del suo computer.
Un personaggio impegnato in astruse e complicate discussioni filosofiche, sarà sempre all'interno di una stanza o lungo una strada o da qualche altra parte dove starà seduto, avrà sete; fuori pioverà o farà caldo, sarà giorno o sarà notte ecc.
In breve, **alla base dell'immaginazione narrativa c'è sempre concretezza**.
Questo non significa che si debba eccedere con le descrizioni.
Spesso bastano poche righe: "*Fuori faceva buio. Il lampione si accese davanti alla vetrina*".
Nel film tutto ciò sembra scontato. Ma pensate al lavoro enorme che c'è nella creazione dell'ambiente, delle luci, dei costumi: nel film tutto ciò che vedete è frutto di un'attenta scelta. Le luci, i colori delle pareti, l'arredamento, gli oggetti, i paesaggi, gli abiti dei personaggi, le loro pettinature ecc.
Ancora più impegnativo è il compito dello scrittore che ha a sua disposizione solo le parole per creare tutto ciò che nel film riguarda il sentire e il vedere. Se vogliamo imparare a scrivere dobbiamo chiederci: **come possiamo dare il senso della concretezza in chi legge?**
Chi scrive deve prima di tutto sviluppare una capacità di percezione straordinaria, sottile.

Imparare a vedere

Potrebbe sembrare una contraddizione affermare che dobbiamo imparare a compiere un atto che ciascuno di noi è convinto sia naturale e involontario. C'è invece una grande **differenza tra guardare e vedere**. Chissà quante volte ci è capitato di uscire da un locale senza aver notato degli oggetti che invece chi era con noi ha visto, oppure di venir fermati, per strada, da un amico che non avevamo riconosciuto. Spesso guardiamo senza osservare davvero ciò che incrocia il nostro sguardo, e così facendo non ci alleniamo a raccogliere gli elementi necessari a riprodurre ciò che abbiamo visto. Solo imparando a osservare, diventeremo capaci di mettere gli altri in grado di vedere attraverso le nostre parole.

Sempre lo stesso luogo

BIOGRAFIA
G. Perec

L'esercizio che vi proponiamo è ripreso da **Georges Perec**. Lo scrittore francese dallo spirito eclettico (fu saggista, enigmista, sceneggiatore, regista) aveva intrapreso una sorta di catalogo dei luoghi parigini. Si recava nello stesso luogo in tempi diversi, anche a distanza di mesi, e registrava quel che vedeva, in modo molto semplice e asciutto, senza commenti. Poi tornava e registrava su un taccuino.

Tentativo di esaurire un luogo parigino

La data: 18 ottobre 1974
L'ora: 17 h 10
Il luogo: Café de la Mairie

L'edicola era chiusa; non ho trovato "le Monde"; mi sono fatto un piccolissimo giro (rue des Canettes, rue du Four, rue Bonaparte): alcune belle sfaccendate che invadevano i negozi di moda. In rue Bonaparte, mi sono messo a guardare qualche titolo di libro scontato, qualche vetrina (mobili antichi o moderni, libri antichi, disegni e incisioni)
Fa freddo, sempre di più mi sembra
Sto seduto al Café de la Mairie, un po' in disparte rispetto alla terrazza
Passa un 86 è vuoto
Passa un 70 è pieno
Passa, di nuovo, Jean-Paul Aron: tossisce
Un gruppo di bambini gioca a pallone davanti alla chiesa
Passa un 70 piuttosto vuoto
Passa un 63 quasi pieno
(perché contare gli autobus? sicuramente perché sono riconoscibili e regolari: segnano il tempo, ritmano il rumore di fondo; si possono al limite prevedere.
Il resto sembra aleatorio, improbabile, anarchico; gli autobus passano perché devono passare, ma niente impedisce a una vettura di fare retromarcia, oppure ad una persona di avere un sacchetto con il marchio della grande "M" di Monoprix, oppure a una vettura di essere blu o color verde mela, oppure a un cliente di ordinare un caffè piuttosto che una media...)
Passa un 96 è quasi vuoto
Si accendono la "P" del parcheggio e la freccia corrispondente. Adesso, ai piani degli uffici della tesoreria, si possono vedere dei globi luminosi
Passa un 70 è pieno
Passa un 63 poco pieno
Le moto e i motorini accendono i fari
Diventano visibili le frecce e ancora più visibili i segnali dei taxi, che brillano di più quando sono liberi
Passa un 86 quasi pieno

Passa un 63 quasi vuoto
Passa un 96 piuttosto pieno
(applicare agli autobus la teoria dei vasi comunicanti...)
Sono le 17 h 50
Una betoniera rossa e blu, un Pyrénées taxis transports.
Passa un 96 è pieno
Passa un 86 è completamente vuoto (solo il conducente)
Passa un 63 quasi vuoto
Passa un papà che spinge una carrozzina
Modificazioni della luce del giorno
Un 87 quasi vuoto, un 86 metà pieno
I bambini giocano sotto il colonnato della chiesa.
Un bel cane bianco a macchie nere
Una luce in un edificio (è l'hotel Récamier?)
Un 96 quasi vuoto
Un po' di vento
Un 63 pieno, un 70 quasi pieno, un 63 quasi pieno
Un signore entra nel caffè, si pianta davanti ad un avventore il quale subito si alza e va a pagare il conto della consumazione; però non ha spicci ed è l'altro a pagare. Escono insieme.
[...]
Passa un 86 vuoto, un 87 non eccessivamente pieno
Le campane di Saint-Sulpice si mettono a suonare
Un 70 pieno, un 96 vuoto, un altro 96 ancora più vuoto
Alcuni ombrelli aperti
I veicoli automobilistici accendono i fari
Un 96 poco riempito, un 63 pieno
Sembra che il vento soffi a raffiche, però poche vetture fanno andare i tergicristalli
Le campane di Saint-Sulpice smettono di suonare (erano i vespri?)
Passa un 63 quasi vuoto
La notte, l'inverno: aspetto irreale dei passanti
Un signore che porta dei tappeti
Molta gente, molte ombre, un 63 vuoto; il terreno è lucido, un 70 pieno, la pioggia sembra più forte. Sono le sei e dieci. Colpi di clacson; principio di imbottigliamento
È solo a fatica se riesco a vedere la chiesa, in compenso nei riflessi dei vetri vedo tutto il caffè (compreso me stesso mentre scrivo)
L'imbottigliamento si è dissolto
Soltanto i fari segnalano il passaggio delle vetture
Progressivamente si accendono i lampioni

da *Tentativo di esaurire un luogo parigino*, Baskerville, Bologna

25. Scegliete un luogo che vi piace, sedetevi da qualche parte e annotate per 10 minuti quello che per voi è essenziale. Poi tornate alla stessa ora in un giorno diverso e prendete nuovamente nota di quello che vedete.

Scrivanie e tavoli da cucina

26. Lo stesso esercizio può essere fatto in casa. Osservate la vostra scrivania o la cucina durante la preparazione della cena: elencate tutto quello che vedete e arricchite l'elenco con qualche dettaglio descrittivo.
Niente cose generali, dunque: non solo "l'olio", ma "una bottiglia d'olio di tale marca", "un pacco azzurro di sale", "un contenitore comprato in Grecia" ecc.

Attenzione: questo non è un esercizio di descrizione. La descrizione ha regole diverse che vedremo più avanti (vedi a p. 154 e sgg.). Questo è un esercizio per acuire i sensi. Eccco ancora un esempio tratto da **Perec**.

La scrivania

Una lampada, un portasigarette, un solifiore, un piroforo, un contenitore con schedine multicolori, un grande calamaio foderato di tartaruga, un portamatite in vetro, parecchie pietre, tre scatole in legno lavorato, una sveglia, un calendario a pulsante, un blocco di piombo, una grande scatola di sigari (senza sigari, ma piena di piccoli oggetti), una spirale di acciaio nella quale si possono infilare le lettere in sospeso, un manico di pugnale in pietra levigata, registri, quaderni, fogli volanti, molteplici strumenti o accessori per scrivere, un grande tampone asciugante, parecchi libri, un bicchiere pieno di matite, una piccola scatola in legno dorato. Nulla sembra più semplice della stesura di una lista, mentre invece è molto complicato: si dimentica sempre qualcosa, si è tentati di scrivere ecc., ma, giustamente, in un inventario non si scrive.

da *Pensare e classificare*, Rizzoli, Milano

Il colore

27. Scegliete un colore che vi piace e impegnatevi a non cambiarlo. Fate una passeggiata e indicate tutto quello che vedete di quel colore. Le insegne, un vestito, il particolare di una pubblicità ecc.
Non dovete andare in giro con il taccuino. Passeggiate solo prestando attenzione al colore scelto. Quando poi sarete tornati a casa, potrete scrivere tutto quello che vi è rimasto in mente.
L'esercizio diventa più interessante se scegliete colori un po' inconsueti.

La luce e il cielo

28. Osservate le variazioni di luce nella giornata. Con quali parole esprimerete le differenze? E il cielo? Quante parole conoscete per parlare del cielo oltre a "nuvoloso" e "sereno"?

Segugi

29. Questo è un esercizio da fare in luoghi che frequentate abitualmente (per esempio la fermata dell'autobus, il supermercato ecc.). È un esercizio da fare con discrezione come se foste un detective. Scegliete una persona e osservatela con attenzione: è un maschio o una femmina? è giovane o anziana? come è vestita e pettinata? è accaldata o infreddolita? ha l'aria tesa, seria o serena? che scarpe indossa? ha una borsa? e così via. Annotate le cose che vi colpiscono. Cercate di immaginare chi è, che lavoro fa, dove sta andando e ogni altra cosa che vi viene in mente.

Imparare ad ascoltare

Siamo circondati da suoni e da rumori. La maggior parte sono rumori di fondo ai quali non prestiamo attenzione se non quando vengono a rompere una situazione abituale. Come per ciò che viene percepito dagli altri sensi, tuttavia, **la nostra capacità di dare un nome ai rumori che sentiamo è molto limitata**. Esiste sì una nomenclatura abbastanza ricca e precisa nel vocabolario, ma i termini usati abitualmente sono poco più di una decina. Per capire quanto sia ricco l'universo sonoro, lo scrittore austriaco **Robert Schneider** ha immaginato un personaggio dall'orecchio particolarmente sensibile, un orecchio assoluto e su questa qualità ha costruito tutto un romanzo. In una delle prime scene, il personaggio cade in una sorta di *trance* e riesce a sentire "tutti i rumori del mondo". Leggete l'esempio seguente tratto dal romanzo *Le voci del mondo*: non farete fatica ad accorgervi quale sforzo abbia dovuto fare lo scrittore per dare il nome giusto a ogni suono.

BIOGRAFIA
R. Schneider

Vide le valli dei suoni e le loro montagne gigantesche. Vide il ronzio del proprio sangue, il fruscio dei capelli tra le mani strette a pugno. E il respiro tagliava le narici con folate così violente che una tempesta di fohn sarebbe parsa al confronto un timido venticello. I succhi gastrici si mescolavano chioccolando e gorgogliando. Le viscere mandavano un suono lungo, gutturale, incredibilmente modulato. I gas endocorporei si dilatavano sibilando o esplodendo, il midollo osseo vibrava e perfino l'umor vitreo tremava ai battiti oscuri del cuore.
Poi il suo udito si ampliò ancora, rovesciandosi come un orecchio gigantesco sulla macchia di terra dov'era sdraiato. Scrutò con l'orecchio teso paesaggi sotterranei a mille miglia di distanza e luoghi distanti mille miglia. Sullo scenario sonoro dei suoi rumori corporei si spalancarono a velocità crescente altri scenari di gran lunga più vertiginosi, terrificanti e di una sontuosità inaudita. Tempeste di suoni, uragani di suoni, mari di suoni, deserti di suoni. [...]
Si aprì al suo orecchio uno scenario fantasmagorico di grida e chiacchiericci, strilli e mormorii, canti e gemiti, urla sgangherate e schiamazzi volgari, pianti e singhiozzi, sospiri e respiri affannosi, salive deglutite e schioccare di labbra: fino all'ultimo risuonare delle corde vocali sulle porte del silenzio e al ronzio metafisico dei pensieri. E più il suo udito si allargava, più pittoresco si faceva il paesaggio sonoro.
Venne poi il concerto indescrivibile della vita animale e di ogni vita e la varietà interminabile dei solisti. Il muggire delle mandrie e il belare delle greggi, lo sbuffare e il nitrire dei cavalli, il tintinnare delle cavezze, il leccare sale della selvaggina e lo schioccare delle code, il grugnire e il voltolarsi dei maiali, [...] squittii e pigolii, miagolii e latrati, le voci goffe o stridule degli animali da cortile, cinguettii e battiti d'ali, un rosicchiare di denti avidi e un becchettare, uno scavare e un raspare di zampe...
E poi scenari più lontani e abissali: i mostri delle profondità marine, il canto dei delfini, i lamenti grandiosi delle balene in agonia, gli accordi misteriosi dei grandi branchi di pesci, il ticchettio del plancton, le fruscianti volute dei pesci che depongono le loro uova, il fragore delle inondazioni e degli immani crolli sotterranei, il rombo assordante delle colate di lava, il canto delle maree, lo spumeggiare delle onde, il sibilo dell'acqua succhiata dal sole, il sussurrio e lo schianto titanico dei cori di nuvole, il suono limpido della luce... Ma che cosa sono le parole!

da *Le voci del mondo*, Einaudi, Torino

I rumori dell'infanzia

30. Cercate di ricordare quando vi mettevano a letto da piccoli. Che rumori sentivate prima di addormentarvi? Avete 10 minuti per scrivere, seguendo le regole degli esercizi a tempo (vedi a p. 115).

Curiosi e indiscreti

31. Gli scrittori sono curiosi. Ascoltano. Perché ciascuna persona incontrata può nascondere una storia, qualcosa che può nutrire la nostra ispirazione.
Drizzate le orecchie. Siate discretamente indiscreti. Fatevi i fatti altrui per un momento e annotate tutto: sul tram una ragazza parla con un'amica, al bar due signore chiacchierano, al ristorante alcuni commensali discutono animatamente...
Dopo di che se ascoltate un segreto tenetelo per voi. Lo userete in una storia.

Ascoltare

32. Immaginate di essere dotati di un udito straordinario (come il protagonista del brano di Schneider) e di essere in grado di udire rumori che non avete mai sentito. Scrivete un testo, utilizzando quante più parole potete della nomenclatura riportata nella tabella seguente. Si tratta di un elenco di sostantivi, aggettivi e verbi, più i versi degli animali, che potete usare per riprodurre i suoni con le parole.

Sostantivi	Fiotto, gorgoglio, ribollio, scroscio, balbettio, bisbiglio, sussurro, mormorio, brusio, brontolio, vocio, gridio, stridio, urlo, clamore, schiamazzo, baccano, fracasso, fragore, gazzarra, rovinio, sconquasso, rombo, boato, rimbombo, rintronamento, schiocco, stridore, strepitio, scoppio, schianto, scricchiolio, cigolio, crepitio, scoppiettio, tintinnio, scampanellio, trillo, squillo, clangore, calpestio, scalpiccio, trapestio, scalpitio, fischio, sibilo, frullo, fruscio, soffio, eco.
Aggettivi	Chiaro, limpido, confuso, opaco, cristallino, argentino, rauco, vivace, vibrante, metallico, squillante, spento, profondo, cupo, sordo, piacevole, gradevole, spiacevole, sgradevole, morbido, duro, dolce, aspro, soave, modulato, armonioso, armonico, stridulo, stridente, disarmonico, alto, basso, acuto, elevato, grave, forte, potente, debole, fioco, fievole, flebile, tenue, sommesso, smorzato, lieve, impercettibile, articolato, inarticolato, leggero, pesante.
Verbi	Vibrare, risonare, ripercuotersi, rifrangersi, perdersi, raddolcirsi, diminuire, affievolirsi, smorzarsi, spegnersi, morire, cessare, rafforzarsi, aumentare, accrescersi, ampliarsi, innalzarsi, dilatarsi.
Versi di animali	Miagolare, gnaulare, soffiare, ronfare, ustolare (gatto); abbaiare, uggiulare, guaire, mugolare, gagnolare, schiattire, latrare, ringhiare, ululare (cane); chiocciare, crocciare (chioccia); crocchiare, crocchiolare, cantare, schiamazzare (gallina); cantare (gallo); pigolare, pipiare (pulcino); gloglottare, gorgogliare (tacchino); tubare, grugare (piccione); paupulare, stridere (pavone); zigare, squittire (coniglio); muggire, mugghiare (bue); grugnire, stridere, ringhiare, rugliare (maiale, cinghiale); ragliare (asino); nitrire (cavallo); belare (capra, pecora); gracidare (rana); ronzare (insetti); frinire (cicala); cinguettare, ciangottare, gorgheggiare, garrire, squittire (uccelli); squittire (topo); chiurlare (chiurlo, assiuolo); zirlare (tordo); crocidare, gracchiare (corvo, cornacchia); gufare (gufo); ruggire (leone); bramire (cervo, orso); barrire (elefante); sibilare (serpente).

33. Scegliete un luogo qualsiasi in cui possiate fermarvi ad ascoltare i suoni e i rumori che vi circondano: voci, passi, motori, animali, musiche ecc.
Siate veloci nell'appuntarli, annotate le caratteristiche del suono o del rumore che udite; siate precisi nell'elencarli e nel definirli.

Imparare a odorare

Che sia difficile descrivere un odore, che **l'odore si leghi sempre a un'esperienza concreta e se ne parli attraverso il rimando ad altri odori**, in una catena spesso infinita, è un dato da cui è necessario partire per imparare a usare le parole più giuste ed efficaci. Tutti conosciamo e riconosciamo l'esperienza legata a espressioni come "odore d'erba appena tagliata", "odore di terra dopo la pioggia", "odore del mare", "odore di uova marce". Più difficile forse è riconoscere quel che vogliono dire le classificazioni utilizzate dai profumieri come "ambrato" o "muschiato" e nessuno, se non l'ha mai sentito, saprà comprendere il riferimento a un "odore di DDT", un insetticida usato contro mosche e zanzare. Mai come nel caso degli odori, il legame tra l'esperienza e la sua traduzione in parole è così ambiguo: sappiamo quale odore è, lo riconosciamo tra mille, eppure se ci dicono di descriverlo non troviamo le parole, anche facendo ricorso a un vocabolario.
Eppure siamo immersi negli odori. Ciascuno di noi ha un suo proprio odore e così gli animali, le piante e ogni essere vivente.

Ci si abitua presto a un odore tanto da non sentirlo più: percepiamo l'odore della nostra casa solo quando torniamo da un lungo viaggio, come avvertiamo meglio l'odore del mare quando vi arriviamo il primo giorno e l'odore delle corsie di un ospedale è così forte per chi ci entra, ma non per chi ci lavora.
In genere nessuno ci chiede di dare dei nomi agli odori, di descriverli, di percepirne le sottili differenze, ma quando ce lo chiedono non possiamo far altro che rimandare a un'esperienza o ricorrere a giri di parole, a metafore e connessioni ardite, in cerca di precisione.

Leggete come esempio il seguente brano di **Patrick Suskind**, autore del romanzo *Il profumo*, nel quale una balia vuole restituire al convento il bambino avuto in affido perché, secondo lei, non ha odore. Sentiamo che cosa risponde la balia al frate che le chiede, perplesso, quale odore dovrebbe avere un neonato.

BIOGRAFIA
P. Suskind

– Ma adesso dimmi, per favore: che odore ha un lattante quando ha l'odore che tu ritieni debba avere? Eh?
– Un odore buono –, disse la balia.
– Che cosa significa "buono"? – la investì Terrier gridando. – Tante cose hanno un buon odore. Un mazzolino di lavanda ha un buon odore. Il lesso ha un buon odore. I giardini d'Arabia hanno un buon odore. Che odore ha un lattante, voglio sapere!
La balia esitò. Sapeva bene che odore avevano i lattanti, lo sapeva benissimo, ne aveva nutriti, curati, cullati, baciati già a dozzine... di notte poteva trovarli a naso, l'odore del lattante l'aveva chiaro anche adesso nel naso. Ma non l'aveva mai definito con parole.
– Allora? – tuonò Terrier e fece schioccare con impazienza la punta delle dita.
– Dunque – cominciò la balia – non è molto facile dirlo, perché... perché non hanno lo stesso odore dappertutto, benché dappertutto abbiano un buon odore, padre, capisce, prendiamo i piedi ad esempio, lì hanno un odore come di pietra calda, liscia... no, piuttosto di ricotta... oppure di burro... di burro fresco, sì, proprio così, sanno di burro fresco. E i loro corpi hanno odore di... di una galletta quando è inzuppata nel latte, la testa, in alto, dietro, dove i capelli fanno la rosa, qui, guardi, padre, dove lei non ne ha... – e toccò la pelata di Terrier, che per un attimo era rimasto senza parole di fronte a quel mare di stupidità in dettagli e aveva chinato docilmente la testa – qui, proprio qui, hanno l'odore migliore. Qui hanno un odore di caramello così dolce, così squisito. Lei non può immaginare, padre! Una volta sentito quest'odore, bisogna amarli, che siano figli propri o di altri. E questo è l'odore che devono avere i neonati, questo e nessun altro.
E se non hanno quest'odore, se sulla testa non hanno nessun odore, ancor meno dell'aria fresca, come questo qui, il bastardo, allora... Può spiegarsela come vuole, padre, ma io – e incrociò decisa le braccia sotto il petto e gettò uno sguardo talmente nauseato sul canestro ai suoi piedi, come se contenesse rospi – io, Jeanne Bussie, questo qui non me lo riporto più a casa!
Padre Terrier rialzò il capo lentamente e si passò un paio di volte il dito sulla pelata come per sistemarsi i capelli, si mise il dito sotto il naso come casualmente e annusò pensieroso.
– Un odore di caramello... – disse e cercò di riprendere il suo tono severo... – Caramello! Che ne sai tu del caramello? Ne hai forse mai mangiato?
– Non proprio – rispose la balia. – Ma una volta sono stata in un grande albergo in Rue Saint-Honoré e sono stata a guardare come si faceva, con zucchero fuso e crema di latte. Aveva un odore così buono che non l'ho più dimenticato.

da *Il profumo*, Longanesi, Milano

Le parole degli odori

Il problema non è che non ci sono parole giuste per gli odori ma piuttosto che non ce ne sono abbastanza. Il vocabolario ne riporta alcune e i chimici e i creatori di profumi hanno elaborato nomenclature con definizioni precise. Ma il linguaggio comune registra le differenti e ricche esperienze in modo alquanto approssimativo: abbiamo parole per distinguere le caratteristiche dei diversi odori (acre, aspro, acido, rancido, acuto, pungente, penetrante, stagnante, balsamico, aromatico, effluvio, esalazione, aroma, zaffata) e per dire se sono gradevoli o no (profumo, olezzo, fragranza, puzzo, fetore, lezzo, tanfo, miasma, nitore, afrore, gradevole, soave, nauseante, nauseabondo, disgustoso, stomachevole, ripugnante, rivoltante, fetido, putrido, mefitico) e pochissime per indicare l'atto stesso dell'odorare, fiutare, annusare.

Poca cosa a fronte del numero di odori di cui ciascuno di noi (e non un esperto di profumi o di essenze che ha, oltretutto, un suo vocabolario specifico) fa esperienza.
Ma gli scrittori non paiono curarsene: quando devono descrivere un odore ricorrono anche loro a tutti gli espedienti possibili. Se riconoscono la sostanza, spesso la nominano ("un acre odore di trementina", "un profumo di rosa, di gelsomino, d'arrosto, di benzina" ecc.), se non la riconoscono ricorrono a qualcosa che può evocarla, usando anche metafore ("un odore di polvere umida") e sinestesie ("un odore di inverno incipiente", "un odore di buio", "un odore di tristezza".
L'importante è che **le parole rendano conto o evochino l'esperienza che abbiamo avuto nel modo più esatto possibile**.

L'odore dell'infanzia

34. Avete 10 minuti per ricordare e scrivere il primo o i primi odori che risalgono alla vostra infanzia. Naturalmente si va nella primissima infanzia. Raccontate seguendo le regole degli esercizi a tempo (vedi a p. 115).

A caccia di odori

35. Mentre vi alzate, mentre andate a casa, mentre siete al supermercato, ponetevi come obiettivo di fare un elenco di almeno dieci o quindici odori che avete percepito. Non è ancora un esercizio sulle parole per esprimere gli odori, ma un esercizio di attenzione: annusate gli odori, i profumi, le puzze e cercate di raccontarli usando tutti gli espedienti verbali che vi sembrano più adatti.
Cercate di cogliere anche odori insoliti a cui magari non avete mai fatto caso.

I profumi

36. Raccogliete dai giornali o da Internet (per esempio http://www.erbolario.it/LINEE_PROFUMATE/LINEEPROFUMATE.html) la pubblicità di alcuni profumi con la relativa descrizione. Se ne avete uno portatelo in classe e verificate in che modo la descrizione allegata al profumo corrisponde a quello che percepite annusandolo.

Gli odori in una storia

37. Scrivete un testo di circa 30 righe, immaginando una situazione (una passeggiata, l'arrivo in un luogo, l'incontro con una persona ecc.) che contenga almeno cinque delle parole elencate di seguito:
effluvio, aroma, olezzo, fragranza, fetore, zaffata, acre, aspro, rancido, penetrante, fragrante, gradevole, nauseabondo, ripugnante, balsamico, mefitico, esalazione, puzza, tanfo, miasmo.

Imparare a toccare: le mani, la pelle

Dapprima si pensa solo alle mani: il tatto in fondo è toccare qualcosa con le mani, meglio ancora con le dita per capire com'è fatto un oggetto, valutarne la consistenza, la superficie, la temperatura. Sono le mani che toccano, sfiorano, carezzano ecc., ma tutto il corpo sente le qualità delle cose con cui entra in contatto perché non sono solo le mani a "sentire" ma tutta la nostra pelle è un organo di senso.
Per familiarizzare con quanto facciamo ogni giorno senza rendercene conto possono essere utili degli **esercizi di affinamento della percezione** a cominciare da grandi categorie: caldo e freddo, ruvido e liscio, spigoloso e rotondo, umido e asciutto, soffice e duro. I vocabolari ci sono anche in questo caso d'aiuto. Prima però viene l'esperienza.

Oggetti nascosti

Il gioco è stato proposto da **Bruno Munari** e se è vero che viene spesso fatto con i bambini, riproporlo qui serve a focalizzare l'attenzione non solo sulle sensazioni, ma anche sul modo di descriverle.

BIOGRAFIA
B. Munari

38. Ciascuno deve portare piccoli frammenti di materiali diversi o piccoli oggetti come un temperino, una gomma, un pupazzetto di stoffa, un batuffolo di cotone, una vite, una pietra ecc.
I frammenti vengono messi tutti dentro un sacchetto e a turno ciascuno infila la mano, ne sceglie uno e, senza tirarlo fuori, comincia a descriverlo nel modo più completo possibile, a partire da ciò che sente toccandolo. Non si tratta di indovinare, ma di concentrarsi su tutti gli elementi che attirano la nostra attenzione. Sarà immediato il fatto che, come nel caso degli altri sensi, le parole vengano a mancare e che oltre a dire "*un pezzo di stoffa*" non sappiate cos'altro aggiungere. L'esercizio comincia proprio qui. In che senso potete dire che un oggetto è soffice? Soffice come? Dovrete acuire la vostra percezione e la vostra inventiva linguistica.

Il sacchetto è una soluzione tra le molte possibili. Un'altra consiste nel bendare uno di voi e porgergli un oggetto in modo che possa toccarlo senza vederlo.

Un po' di nomenclatura vi faciliterà il compito, ma per il resto dovrete ricorrere a paragoni, associazioni e ricordi.

Verbi	Toccare, palpare, tastare, sfiorare, brancicare, carezzare, lambire, vellicare, colpire.
Qualità di un oggetto al tatto	Lanoso, stopposo, vellutato, serico, satinato, gommoso, mucillaginoso, marmoreo, gessoso, porcellanato, vetroso, farinoso, glutinoso, pastoso, oleoso, spugnoso, carnoso, tenero, duro, morbido, soffice, coriaceo, liscio, levigato, ruvido, squamoso, grinzoso, rugoso, ondulato, bitorzoluto, granuloso, smerigliato, attaccaticcio, appiccicoso, viscido, elastico, flessibile, pieghevole, trattabile, cedevole, malleabile, duttile, rigido, molle, flaccido, compatto, duro, solido, sodo, peloso, villoso, irsuto, ispido, pelato, spelacchiato.

La stanza buia

39. Vi proponiamo un esercizio esperienziale che consiste nel creare il buio totale in un luogo della vostra casa e provare a muovervi per 10 minuti o un quarto d'ora. Invece del buio vale naturalmente la classica benda sugli occhi (in questo modo potete fare l'esercizio anche in classe). Provate poi a raccontare ciò che avete sentito con le mani, come vi siete orientati, che cosa avete riconosciuto e in che modo.

All'aperto nella natura

40. Passeggiate in un parco, lungo un sentiero o un fiume o su una spiaggia ed esplorate con il tatto tutto ciò che potete: la corteccia degli alberi, le foglie, una conchiglia, la sabbia, la terra, le pietre. Portate con voi un taccuino e per ciascun elemento toccato, tastato, sfiorato, riportate quel che avete sentito. Com'è la terra al tatto? E la sabbia? Che cosa potete dire di una pietra "sentendola" con le mani e con le dita? E se la poggiate su una guancia?
Provate, se la temperatura lo consente, a togliervi le scarpe e a camminare scalzi. Che cosa sentite con i piedi?

Imparare a gustare: cibo e sapori

In questo percorso di allenamento alla concretezza, il gusto occupa l'ultimo posto. Non perché sia meno importante, ma perché in un racconto, in genere, lo spazio dedicato al cibo è piuttosto marginale. A parte significative eccezioni di romanzi in cui i personaggi sono cuochi, pasticcieri o semplici *gourmands* o di racconti che ruotano attorno a una cena o un pranzo, di solito le descrizioni dei pasti si fondono nella costruzione dell'ambiente e dei personaggi.
Il cibo serve a caratterizzare un personaggio in modo non meno efficace dei vestiti che indossa. **Cibo e bevande sono utili e importanti per dare verosimiglianza o visibilità alle storie che si scrivono.** In molte opere letterarie è facile cogliere i protagonisti a tavola, durante un banchetto, o veder il cibo utilizzato come occasione di seduzione amorosa, tutti espedienti che hanno la funzione di accrescere l'impressione di realtà.
Che cosa bisogna imparare a questo scopo?
Il lessico dei sapori senz'altro. Ma sarebbe altrettanto utile imparare a conoscere i cibi: quelli che mangiamo solitamente e quelli che non mangiamo mai e che invece i personaggi che inventiamo forse apprezzerebbero.
E lo stesso vale per le bevande: a meno che non si parli di personaggi che bevono sempre e solo acqua minerale. Il che, alla lunga, potrebbe risultare inverosimile.

Le parole dei sapori

Le parole per descrivere i sapori non sono molte. Quelle che usiamo con più frequenza sono poco più di dieci: dolce, salato, piccante, agro, aspro, agrodolce, rancido, frizzante, dolciastro, amaro, asprigno, squisito, delizioso, delicato...
Usiamo meno di frequente parole come astringente, metallico, alcalino. Più verosimilmente ce la caviamo con versi ed espressioni facciali o gesti, più o meno espliciti, che esprimono il nostro gradimento: su tutti domina quel "buono" o il gergo da fumetto "bleah" che accetta molte traduzioni, tutte che rimandano al disgusto. Complessivamente un po' poco per scriverci qualcosa.
D'altronde che cosa sappiamo dire del gusto di un piatto di pasta oltre che un generico "buona"?
Se mai ci chiedessero *"buona in che senso?"* noi potremmo solo dilungarci a descrivere il tipo di pasta usata e il condimento: è con questa descrizione che riusciamo a far capire che tipo di gusto potrebbe avere.
Leggeremo ora tre brani nei quali il cibo caratterizza, in modi diversi, le storie raccontate.

BIOGRAFIA
J. Fante

Nel primo esempio, tratto dal racconto *Casa, dolce casa* di **John Fante**, l'atmosfera degli affetti familiari è costruita attraverso la cucina tipica di una famiglia italiana emigrata in America. Il cibo è ciò che fa sentire a casa il protagonista che ritorna dai suoi familiari dopo una lunga assenza. Non farete fatica a riconoscere pasta, pomodoro, formaggi e naturalmente il vino.

Ritorno a casa

Sto cantando, tra poco sarò a casa. Troverò un gran benvenuto: spaghetti, vino e salame. Mia madre apparecchierà un'imbandigione di delizie della mia infanzia. Tutte per me. Da quella tavola si sprigionerà il suo amore, e i miei fratelli e mia sorella saranno contenti di vedermi di nuovo tra loro, giacché per loro sono il fratellone che non sbaglia mai; saranno anche un po' invidiosi dell'accoglienza che mi verrà riservata, ma come rideranno quando sparerò le mie battute, e quando mi vedranno abbuffarmi con quelle forchettate di guizzanti spaghetti, e mi sentiranno reclamare a gran voce altro formaggio e insomma ruggire di goduria. È la mia gente, questa, e io sarò ritornato a loro e all'amore di mia madre.

[...] A quel punto il mio piatto sarà vuoto, la salsa al pomodoro e le scaglie di formaggio essendo state accuratamente tirate su con un pezzo di pane. Mia madre ne osserverà l'immacolata lucentezza, guarderà le mie guance e dirà: – Sei terribilmente magro, Jimmy. Sarebbe meglio che ti rimpinzassi – e mi toccherà di battagliare con un altro piatto di spaghetti in un trionfo di salsa e di formaggio, perché mia madre sarebbe mortificatissima se non seguitassi a mangiare fino a quando non mi mancasse il respiro. Ci sarà anche da piluccare un piatto di alici marinate, e del salame già sbucciato, e poi ancora vino e ancora, e pomodori preparati espressamente per me, affogati nel giallo dell'olio d'oliva, toccati dal gusto forte dell'aglio, e davanti a mio padre ci sarà un piattino pieno d'aglio imbiondito e croccante.
Lui mangerà facendo molto rumore, e come sempre mia sorella, provocando le risate di tutti, dirà: – Ecco l'aglio!
E mio padre farà un ghigno e dirà la solita cosa: – Che ne sapete voi che cos'è la bontà?
Assaggiatelo!
E mia sorella strizzerà le labbra e si allontanerà dalla tavola chiudendo i suoi grandi occhi di scoiattolo con un: – Grrrrrr!
E allora, naturalmente, toccherà a noi tutti di ascoltare la storia dell'infanzia di mio padre, di quando per una settimana non ebbe null'altro da mangiare che aglio, e molto prima che avrà finito l'avremo preceduto nel racconto scandendo ad alta voce le stesse parole che prima o poi avrebbe pronunciato, e lui minaccerà di ammazzarci, e mamma cercherà di mantenersi distaccata e imparziale, ma non riuscirà a resistere a quella specie di solletico che tutti tranne papà proveremo, e ben presto l'intera tavolata si animerà delle nostre risate, e papà si metterà a ruggire come un animale selvatico.

da *Casa, dolce casa*, in *Dago Red*, Einaudi, Torino

Il secondo esempio è il finale di un racconto dello scrittore statunitense **Raymond Carver**. Un racconto tragico perché un bambino, proprio il giorno del suo compleanno, quando la madre ha già ordinato la torta, viene ricoverato in ospedale dove muore. Quando i genitori tornano a casa, ricevono numerose telefonate della pasticcieria che, all'oscuro di tutto, ricorda loro che devono ritirare la torta. Addolorata ed esasperata, la madre decide di andare al negozio per risolvere in malomodo la questione. Ma quando il pasticciere capisce quel che è successo li invita a sedersi e offre loro i suoi dolci. Qui il cibo serve per dare realtà al dolore, la cui tragicità è sempre mescolata alle banalità del quotidiano, e a ricordare che la comprensione e la solidarietà passano attraverso gesti apparentemente banali, come offrire "una cosa piccola ma buona".

Una cosa piccola ma buona

Faceva caldo nella bottega. Howard si alzò dal tavolino e si tolse il giaccone. Poi aiutò Ann a togliersi il cappotto. Il pasticciere restò a guardarli un attimo, poi annuì e si alzò anche lui. Andò al forno e spense alcuni interruttori. Tirò fuori un paio di tazze e le riempì di caffè da una caffettiera elettrica. Mise sul tavolo un cartone di panna e una zuccheriera.
– Probabilmente avete bisogno di mangiare qualcosa – disse il pasticciere. – Spero vogliate assaggiare i miei panini caldi. Dovete mangiare per andare avanti. Mangiare è una cosa piccola ma buona in un momento come questo – disse.
Servì loro dei panini alla cannella appena sfornati, con la glassa che ancora colava. Mise in tavola del burro con un paio di coltelli per spalmarlo. Poi si sedette attorno al tavolo con loro e rimase in attesa finché non presero un panino a testa dal vassoio

e cominciarono a mangiarlo. – Mangiare un boccone fa bene – disse, osservandoli. – Ce ne sono ancora. Mangiatene. Prendete tutti quelli che volete. Ci sono tutti i panini del mondo qui.
Mangiarono i panini e sorseggiarono il caffè. D'un tratto, Ann sentì una gran fame e i panini erano caldi e dolci.
Se ne mangiò tre e la cosa fece molto piacere al pasticciere. Allora si mise a parlare. Lo ascoltarono con attenzione. Per quanto esausti e angustiati, rimasero ad ascoltare quello che il pasticciere aveva da dire. Annuirono quando l'uomo cominciò a parlare della sua solitudine e della sensazione di limitatezza e di dubbio che l'aveva assalito con la mezza età. Disse che cosa si provava a non avere figli.
Giorno dopo giorno con i forni infinitamente pieni e poi infinitamente vuoti. Le ordinazioni per le feste e per gli anniversari che aveva preparato. Le dita sempre impiastricciate di glassa. Le figurine di sposi sottobraccio che aveva infilato sulle torte nuziali, a centinaia, anzi, a migliaia, ormai. I compleanni. Solo a immaginarle tutte accese, le candeline di tutte quelle torte. Il suo era un mestiere di cui c'era bisogno. Era un pasticciere. Sempre meglio che fare il fioraio. Meglio dar da mangiare alla gente che dargli cose che stavano in giro per un po' e poi si dovevano buttare. L'odore qui nel forno era meglio di quello dei fiori.
– Ecco, sentite che profumo – disse il pasticciere, spezzando una pagnotta di pane scuro. – Questo pane è un po' pesante, ma molto nutriente.
Ann e Howard lo odorarono, poi lui glielo fece assaggiare. Sapeva di melassa e grano integrale. Continuarono ad ascoltarlo. Mangiarono tutto quello che poterono. Inghiottirono quel pane scuro.
Sotto le batterie di luci fluorescenti sembrava giorno. Rimasero lì a parlare fino all'alba, un chiarore pallido e intenso che entrava dalle vetrine, senza che venisse loro in mente di andarsene.

da *Una cosa piccola ma buona*, in *Principianti*, Einaudi, Torino

BIOGRAFIA
G. Simenon
E. Hemingway

Il terzo esempio è tratto da *Liberty bar* di **Georges Simenon**. Il cibo è presente per caratterizzare il personaggio del commissario Maigret e rendere più realistico l'ambiente in cui si muove.

Un cosciotto succulento

Le era bastato un solo sguardo per capire chi era Maigret e cos'era venuto a cercare. Non si era neppure alzata. Si era messa a tagliare delle grosse fette da un cosciotto d'agnello che il commissario fissò per un attimo incuriosito, poiché raramente ne aveva visti di così grassi e succulenti. [...] Maigret si era seduto su uno sgabello, con i gomiti sulle ginocchia e il mento fra le mani. La donna intanto stava preparando un'insalata all'aglio che aveva l'aria di un autentico capolavoro [...] Maigret cominciava ad avere fame. E quel cosciotto succulento era proprio sotto il suo naso [...] nel piatto ne erano rimasti due pezzi: ne prese uno con le dita e lo mangiò, continuando a parlare, come se fosse anche lui uno di casa.

da *Liberty bar*, Adelphi, Milano

Cibo e delitto

41. Leggete il racconto di **Hemingway** *I sicari*, nell'esposizione digitale: il racconto è ambientato in una tavola calda. Osservate come la visibilità della scena sia affidata ai particolari che riguardano il cibo e le bevande. Si sta configurando un assassinio attorno a omelette, uova e prosciutto.
Fate un elenco di tutti i cibi e le bevande citati nel racconto.

I primi sapori

42. I primi gelati che avete mangiato, la prima torta o le prime patatine fritte. Quali sapori della vostra infanzia ricordate? Raccontate per 10 minuti senza fermarvi secondo le regole degli esercizi a tempo (vedi a p. 115).

Un piatto tutto tuo

43. Raccontate la preparazione di un piatto che vi piace particolarmente. Non descrivete solo la ricetta. Descrivete esattamente che cosa fate mentre siete in cucina, come scegliete gli ingredienti, dove li prendete, che pentola usate, quali sono le fasi della cottura ecc. Chiudete con il vostro piatto servito in tavola.

Con gli amici al bar

44. Tre amici fanno colazione al bar: raccontate ciò che accade in un testo di circa 30 righe. Prestate attenzione ai dettagli, soprattutto a quello che si mangia o si beve.

Pranzo in famiglia

45. Raccontate un pranzo in famiglia (anche inventando tutto, famiglia compresa): che cosa accade? Che cosa c'è in tavola? Chi serve le portate? Che cosa mangiate? Che cosa sapete dire del sapore di ogni piatto? Raccontate tutto il pranzo, dagli antipasti al caffè, in un testo di almeno 60 righe.
Non importa se vi sembrerà di essere pedanti. Questo non è ancora un esercizio di composizione. Non preoccupatevi.

I cinque sensi collaborano

46. Immagina di essere arrivato in un luogo in cui non sei mai stato per incontrare un vecchio amico di famiglia che tu non hai mai conosciuto. Cerca di mettere a fuoco la situazione. Chi c'è con te? Come arrivate (in treno, in macchina, in aereo, in nave)? Dov'è la sua casa? Com'è vista dall'esterno?
Finalmente lo vedi. Entri in casa...
Da qui in poi lascia che le cose accadano ma mano che scrivi. Tieni presente la concretezza e la visibilità: utilizza tutti i cinque sensi.

4 I personaggi

A tu per tu con i personaggi

Una storia è sempre la storia di qualcuno che fa o a cui accade qualcosa: può essere una persona, un animale, un alieno, un ibrido metà animale e metà uomo. Non importa. "Qualcuno" si trova in una situazione e agisce in un certo modo.
Siamo circondati dai personaggi delle storie che abbiamo letto nei libri o nei fumetti, o visto al cinema e nei cartoni animati. La nostra immaginazione è affollata di personaggi per i quali nutriamo simpatie e antipatie, di cui ci siamo innamorati per la loro bellezza, il loro coraggio, le loro virtù o che abbiamo odiato per la loro cattiveria; personaggi che ci hanno fatto pena e con cui abbiamo sofferto; personaggi che ci hanno fatto ridere e divertire.
Con questa miriade di personaggi che abitano la nostra immaginazione abbiamo, come accade nella realtà, rapporti di conoscenza e di intimità diversi. Alcuni li conosciamo solo per nome, per sentito dire, al massimo ne abbiamo un'immagine sfocata; di altri invece sappiamo dire tutto, ci pare di conoscerli di persona; di altri ancora sappiamo dire qualcosa sul loro aspetto, sul loro carattere o riferire qualcosa che è loro capitato.

Ma **che cosa intendiamo dire quando affermiamo di conoscere un personaggio**? Spesso niente di più di quel che normalmente pensiamo quando diciamo di conoscere qualcuno: come è fatto fisicamente, dove vive, quanti anni ha o quantomeno se è un bambino, un giovane, un adulto o un vecchio, se è maschio o femmina, che cosa fa nella vita, qual è la sua attività, il suo lavoro, i suoi hobby, se è ricco o povero, se è buono o cattivo, gentile o scorbutico, coraggioso o pavido, se ha dei difetti, dei vizi o delle virtù particolari. In più conosciamo qualcosa, anche se non tutto della sua vita, delle storie che gli sono capitate. In realtà **conosciamo ciò che il narratore ha deciso di dirci o quello che noi stessi immaginiamo leggendo**.

Nel capitolo sui personaggi sono state date definizioni precise per indicare la complessità con cui vengono rappresentati i personaggi: gli **stereotipi**, i **personaggi piatti**, i **personaggi a tutto tondo**. Così come sono state definite le diverse posizioni che i personaggi occupano all'interno di una storia (protagonista, antagonista, personaggi secondari ecc.). Qui cercheremo di metterci nei panni dello scrittore che deve cominciare a creare un personaggio, a scriverne la storia. Cercheremo di capire come utilizzare alcuni degli strumenti di cui lo scrittore si serve per presentare i personaggi, per descriverne l'aspetto fisico, il carattere e la personalità. E ci cimenteremo, come apprendisti naturalmente, nell'arte difficile di creare un personaggio.

La storia e i personaggi: un gioco di specchi

Quando si comincia a pensare a una storia, i personaggi che si affacciano alla mente hanno una forma di solito molto generica: una madre, una ragazza, un soldato ecc. Immediatamente, però, il personaggio si configura con qualche caratteristica in più: una madre ossessiva oppure ansiosa o distratta, una ragazza alle prese con i primi amori o preoccupata per la sua linea, un soldato tornato dalla guerra orgoglioso delle sue medaglie oppure che medita la vendetta per un tradimento subito.
Prima ancora che cominci la storia, dunque, le caratteristiche generiche possono avere un primo sviluppo. Con un processo di associazione o di amplificazione possiamo rafforzare l'idea iniziale. Ciò vuol dire anche esagerare, rimarcare, evidenziare tutti quegli elementi che permettono di caratterizzare un personaggio. Se stiamo immaginando

un giovane – o una giovane – ambizioso che per la carriera è disposto a tutto, possiamo già cominciare a delinearne alcune caratteristiche indispensabili: probabilmente un debole senso etico, uno scarso rispetto per gli altri, un attaccamento morboso al denaro, un'invidia per il successo degli altri ecc.

Le caratteristiche dei personaggi poi emergeranno e si preciseranno man mano che costruiamo la storia. Storia e personaggio, infatti, sono legati da un'identità inscindibile: **il personaggio si rivela nella storia e la storia è fatta dall'agire del personaggio.** Si tratta, insomma, di dare al personaggio un'individualità, di svilupparlo e arricchirlo di sfumature, di metterlo alla prova in una storia. **Un personaggio è tale solo all'interno di una storia.** È la sua storia che interessa, il suo modo di stare e comportarsi dentro una situazione. È lì che il personaggio vive e si rivela per quello che è. Se volete sapere chi è il vostro personaggio mettetelo in una certa situazione e state a vedere come se la cava. Così il personaggio che all'inizio era solo un "tipo" man mano che la storia procede comincia a delinearsi. Man mano che cresce la complessità delle situazioni in cui deve agire e fare delle scelte, **il suo profilo diventa più nitido, definito e riconoscibile fino a diventare quasi una persona con una sua identità**. Insomma, **non un "tipo" ma un "individuo"**.

Dare corpo a un personaggio

Una delle strade per avviare questa evoluzione è quella di **dare corpo al personaggio**: osservarlo mentre mangia, mentre fa la spesa, mentre prende il caffè al bar, mentre si lava, insomma nella sua quotidiana ordinarietà.
Questa operazione è necessaria sempre, indipendentemente dai luoghi o dal tempo in cui si colloca la storia, perché sia in un racconto di fantascienza sia in un racconto ambientato in un'epoca diversa dalla nostra o nei territori più selvaggi del pianeta, ci saranno sempre dei momenti in cui il personaggio fa delle cose ordinarie. Anche se è un guerriero alle prese con i più terribili nemici immaginatelo in un momento di tregua e di riposo. Da lì possiamo cominciare a capire di lui molte cose.
Attenzione: non stiamo parlando di come descrivere il personaggio, questo lo vedremo più avanti (vedi a p. 115 e sgg.). Siamo ancora nella fase della creazione.

Piccoli personaggi crescono

Leggiamo, come esempio, il brano di apertura di *Colomba* di Dacia Maraini, dove troviamo esplicitato **un metodo di creazione di una storia che prende avvio dall'apparire del personaggio** che esce come un attore dalle quinte di un teatro. La "donna dai capelli corti" – l'autrice – si interroga e interroga il suo stesso fare, le ragioni che la conducono a narrare, il desiderio di aggiungere altra vita alla propria piccola vita, perché "solo le storie fermano il tempo". **Notate come il personaggio appaia nel luogo più comune possibile**, nell'abitazione dell'autrice, in cucina, **e faccia le cose più ordinarie**.
È in questa fase che il personaggio comincia a prendere corpo. Poi arriva la storia.
L'autrice, infatti, accetterà di raccontare la storia di Zaira e della sua famiglia: la ricerca di Colomba riporterà in vita tutte le persone care che sono scomparse dalla sua vita.

BIOGRAFIA
D. Maraini

La donna dai capelli corti

Quando le chiedono come nasce un suo romanzo, la donna dai capelli corti risponde che tutto comincia con un personaggio che bussa alla sua porta. Lei apre. Il personaggio entra, si siede. Lei prepara un caffè; qualche volta ci saranno pure dei biscotti appena fatti o del pane e burro con un poco di sale spruzzato sopra, per chi preferisce il salato al dolce. Il personaggio berrà il caffè che gli viene offerto. Sgranocchierà un biscotto o due. Alcuni fra di loro timidamente dicono di preferire un tè a quell'ora del pomeriggio e vorrebbero assaggiare quella marmellata di albicocche per cui è conosciuta fra gli amici. L'autrice preparerà un tè che potrà essere alla menta, o al gelso-

mino, con il limone o col latte secondo i gusti. Aprirà il barattolo della marmellata di albicocche e ci infilerà dentro un cucchiaio perché il visitatore si serva a suo piacere. Il personaggio sorbirà il tè, guardandosi intorno e poi racconterà la sua storia. Qualcuno pretenderà di accendersi una sigaretta. E la donna dai capelli corti, per non essere sgarbata con l'ospite, si limiterà ad allontanare la sedia o ad aprire un poco la finestra. Dopo avere bevuto, mangiato e raccontato le sue vicende, il personaggio di solito saluta e se ne va. La donna dai capelli corti lo contempla mentre si dilegua, con una precoce nostalgia per la sua lontananza. Ma qualcosa non ha quagliato in quell'incontro e lei si limiterà a pensare: peccato, avrei potuto conoscerlo meglio! Non ne farà una malattia. Se invece il personaggio in visita, finito di bere il suo tè, di mangiare il suo pane e burro e la sua marmellata di albicocche, la pregherà di poter restare ancora un poco; se, essendosi sgranchito le gambe camminando per la stanza, le chiederà un divano su cui distendersi; e se, avendo riposato una mezz'ora, pretenderà un bicchiere d'acqua fresca e poi riprenderà a narrarle i dettagli della sua storia; e se verso le nove di sera troverà naturale cenare al suo tavolo, e quindi, dopo avere diviso con lei un piatto di spaghetti all'olio e parmigiano, avere bevuto un bicchiere di vino rosso e avere sbucciato e rosicchiato una mela, le chiederà anche un letto per dormire, be', vuol dire che quel personaggio si è accampato stabilmente nella casa della sua immaginazione e non intende andare via. La mattina dopo infatti reclamerà una tazza di latte e caffè, del pane spalmato di quella marmellata che piace tanto agli amici, forse perché non è troppo dolce e ha un sapore delicato di albicocche e ginepro. Continuerà a narrarle i particolari di una storia che diventerà man mano più complicata e dettagliata. A questo punto sarà chiaro che è venuto il momento di scrivere un nuovo romanzo.
Un personaggio ha bussato alla porta della donna dai capelli corti. Ha battuto le nocche timidamente, è entrato senza fare rumore. È una montanara vestita modestamente. Ai piedi porta scarponcini robusti. Si è seduta sulla punta della sedia ed è rimasta in silenzio, lasciando raffreddare il caffè davanti a sé. Sembrava imbarazzata e vergognosa, ma determinata a restare. Poi lentamente, verso sera, dopo avere mandato giù una minestra e bevuto un bicchiere di vino, si è decisa a parlare. È impacciata perché pensa che la sua storia non sia interessante, che nessuno abbia voglia di ascoltarla.
Zaira, detta Zà, questo è il suo nome, si ritiene una persona anonima, comune e poi ha superato l'età delle eroine da romanzo. Ma allora che cos'è che la spinge a infrangere lunghe abitudini di discrezione e silenzio per andare a battere alla porta di una romanziera? Da timida e impacciata qual è, diventa decisa e intraprendente quando si tratta di sua nipote Colomba, detta 'Mbina. L'ha tirata su come una figlia, spiega precipitosa e ora è sparita. La faccia le si contrae come quella di una bertuccia quando pronuncia la parola sparita. Come sparita? Sparita, sparita, non sa dove sia andata e con chi e perché, o se sia morta o viva. Ma l'espressione poco rassegnata suggerisce che spera di ritrovarla viva. E dopo avere provato tante strade, le è venuto in mente di chiedere aiuto a una romanziera per rinvenire le tracce della nipote perduta. Tutti pensano che sia morta nelle vicinanze del suo paese, fra le montagne abruzzesi. Ma lei no. Ed è certa che l'autrice le darà una mano nella sua ricerca.
La narratrice le spiega con garbo che non se la sente di raccontare la vicenda, molto comune a dire il vero, di questa Colomba che è scomparsa di casa. Altre storie stanno srotolandosi nella sua immaginazione. Per esempio quella di una madre che cerca di rendere appetibile la memoria adulta raccontando a una figlia bambina di donne e di uomini vissuti in altri tempi. Può una madre nascondersi dietro le favole, per trattare dei grandi temi del vivere con una figlia curiosa e appassionata di trame, anche le più sconclusionate?
Che se ne torni a casa, Zaira, e si tenga la storia di *Colomba* detta 'Mbina, a lei non interessa, dice la donna dai capelli corti un poco bruscamente, spingendo il personaggio fuori dalla porta.

da *Colomba*, Rizzoli, Milano

Il personaggio si presenta

47. Immaginate un personaggio "tipo": un ragazzo/una ragazza, un vecchio, un pasticciere, un parrucchiere, un medico, quello che vi viene in mente e vi sembra più adatto a stare dentro una storia. Non preoccupatevi se ancora non lo "vedete chiaramente". Lasciate che emerga man mano dalle situazioni in cui lo mettete.
Per prima cosa immaginate il vostro personaggio al risveglio. È mattino. Apre gli occhi e... Che cosa fa? Resta a guardarsi intorno, si alza di scatto, fa colazione, si lava o non si lava affatto, magari ascolta musica, si veste di corsa e scappa da qualche parte oppure parla con qualcuno che abita con lui... Solo voi potete saperlo. E se non lo sapete, l'unico modo è provare a fargli fare qualcosa. Scrivete di getto, almeno 30 righe, seguendo l'immaginazione.

Caratterizzazione del personaggio

48. Al termine dell'esercizio precedente, se ancora non l'avete fatto, date un nome al personaggio e cercate di costruire una scheda anagrafica, come una carta di identità. Questa è una prima forma di caratterizzazione.

- Data di nascita
- Luogo di nascita
- Nazionalità
- Residenza
- Professione
- Altezza
- Colore dei capelli
- Segni particolari

49. Continuiamo con la caratterizzazione: nella tabella sono elencati elementi diversi che possono caratterizzare il vostro personaggio. Compilate le caselle sulla base di ciò che al momento siete in grado di dire circa il vostro personaggio.
Non ci sono risposte migliori di altre e non devono essere espresse con una sola parola: potete scrivere come si veste, come gli piacerebbe vestire, che cosa non indosserebbe mai. Potete anche scrivere semplicemente che non gli piace la musica, oppure che non ha amici. Nei pregi potete scrivere qualcosa come: "è generoso", "parla poco", "è leale".

Vestiti	
Cibo	
Colori	
Amici e conoscenti	
Famigliari	
Animali	
Musica	
Libri	
Lavoro e hobby	
Sentimenti	
Difetti	
Pregi	
Altro	

Ecco un esempio di come va svolto questo esercizio. Alcune caselle sono ancora vuote a significare che non è obbligatorio riempirle tutte subito. Le completerete man mano che emergeranno ulteriori elementi, attraverso gli esercizi che seguiranno. Alla fine, tuttavia, tutte le caselle dovranno essere riempite.

Vestiti	Solitamente jeans. Non ama le polo. Preferisce le camicie. Ama le scarpe da ginnastica e i sandali. Nelle occasioni importanti usa un vestito nero con i pantaloni a sigaretta. Scarpe anch'esse nere. Niente cravatta. Quando scia ha una tuta rossa e nera. Anche se non si deve usa calzini corti, solo con il vestito calze lunghe nere.
Cibo	Il suo piatto preferito sono gli hamburger, ma cucinati alla piastra, in casa. Qualche volta la pasta al tonno o al ragù. Gli piacciono il *gaspacho* e la cucina egiziana. Non sopporta le minestre, al massimo gli agnolotti in brodo. Cucina lui, ma spesso compra cibi preparati, pronti in mez-z'ora: paste e zuppe di pesce. Beve di tutto: vino, bibite e tutto quello che gli capita. Ma non i super alcolici.
Colori	Rosso e giallo i preferiti.
Amici e conoscenti	Tre amici del cuore: Luca, Gianni e Francesco. Un'amica da sempre con cui si vede una volta ogni tanto. Al lavoro ha due amici: Marco e Giulio. Non sopporta...
Famigliari	La madre e il padre sono tornati a vivere in campagna. Un fratello più grande e una sorella più piccola che vive ancora con i genitori.
Animali	Non ama tenere animali in casa, ma se dovesse tenerne uno prenderebbe un gatto. Ha provato ad andare a cavallo: non fa per lui. Ha paura dei cani quando abbaiano all'improvviso dietro le inferriate di qualche cortile. Odia gli scarafaggi che circolano di notte per casa. Ha disinfestato, sparso di tutto, ma dopo una settimana ricompaiono. Lotta impari. I suoi genitori hanno due gatti che lui adora.
Musica	I Rem, da sempre.
Libri	....
Lavoro e hobby	....
Sentimenti	Fa coppia con Lucia. Ama anche Luisa che lo ha lasciato: di tanto in tanto si vedono. Non è geloso ma...
Difetti	....
Pregi	....
Altro	....

Il personaggio in situazioni diverse

Adesso che avete cominciato a definire alcune caratteristiche del vostro personaggio, provate a **introdurlo in situazioni diverse da quella iniziale**, per vedere come se la cava.
Mai come **nella narrativa si è quel che si fa**: le azioni che compie, oltre naturalmente ai pensieri e alle cose che dice, rivelano il personaggio più di ogni definizione. **Simenon** scriveva che quando cominciava un romanzo aveva solo dei nomi, dei personaggi con il loro lavoro, la loro famiglia, le loro abitudini. Niente di più. **La prima fase della scrittura**, diceva, **è dare realtà ai personaggi**: dar loro un corpo appunto.
Mettendoli in una situazione, si vede come si comportano, come reagiscono ed è lì che i personaggi rivelano se stessi. Anche questo significa caratterizzare un personaggio.

Quelle che seguono sono delle ipotesi di lavoro che possono andar bene oppure no. Se il vostro personaggio ha possibilità reali di trovarsi in queste situazioni utilizzatele, altrimenti inventatene altre. Se il vostro personaggio è un esploratore, o un'eploratrice, che si trova nella savana, non potete farlo entrare in un ufficio postale ma dovete immaginare altre situazioni che gli permettano di rivelare aspetti della sua personalità e del suo carattere. Lo stesso vale nel caso il vostro personaggio sia un bambino o una bambina. Il metodo consiste, tuttavia nel proporre situazioni in cui ci sia un piccolo elemento di sfida, in cui si debbano fare delle scelte, reagire in un modo piuttosto che in un altro.

50. Vi suggeriamo ora alcune situazioni in cui il vostro personaggio potrebbe trovarsi.

- In coda all'ufficio postale. Il vostro personaggio ha urgenza di effettuare un versamento. Deve assolutamente farlo in giornata. Sta rischiando di arrivare tardi a un appuntamento. Un'anziana signora, timidamente, si infila due posti davanti a lui.
- Sul bordo di un fiume, una domenica di primavera. All'improvviso qualcuno cade in acqua.
- In treno. Il bigliettaio sta facendo una multa a due stranieri senza biglietto. Questi sono senza documenti. Comincia un battibecco.
- Il vostro personaggio sta andando, a piedi, da qualche parte. Una macchina, l'unica in giro, sbanda e finisce nel fossato. Naturalmente il vostro personaggio non ha il cellulare o se ce l'ha è scarico.

Immaginate voi una o più situazioni diverse da queste. Avete 15 minuti di tempo per scrivere, seguendo le regole degli esercizi a tempo (vedi a p. 115).

Nello svolgere l'esercizio dovete fare attenzione. Non vi si sta chiedendo "*Che cosa fareste voi in quella situazione?*", ma "*Che cosa farà il vostro personaggio?*".
Cominciate ad apprendere la **prima regola** per creare un personaggio: **il personaggio non siete voi** ed è importante immaginare come il vostro personaggio reagisce in determinate situazioni perché da questo si ricaveranno notizie importanti sul suo carattere.
Vediamo per esempio che cosa ci consiglia, a questo proposito, lo scrittore **André Gide**.

BIOGRAFIA
G. Simenon
A. Gide

Il vero romanziere

Il cattivo romanziere costruisce i suoi personaggi: li dirige e li fa parlare. Il vero romanziere li ascolta e li guarda agire, li sente parlare prima di conoscerli ed è dopo averli ascoltati che capisce a poco a poco chi siano.
Ho aggiunto: li guarda agire; perché, per me, il linguaggio più del gesto m'informa e credo che perderei meno perdendo la vista che perdendo l'udito. Eppure io vedo i miei personaggi, ma non tanto i dettagli quanto l'insieme e piuttosto i loro gesti, la loro andatura, il ritmo dei loro movimenti. Non mi addoloro perché le lenti dei miei occhiali non mi permettono di vederli esattamente, mentre distinguo, invece, le minime inflessioni delle loro voci con la maggiore nettezza. Ho scritto il primo dialogo tra Olivier e Bernard e le scene tra Passavant e Vincent senza sapere affatto cosa avrei fatto di questi personaggi né chi fossero. Mi si sono imposti, mio malgrado.

da *Diari dei falsari*, in *I falsari*, Milano, Bompiani

51. Quando avete terminato gli esercizi andate a rivedere la tabella a p. 143 e completatela.

Il personaggio e i personaggi

In una storia i personaggi non sono quasi mai soli: hanno amici e nemici, talvolta fratelli, sorelle, zii e zie, colleghi di lavoro, compagni di battaglia, compagni di classe o professori ecc.
Se sono personaggi veri hanno alle spalle una storia vera e come tutti, a meno che non sia un Robinson Crusoe naufragato in un'isola deserta – ma anche lui, alla fine, incontrerà Venerdì – hanno relazioni con un numero più o meno ricco di persone.

52. Provate a creare uno schema delle relazioni del personaggio che avete immaginato, dedicando a ogni persona, animale ecc., una breve descrizione che comprenda oltre al nome e all'età, anche qualche particolare importante nella relazione con lui. Prendete avvio dalla vostra tabella (vedi a p. 143). Avete 15 minuti di tempo.

La biografia del personaggio

53. Adesso che avete definito alcune delle sue caratteristiche e avete cominciato a intuire alcuni aspetti della sua personalità, provate a delineare, a grandi tratti, una biografia del vostro personaggio. Conoscere la vita di un personaggio al momento del suo ingresso nella storia è importante. Dovete sapere dove è nato, chi erano i suoi genitori, quali studi ha compiuto (se li ha compiuti), quali sono stati gli eventi importanti della sua vita ecc.

Tenete presente che:
1. è una biografia immaginaria, con un grado di provvisorietà, che potrebbe cambiare o arricchirsi di dettagli nel momento in cui si comincia a scrivere;
2. non dovete pensare che tutto quello che scrivete debba per forza finire nella storia. Serve piuttosto per abituarvi a considerare il vostro personaggio come una persona reale. Può darsi che alla fine utilizziate solo alcuni dettagli, ma intanto avete cominciato a conoscerlo.

L'intervista immaginaria

54. Se vi risulta difficile scrivere in modo ordinato una biografia, potete, in alternativa, creare un'intervista immaginaria con domande simili a quelle elencate di seguito.

- Com'è stata la sua infanzia?
- Che scuole ha frequentato?
- Cosa può dirci dei suoi genitori?
- Qual è stato il suo primo lavoro?
- Dove ha conosciuto...?
- Adesso come vive?

Le domande sono naturalmente legate al tipo di personaggio che avete messo in gioco. Potete riprendere alcune delle caratteristiche definite nella tabella e approfondirle.

Il personaggio in gioco

55. Al termine di questi primi esercizi riprendete la tabella che avete compilato, scegliete una colonna e raccontate un momento della vita del personaggio che contenga tutti gli elementi che avete indicato. Immaginate una situazione di partenza qualsiasi, mettete il personaggio in qualche luogo e cominciate a farlo agire. Il resto verrà da sé.

Una questione di empatia

Chi vuole raccontare una storia deve entrare nella pelle dei suoi personaggi, pensare con la loro testa, aver impresso nella memoria tutto ciò che è impresso nella loro memoria; deve vedere il mondo con i loro occhi e non in modo sfocato e nebuloso, come un semicieco, ma nitidamente e in ogni dettaglio (da un'intervista a **Sebastiano Vassalli** di Maria Teresa Serafini, in *Come si scrive un romanzo*, Bompiani, Milano).

BIOGRAFIA
S. Vassalli

Una delle principali operazioni che deve compiere chi vuole scrivere è quella di entrare nella pelle dei propri personaggi, di immedesimarsi con loro, di comprenderli come se fosse al loro posto. Questa è una caratteristica (chiamata empatia) che ha a che vedere, certo, con l'immaginazione, ma anche con una certa istintiva abitudine a mettersi nei panni degli altri, a comprenderne le emozioni, le contraddizioni, le motivazioni e i comportamenti. Comprendere gli altri significa, nella scrittura di un testo, mettere in scena personaggi che non siano necessariamente una replica di se stessi, ma personaggi autonomi, che nascono dalla capacità di comprenderli, di entrare nella loro testa, di conoscerne a fondo desideri, ambizioni, paure. Essere empatici è una dote fondamentale per evitare che tutti i personaggi siano tutti troppo uguali a noi stessi.
Attenzione (**regola numero due**): l'empatia, riguardo al vostro personaggio, deve scattare indipendentemente dal fatto che condividiate o no ciò che il vostro personaggio è e fa.

Più facile a dirsi che a farsi: come faremo a dare voce a chi è assolutamente diverso da noi, a chi ha gusti lontanissimi dai nostri, che forse è persino antipatico, che magari compie delle scelte morali che non condividiamo?
Per quanto una dose di empatia sia naturale e spontanea – la stessa che ci fa commuovere quando vediamo soffrire qualcuno – chi scrive deve svilupparla ed esercitarla abituandosi a essere un “altro da sé”, a ragionare e a sentire cioè con la testa dei suoi personaggi. Vediamo insieme come allenarci a essere empatici.

Il diario

56. Scrivete una pagina di diario di:
- un vostro/a amico/a di sesso opposto;
- una persona che ritenete il vostro opposto per gusti, valori, comportamenti;
- un/a bambino/a di prima elementare;
- una persona molto ricca o molto povera;
- una persona malata;
- un/a vostro/a professore/ssa;
- ....

Cercate di entrare nei suoi panni e di stare completamente dalla sua parte. Astenetevi dai giudizi: in questo momento siete a tutti gli effetti lui/lei che alla sera sta scrivendo una pagina del proprio diario, raccontando quello che prova o che gli/le è capitato.

57. Immaginate le seguenti situazioni e cercate di immedesimarvi nel personaggio per capire che cosa sente, quali sono i suoi pensieri, come agisce.
- Una persona – decidete voi l'età e il sesso – durante una passeggiata in montagna si è persa. Si sta facendo buio...
- Un uomo o una donna, a cui hanno appena annunciato che sarà licenziato/a, esce dall'ufficio del direttore e...
- Qualcuno – decidete voi l'età e il sesso – sta per diventare un assassino. Ha il suo piano in mente e sta per attuarlo. Dov'è, che cosa sta pensando, che cosa sta facendo?
- ....

Oltre lo stereotipo

I personaggi possono incarnare, in modo esclusivo e stereotipato, alcune caratteristiche proprie dell'essere umano. In questo caso sono delle **schematizzazioni** che, come in una caricatura, accentuano alcuni singoli aspetti caratteriali o comportamentali in modo da renderli facilmente individuabili e riconoscibili e spesso prevedibili.
Questi personaggi sono definiti **piatti** perché **non hanno una loro individualità ma rappresentano un certo "tipo" di persona**: il taxista, il barista, il vagabondo, il tifoso e via dicendo. Questi personaggi restano immutati nel corso di tutta la storia, perciò non è necessario nessun approfondimento che li renda individui: rimangono semplici rappresentanti di una certa categoria di persone.

Quando si passa ai **personaggi a tutto tondo**, indipendentemente dal ruolo che svolgono nella storia e dai rapporti reciproci, non è invece possibile limitarsi a costruirli sulla base di stereotipi, perché in tal caso si rischierebbe di renderli delle macchiette, senza profondità e quindi poco credibili, banali e poco interessanti. Occorre uscire dallo stereotipo.
Facciamo un esempio che riguarda il ruolo del buono e del cattivo: uscire dallo stereotipo, in questo caso, significa assumere il fatto che ci sono mille modi di essere "buoni" o "cattivi". L'abilità di chi scrive consiste nell'individuare il modo, del tutto singolare e particolare, che il suo personaggio ha di interpretare quel ruolo e soprattutto nel non sacrificare in questa funzione tutti gli aspetti che lo rendono comunque umano.
Uscire dallo stereotipo è dunque la **regola numero 3** per creare **un personaggio a tutto tondo**.

BIOGRAFIA
G. Greene
R. Browing
S. King

Serviamoci anche questa volta di un esempio.
Lo scrittore inglese **Graham Greene**, parlando della sua attività in un'intervista concessa alla giornalista Marie-Françoise Allain, riprendeva alcuni versi del poeta **Robert Browning**.

Il nostro interesse va al margine pericoloso delle cose.
Il ladro onesto, il tenero omicida,
l'ateo superstizioso, la mondana
[...]
che s'innamora e si salva l'anima.

da *Il tenero omicida*, Editori Riuniti, Roma 1983

Questo significa che se vogliamo **rendere la complessità di un personaggio**, anche di quello che svolge un ruolo prevedibile, quello del buono per esempio, il suo ritratto deve essere arricchito di dettagli magari contrastanti. Per esempio: una paura inconfessata per un personaggio eroico e coraggioso, un gusto raffinato per l'arte e la musica classica coltivato da un insensibile assassino, un'irascibilità intollerabile per un missionario che dedica la sua vita agli altri e così via.
Insomma, per applicare la **regola numero 3**, bisogna **cercare sfaccettature differenti che rendano la complessità umana**: nessuno è sempre eternamente buono o cattivo, né sempre gentile ed educato, né sempre innocente o stupido. Ciascun personaggio vive di contraddizioni, di eccezioni, di sfumature.
Nella costruzione di un personaggio a tutto tondo, può essere utile riferirsi alla concretezza della vita reale e ricordare che nella realà di tutti i giorni nessuno è "il cattivo" oppure "il miglior amico" oppure "la prostituta dal cuore d'oro" e basta.

Vediamo per esempio che cosa dice in proposito **Stephen King**.

Annie Wilkes, l'infermiera che tiene prigioniero Paul Sheldon in *Misery*, può sembrare una psicopatica a noi, ma è importante ricordare come si vede lei: lei si vede perfettamente equilibrata e razionale; è, anzi, una donna minacciata che cerca di sopravvivere a un mondo ostile pieno di burbe e caccolicchi. La vediamo passare attraverso pericolosi cambi di umore, ma ho cercato di non scrivere mai frasi esplicite come: "Quel giorno Annie era depressa, forse con inclinazioni suicide", oppure: "Quel giorno Annie sembrava particolarmente felice". Se sono io a dovervelo dire, ho perso. Se viceversa vi presento una donna taciturna e dai capelli sporchi che fagocita dolci con accanimento, spingendovi a concludere che Annie è nella fase depressiva di un ciclo maniaco-depressivo, vinco. E se sono capace, anche per breve tempo, di offrirvi uno scorcio del mondo attraverso gli occhi di Annie Wilkes, se riesco a farvi comprendere la sua follia, allora forse faccio di lei un personaggio con il quale simpatizzare o nel quale persino identificarsi. Il risultato? Annie diventa ancora più terrificante, perché è così vicina alla realtà. Se invece faccio di lei una vecchia megera gracchiante, la riduco a un qualsiasi spauracchio in gonnella da fumetti. In questo caso io perdo alla grande e altrettanto esce sconfitto il lettore. Chi ha voglia di avere a che fare con una così scontata fattucchiera? Quella versione di Annie era già vecchia quando *Il Mago di Oz* faceva la sua prima apparizione al cinema.

da *On writing*, Sperling & Kupfer, Milano

Quel qualcosa in più

58. Immaginate un personaggio normalmente crudele in un momento di delicata e sincera dolcezza. Ponetelo in una situazione e descrivetelo. Ossia mostratelo mentre fa qualcosa che mostra questo aspetto inconsueto del suo carattere.

59. Ponete un personaggio con le caratteristiche dell'eroe in una situazione nella quale svela una sua insospettabile debolezza (chi conosce Batman ricorda, per esempio, la sua indominabile paura per i pipistrelli).

Dove si prendono le idee per creare un personaggio

Conoscenti

Per dare vita a un personaggio possiamo trarre spunto innanzi tutto dalla nostra vita personale, ossia dalle persone che realmente conosciamo, parenti stretti, amici, conoscenti. Non si tratta di portarli nel racconto esattamente come sono. Questa strada è anzi sconsigliata: non solo perché se nel racconto doveste dirne male o rivelarne dei segreti, potreste essere poi in difficoltà con loro, nel caso in cui siano troppo riconoscibili, ma soprattutto perché dovete sempre mantenere un certo grado di libertà quando create.
Le persone che conoscete sono semplicemente da considerare come uno spunto, un suggerimento da elaborare poi con creatività.
Spesso il personaggio è la combinazione di caratteristiche che appartengono a diverse persone che abbiamo conosciuto: conviene dunque operare un'opportuna miscela di caratteristiche fisiche e psicologiche, abitudini e attività prese da persone diverse.

BIOGRAFIA
C. Covito

Leggiamo, a questo proposito, per esempio il parere della scrittrice **Carmen Covito**.

Come si crea un personaggio

La mia protagonista nasceva per agglomerazione, come una statuina di pongo costruita pezzo dopo pezzo e modellata fino a quando ci si ritrova in mano un pupazzo vivo. Alcuni tratti di Marilina sono presi dalla realtà e contengono inevitabili tracce di autobiografismo che non necessariamente appartengono alla mia autobiografia: dico spesso che essere scrittore significa fare l'autobiografia di qualcun altro.

Tutti i miei personaggi vengono da una combinazione di diverse autobiografie altrui, cioè contengono qualche tratto caratteriale, o una atmosfera, un sapore, un ambiente rubati all'esperienza reale di "qualcuno".

da *Panta-Scrittura creativa*, Bompiani, Milano

La miscela

60. Mischiate le caratteristiche di due o tre persone che conoscete per creare un nuovo personaggio irriconoscibile. La corporatura di uno, la capigliatura o il volto di un altro, aspetti del carattere del primo e un hobby del secondo e così via. Naturalmente cercate di mantenere una qualche coerenza, altrimenti ne verrà fuori un personaggio non credibile. Avete circa 30 righe a diposizione per presentare il vostro personaggio.

Estranei

Oltre alle persone che conosciamo c'è l'infinito universo degli estranei, delle persone che incontriamo nel corso della giornata e di cui non sappiamo altro se non quello che vediamo. In questo caso sarà difficile che possiamo entrare in profondità: quello che percepiamo è spesso condizionato da modelli e pregiudizi legati al modo di vestire, al lavoro che svolgono, al luogo in cui si trovano. Ma nonostante questo, ciascuno ha qualche aspetto particolare che funziona come un indizio rivelatore e che può essere utile nella costruzione di un personaggio non piatto.

Incontrare uno sconosciuto

61. Osservate le persone che incontrate quando uscite a passeggiare, quando siete sull'autobus o al supermercato, quando fate qualsiasi altra cosa.
Cercate di individuare qualcuno che vi colpisce: per come è vestito, per la pettinatura, per il modo di camminare, per il suo modo di gesticolare o per la sua immobilità ecc. Cercate di immaginare chi sia e che cosa faccia, perché è lì, dove sta andando.
Parlatene per circa 20 righe L'importante è che individuiate almeno cinque personaggi diversi tra di loro.

L'invenzione e l'immaginazione

Al di là dei riferimenti reali che servono come spunti, gran parte del lavoro di costruzione dei personaggi è frutto dell'immaginazione. Le suggestioni, come quelle che provengono dai nostri sogni, abitano un qualche luogo della nostra mente, sono il frutto di insondabili mescolanze di ricordi, emozioni, letture. Si presentano come se fossero pronti a raccontarci o a vivere una storia. Prendono vita autonoma man mano che si rivelano nello sviluppo della storia. Riguardo a questa pratica, non c'è tecnica che possa aiutare. Si tratta, in fondo, di leggere molto, di essere buoni osservatori, di "sognare a occhi aperti" e poi di provare a mettere i personaggi in determinate situazioni e vedere come se la cavano, di ascoltare i loro pensieri, le loro emozioni.
Azioni, emozioni, desideri, pensieri: insomma tutto ciò che costituisce la vita di un uomo.

Copiare?

Ci sono personaggi che appartengono a tutti e che si possono rimodellare: pensate ai personaggi della mitologa greca e romana e a quelli della letteratura, non solo occidentale. Ciascuno di loro, rimodellato, riattualizzato, miscelato con altri potrebbe essere il personaggio di un racconto. Ma senza inoltrarci in un'operazione che potrebbe essere difficile possiamo ricorrere a "personaggi tipo" che ritroviamo in molte delle storie fantastiche. Potete leggere un elenco di "personaggi tipo" classificati su Wikipedia.

http://it.wikipedia.org/wiki/Personaggio_tipo

Sono naturalmente stereotipi. Ma accuratamente sviluppati possono diventare personaggi utilizzabili in un nostro racconto e in una storia.

La descrizione fisica e psicologica

La **descrizione fisica** è la più semplice. Come sempre si costruisce attraverso i dettagli. E non è detto che sia necessario fornirli tutti insieme. Qualche volta è sufficiente indicare la capigliatura e il modo di vestire, altre volte un tratto caratteristico del volto, un naso particolarmente pronunciato, il colore degli occhi, un'indicazione sulla corporatura, un certo modo di parlare. Spesso la descrizione viene fornita in momenti diversi: una volta i capelli, l'altra gli occhi, l'altra ancora la pelle o la corporatura. L'importante è che i dettagli servano a caratterizzare i personaggi in modo da renderli riconoscibili e credibili.
La **descrizione fisica** non va mai da sola. **Si interseca con quella psicologico-caratteriale** e la rafforza. Il corpo non è, insomma, separato dall'anima. E l'identità di un personaggio è un tutt'uno di cui spesso è difficile individuare i confini.
Non c'è nulla di straordinario: in fondo quando ci chiedono se conosciamo qualcuno e abbiamo dei dubbi, la prima domanda che facciamo è: "Ma com'è?". La risposta a questa domanda ci dà molte indicazioni su che cosa riteniamo importante in una descrizione. Di solito diciamo: "un tipo alto, con i capelli corti, uno che parla sempre con l'aria da saputello, che sta sempre dritto, che si muove come una marionetta, che mette sempre quegli abitini" ecc.
Descrivere e riconoscere le persona è una capacità che ci appartiene. Trasformarla in parole è appena più difficile ma si tratta solo di conoscere le parole giuste.

Com'è?

62. Rispondete alla domanda "*Com'è?*" per descrivere una o più persone che conoscete senza dire chi è. Scegliete degli amici o dei compagni di classe. Al termine potete leggere la descrizione e vedere se gli altri indovinano.

Lo stesso esercizio si può fare con personaggi televisivi o dello spettacolo, naturalmente senza citare elementi che li renderebbero individuabili (non vale dire "il conduttore della trasmissione..." o "il protagonista del film...").

Nomenclature

L'abilità dello scrittore sta nell'utilizzare i termini giusti: non si può dire sempre, di tutti i personaggi di cui parleremo: "*aveva il naso un po' piccolo*" o "*un po' grosso*", gli occhi "*un po' alla cinese*". È fondamentale dotarsi di un lessico sufficientemente ricco e sviluppare la capacità di affidarsi a similitudini, metafore, sinestesie.

63. Cercate sul vocabolario i termini per descrivere la corporatura, il volto, la capigliatura, le mani e ogni altra parte del corpo. Costruite una vostra personale nomenclatura. Trovate per ogni elemento almeno quattro termini.
L'elenco può essere integrato liberamente.
Utilizzatelo poi per costruire un identikit del personaggio, mischiando in questo caso le caratteristiche.

Viso	
Occhi	
Sguardo	
Naso	
Orecchie	
Mani	
Braccia	
Gambe	
Piedi	
...	
...	

Attenzione: le caratteristiche psicologiche devono essere espresse con parole comuni. Il linguaggio troppo tecnico che userebbero gli psicologi può costituire un ostacolo. Esistono parole d'uso corrente sufficienti a identificare le caratteristiche psicologiche e laddove non si trovino le parole giuste, le figure retoriche possono essere d'aiuto.

BIOGRAFIA
Ch. Dickens

Leggiamo un esempio tratto da **Charles Dickens**.

Ma era un osso duro, un taccagno, un vecchio avido peccatore che spremeva le sue vittime, le torceva, le agguantava, le raschiava, le attigliava. Duro e tagliente come la pietra focaia, dalla quale non c'era acciaio che fosse riuscito a far scintillare una fiamma di generosità; guardingo, controllato e solitario come un'ostrica. Il freddo che aveva dentro congelava i suoi lineamenti da vecchio, intirizziva il naso aguzzo, gli avvizziva le guance, irrigidiva il passo; gli faceva diventare gli occhi rossi e le labbra viola e gli faceva dire cattiverie con una vocetta strìdula. Sulla testa, sulle sopracciglia e sul mento ispido aveva uno strato di ghiaccio. Portava sempre con sé la sua bassa temperatura: congelava l'ufficio nei giorni della canicola e non lo sgelava di un grado nemmeno a Natale. Il freddo e il caldo non avevano effetto su di lui. Il calore non lo scaldava, né l'inverno poteva raffreddarlo.
Non c'era vento più sferzante di lui, non c'era neve più ostinata né pioggia battente meno disposta ad ascoltare suppliche. Il brutto tempo non sapeva come fare a sottometterlo: la pioggia più insistente, la neve, la grandine, il nevischio potevano gloriarsi di avere un unico vantaggio su di lui: a volte erano generosi. Lui mai.

da *Un canto di Natale*, Interlinea, Novara

Osservate come lo scrittore sviluppa la similitudine della pietra dura e del ghiaccio. In fondo non fa altro che riprendere vecchi modi dire: "cuore di pietra", "cuore di ghiaccio". Eppure attorno a essi costruisce una caratterizzazione di grande efficacia.

64. Trovate delle similitudini o delle metafore efficaci per il vostro personaggio. Proseguite l'elenco.
- Prodigo come una sorgente.
- Timido come un'ostrica.
- Appiccicoso come una cozza.
- Il ferro sarebbe stato più duttile.
- ....

Un aiuto da... segni astrologici

Esistono anche tipologie psicologiche, descrizioni caratteriali già pronte e che possono aiutarci: un esempio lo troviamo nelle descrizioni dei segni astrologici, ma anche in molti profili psicologici forniti nei test psicologici pubblicati sui settimanali.

65. Sceglietene alcune e costruite un personaggio, cercando di far coincidere la descrizione fisica e quella psicologico-caratteriale.

Un aiuto da... fotografie e quadri

66. Niente è più efficace di un'immagine. Cercate nei giornali delle fotografie che rappresentino scene quotidiane con piazze, feste, stazioni ecc., nelle quali appaiono più persone. Individuate uno o più personaggi e provate a descriverli.
Lo stesso si può fare con i quadri. Cercate all'interno dell'antologia dei quadri che ritraggano delle persone e provate a descriverne una.

Il carattere e la personalità: dire e mostrare

La descrizione di un personaggio deve essere accompagnata da azioni e comportamenti. Dire di un personaggio che è generoso è utile solo se avremo modo di vederlo in azione, se saremo cioè in grado di raccontare come si comporta in una situazione in cui la sua generosità si manifesta in gesti concreti. Lo stesso vale per altri aspetti del carattere e in generale per "il mondo interiore" del personaggio, dalle emozioni ai sentimenti.
Mai come in questo caso vale qui la regola del "dire e mostrare". Possiamo dare una descrizione anche raffinata del mondo interiore di un personaggio ma poi dobbiamo trovarne il corrispettivo concreto nell'azione.
Spesso basta raccontare ciò che i personaggi fanno. Senza neanche aggiungere un commento. L'azione, il comportamento, il modo di reagire a un evento, il modo di relazionarsi con un altro personaggio sono più che sufficienti. Si può fare a meno della descrizione fisica, come della descrizione psicologica, ma **senza l'azione**, anche minima, **il personaggio scompare**.
Quando **nell'analisi testuale** vi viene chiesto di definire i personaggi con degli aggettivi o di qualificarli in riferimento a una caratteristica psicologica, state facendo il lavoro inverso rispetto a quello dello scrittore: **"vedete" i personaggi in azione e dovete dedurne le caratteristiche**. Non sempre è facile eseguire questi esercizi e non sempre la risposta è univoca. Ma, sia pure per approssimazione, riusciamo a far corrispondere a un comportamento o a un'azione, una disposizione caratteriale.
Quel che dobbiamo imparare nella scrittura è il percorso inverso: qual è la situazione concreta, le azioni che mi permettono di far comprendere che, per esempio, il mio personaggio è un timido, un pavido, un coraggioso?
È un'operazione non sempre del tutto cosciente e intenzionale, ma all'inizio è bene esercitarsi partendo con il **trasformare descrizioni astratte in azioni e situazioni concrete**.
Un conto è scrivere: "Giovanni entrò in casa in preda all'ira" – dando una descrizione di un'emozione –, un conto è scrivere: "Appena entrato, chiuse sbattendo la porta, lanciò lo zaino sul divano e scagliò le chiavi contro il mobile".
Il primo testo **dice** che Giovanni è adirato, il secondo lo **fa vedere**.

Il personaggio in azione

67. Ecco un elenco delle emozioni e degli stati d'animo più comuni:
rabbia, gioia, paura, ansia, esitazione, perplessità, timidezza, preoccupazione.
Sceglietene una e descrivete il personaggio che sta provando tale emozione attraverso le sue azioni. Avete 10 minuti di tempo. Seguite le regole degli esercizi a tempo (vedi a p. 115).

Vi proponiamo un esempio: indovinate di quale emozione si tratta.

Seduto sulla poltrona continuava a osservare il cellulare sul tavolino. Poi si alzò e andò alla finestra. Scostò appena le tendine e stette un po' a scrutare il buio del cortile. Ancora nessuno. L'orologio sopra la porta della cucina segnava le tre e mezzo. Si diresse verso la porta d'ingresso. Controllò di non aver messo il blocco. Poi spense la luce e si stese sul divano con il cellulare sul petto.

È una descrizione appositamente spoglia di riferimenti all'emozione o a ogni altra descrizione interiore. Quando avrete scritto la vostra descrizione provate a leggerla a voce alta. Se gli altri indovinano di che emozione si tratta, vuol dire che siete stati bravi.
Naturalmente la complessità cresce se indichiamo non una singola emozione ma più emozioni che caratterizzano il personaggio nel suo complesso. A maggior ragione, in questo caso, una descrizione astratta è poco efficace: occorre vedere il personaggio in azione.

68. Create una situazione per "far vedere" più aspetti di un personaggio da voi inventato. Scegliete due o più caratteristiche tra quelle che seguono.
Affettuoso, cinico, conformista, espansivo, freddo, generoso, gretto, indifferente, insensibile, spietato, subdolo, coraggioso, disinteressato, disperato, dolce, freddo, passionale, sottomesso, tenero.

5 La descrizione

Vedere senza guardare

È difficile immaginare una storia o un racconto privo di descrizioni. Non necessariamente le descrizioni sono dirette: il dialogo, per esempio, è in grado di contenere **elementi descrittivi indiretti**. L'espressione "prendi il pane sul tavolo, per favore" fornisce già molte informazioni così come un commento del personaggio sul tempo del tipo "questa pioggia mi snerva".

Nel testo narrativo, poi, la costruzione del mondo passa anche attraverso **descrizioni dirette**: c'è qualcuno che racconta e per aiutarci a vedere meglio quel che accade ci dice com'è il luogo in cui si volgono le azioni, come sono i personaggi, com'è l'ambiente sociale ecc.

Tutti i lettori hanno sperimentato durante la lettura di un romanzo o di un racconto, come abbiamo osservato parlando di visibilità o concretezza (vedi a pp. 127-130 e sgg.), l'impressione di vedere i luoghi e i personaggi in modo chiaro e nitido.

Com'è possibile? Com'è possibile che delle semplici parole riescano a farci vedere così chiaramente ciò che descrivono?

Vedere attraverso le parole

I meccanismi sono molto complessi e non chiederemo aiuto, qui, ai neurofisiologi che studiano i modi attraverso i quali il nostro cervello crea immagini senza stimoli visivi. Una cosa, tuttavia, è certa. Quando ascoltiamo qualcuno che racconta, riusciamo a vedere se c'è un personaggio che fa qualcosa, il luogo in cui si muove, se piove o se c'è il sole, se fa caldo o se fa freddo, chi ha di fronte, quali oggetti gli stanno attorno e quali sta usando. E questo può succedere solo se **le parole e le azioni sono collocate in un mondo che sia per noi reale**. Di questo abbiamo già parlato nel capitolo sulla concretezza (vedi a p. 127): imparare a usare tutti i cinque sensi è stato un esercizio preparatorio ma non sufficiente a fare una buona descrizione. Passare dall'affinamento dello sguardo o dell'udito, abituarsi a osservare è una cosa, imparare a fare una buona descrizione è un'altra.

BIOGRAFIA
S. King

Ecco ciò che dice **Stephen King** nel suo manuale di scrittura.

La descrizione è quella parte del raccontare che offre al lettore una partecipazione sensoriale alla storia. Descrivere bene è una tecnica che si apprende, una delle ragioni principali per cui non potete aver successo senza aver letto molto e scritto molto. [...] Si può imparare solo facendolo.

da *On writing*, Sperling & Kupfer, Milano

Descrivere bene è dunque una tecnica e si può apprendere. Anche perché se non la si usa con la dovuta attenzione invece di "far vedere" annoia il lettore con un'inutile quanto inefficace caterva di parole che non producono alcuna visione.

Una descrizione labile lascia nel lettore una sensazione di disorientamento e miopia. Una descrizione massiccia lo seppellisce sotto una montagna di dettagli ed immagini. Il trucco sta nel trovare un felice equilibrio.

da *On writing*, Sperling & Kupfer, Milano

I dettagli

Fare una buona descrizione significa saper trovare il giusto equilibrio.
Ma di che cosa è fatto questo equilibrio? Tutto sta nei particolari. **Una buona descrizione è fatta di pochi ma giusti dettagli.** Non è necessario, né possibile, descrivere tutto: pochi dettagli sono sufficienti a permettere a chi legge di immaginare e vedere. I dettagli danno verosimiglianza a ogni racconto, permettono di costruire il mondo in cui si costruisce la storia.
Che cos'è un dettaglio? Molto semplicemente la parte di un tutto: un bottone su una giacca, il lampadario o lo specchio in una stanza, un albero in un paesaggio, una foglia su un albero.
Tanti dettagli messi insieme permettono di immaginare una totalità.
Se vogliamo far capire com'è un bar, una discoteca o una biblioteca, per esempio, dobbiamo essere capaci di scegliere i dettagli più significativi. Questa scelta dipende da come immaginiamo un certo luogo, un paesaggio, un ambiente o un oggetto rispetto alla storia che stiamo raccontando: a mezzogiorno, a cena, di domenica, d'estate, d'inverno ecc. Scegliamo i particolari in modo da accentuare l'eleganza e la raffinatezza o piuttosto una certa sciatteria di ciò che stiamo descrivendo o, ancora, una banale ordinarietà o un'atmosfera lirica o romantica o lugubre. Dipende da quel che vogliamo far vedere, dall'impressione che vogliamo dare e da quello che ci serve in quel momento nella storia.

Ci sono dettagli e dettagli

69. Immaginate di dover descrivere la vostra stanza. Facciamolo in due modi.

1. Nel primo mettete dentro la descrizione tutto quello che vedete o ricordate: tutto vuol dire tutto, non cancellate niente, non scegliete. Siate ossessivi e quanto più possibile completi: dal colore delle pareti alla posizione del letto e delle finestre, le tende, i mobili, gli oggetti sulla scrivania, i libri, i dischi. Tutto!
Non fate un elenco. Scrivete un testo che potrebbe essere più o meno così.

La mia stanza è di fianco a quella dei miei genitori. Appena più piccola, nel senso che ha una sola finestra che dà sul cortile. Ma è una stanza abbastanza grande perché ci stia un letto, una scrivania, un armadio e una libreria. E naturalmente il comodino dove accanto all'abatjour tengo l'ipod e il lettore di CD collegato a due piccole casse. Le pareti sono una arancio e l'altra verdina. Il letto e gli armadi bianchi. Due manifesti sul muro ritraggono Einstein e Gattuso: i miei idoli.

2. Adesso, utilizzando questa prima descrizione e solo quel che avete inserito in essa, descrivete la vostra stanza in non più di 5 righe. Come selezionerete che cosa mettere nella descrizione, che cos'è più significativo, che cosa fa vedere meglio com'è la vostra stanza? Se la descrizione è ben fatta si dovrebbe capire infatti non solo com'è la stanza ma anche che tipo di persona siete voi (e non solo per l'ordine).

Lo stesso esercizio si può fare con altri luoghi a voi familiari: un bar, una discoteca, un negozio, una biblioteca, la vostra stessa classe.
Attenzione ai cinque sensi. Non considerate solo ciò che si vede: avete anche orecchie, naso, mani. Anche il gusto può svolgere il suo ruolo nel caso, per esempio, che sul vostro tavolo ci siano caramelle o lattine di bibite.
Sempre **Stephen King** racconta, nell'esempio seguente, come è arrivato alla descrizione di un ristorante.

BIOGRAFIA
S. King

Una buona descrizione

Per me, una buona descrizione consiste di solito in pochi particolari scelti con cura che siano evocativi di tutto il resto. Nella maggioranza dei casi, questi particolari sono i primi che vengono in mente. Vanno comunque bene come inizio. Se più avanti deciderete di voler cambiare, aggiungere o togliere, lo potrete fare: è per questo che è stata inventata la riscrittura. Ma credo che scoprirete che, quasi sempre, i primi particolari che avete visualizzato sono i più autentici e i migliori. Dovete tenere a mente (e le vostre letture ve lo dimostreranno ripetutamente se doveste cominciare ad avere qualche dubbio) che eccedere nella descrizione è altrettanto facile che lesinare. Probabilmente è più facile.

Uno dei miei ristoranti preferiti a New York è la steakhouse *Palm Too* nella Seconda Avenue. Se decidessi di ambientare una scena al *Palm Too*, mi ritroverei certamente a scrivere di qualcosa che conosco, visto che ci sono stato in diverse occasioni. Prima di cominciare a scrivere, mi prenderei un momento per richiamare un'immagine del locale, attingendo alla memoria e riempiendomi gli occhi della mente, occhi la cui vista si fa più acuta via via che ci si esercita a usarli. Io parlo di occhi della mente perché è l'espressione con la quale abbiamo più familiarità, ma ciò che voglio fare in realtà è aprire tutti i miei sensi. Questa ricerca mnemonica sarà breve ma intensa, una specie di ricostruzione ipnotica. E, come accade nell'ipnosi vera, più ci proverete, meglio vi riuscirà.

I primi quattro elementi che mi sovvengono quando penso al *Palm Too* sono: a) l'oscurità del bar e la contrastante luminosità dello specchio che c'è dietro il banco, che cattura e riflette la luce della strada; b) la segatura sul pavimento; c) le ruspanti caricature alle pareti; d) il profumo di bistecche e pesce.

Se ci penso più a lungo mi vengono in mente altri particolari (quello che non ricordo, lo invento: durante il processo di visualizzazione, realtà e finzione si intrecciano), ma non è necessario. Non stiamo visitando il Taj Mahal e io non sono qui per vendervelo. È anche importante ricordare che l'obiettivo non è comunque l'ambientazione, ma la storia, *sempre* e solo la storia. Non sarebbe conveniente per me (né per voi) dilungarmi in complesse descrizioni solo perché mi sarebbe più facile. Abbiamo altra carne (e pesce) al fuoco.

Tenendo questo ben in mente, ecco un esempio di narrazione che porta un personaggio al *Palm Too*:

Il taxi accostò davanti al *Palm Too* alle quattro meno un quarto di un soleggiato pomeriggio d'estate. Billy pagò il conducente, scese e si guardò velocemente intorno in cerca di Martin. Non c'era. Soddisfatto, entrò.

Dopo l'accaldata luminosità della Seconda Avenue, il *Palm Too* era buio come una grotta. Lo specchio dietro il banco raccoglieva parte del riverbero stradale e scintillava nell'oscurità come un miraggio. Per un momento fu tutto ciò che Billy riuscì a vedere, poi i suoi occhi cominciarono ad abituarsi. Al banco c'erano pochi bevitori solitari. Dietro di loro il *maître*, con il nodo della cravatta allentato e i polsini rovesciati a mostrare i polsi pelosi, parlava con il barista. C'era ancora segatura sparsa sul pavimento, notò Billy, quasi che fosse una bettola illegale degli anni Venti invece di una pappatoia del nuovo millennio dove non era nemmeno consentito fumare, figurarsi sputarsi tabacco tra i piedi. E le vignette che si rincorrevano per le pareti – caricature di politicanti locali ritagliate dalle pagine di pettegolezzi, noti giornalisti da tempo in pensione o annegati nell'alcol, celebrità non sempre riconoscibili – dispensavano ancora la loro allegria su fino al soffitto. L'aria era satura di bistecche e cipolle fritte. Tutto come sempre.

Il *maître* si fece avanti. – Posso aiutarla, signore? La sala da pranzo non apre prima delle sei, ma il bar...

– Sto cercando Richie Martin – disse Billy.

L'arrivo di Billy sul taxi è narrazione; azione, se preferite. Quanto segue al momento in cui varca la soglia del ristorante è praticamente descrizione pura. Vi ho incluso tutti i particolari che mi sono venuti in mente quando ho riesumato i miei ricordi del vero *Palm Too* e vi ho aggiunto anche del mio: il *maître* colto prima che monti in servizio mi sembra buono; mi piace la cravatta allentata e i polsini rovesciati sui polsi pelosi. È come una fotografia. Solo l'odore del pesce manca e questo perché l'odore delle cipolle era più forte.

da *On writing*, Sperling & Kupfer, Milano

La descrizione nei sogni o nei racconti fantastici

Solitamente si pensa che la descrizione debba essere accurata e precisa solo se si sta scrivendo un racconto realistico. Nei racconti fantastici si ritiene di poter essere in qualche modo più liberi. In realtà è vero l'opposto. Mentre infatti nella descrizione realistica la partecipazione del lettore è immediata e scontata, perché stiamo parlando di situazioni, ambienti e oggetti conosciuti, nel caso di universi, personaggi, ambienti inventati dobbiamo essere ancora più precisi per consentire al lettore di vedere che cosa abbiamo immaginato e che per lui non è affatto familiare. **Più il mondo che si descrive è lontano dalla realtà più bisogna essere esatti e precisi.**
Se sto parlando di un mondo in cui non agisce la legge della gravità, in cui non esistono gli spigoli o in cui esistono altre dimensioni spazio-temporali devo impegnarmi non poco per far comprendere e vedere quel particolare tipo di mondo. Lo stessa cosa devo fare se sto raccontando qualcosa di assolutamente assurdo o onirico come la storia di un personaggio che una mattina si ritrova trasformato in uno scarafaggio.

Il fantastico e il sogno pongono spesso lo stesso problema: **se non sono supportati da una buona descrizione perdono di verosimiglianza e se perdono di verosimiglianza non hanno le qualità sufficienti per instaurare quel contratto con il lettore che si rende disponibile a procedere purché la storia sia coerente e credibile**, che dia comunque un'impressione di realtà.
Ecco per esempio che cosa scrive a proposito **Roger Caillois**.

BIOGRAFIA
R. Caillois

Una descrizione da sogno

E proprio così che i romanzi di Kafka riescono a rendere con tanta esattezza l'atmosfera del sogno. Incominciano con un avvenimento insolito, che subito disorienta il lettore; ma questo fatto straordinario è presentato con estrema naturalezza, come se si trattasse di una cosa di ordinaria amministrazione.
Tanto che il lettore è messo in condizione di non poter aver dubbi in proposito. Poi seguono descrizioni d'ambiente, realistiche fin nei minimi particolari. Esse sono appositamente gremite di un'infinità di indicazioni concrete, quasi microscopiche, destinate ad esagerare il rilievo e la precisione dell'ambiente – il più delle volte banale e familiare – in cui agiscono i personaggi. Perché l'universo del sogno, al contrario di quanto si crede comunemente, non è né vago, né confuso. Anzi, è preciso e ben definito. Se si dovesse stabilire una differenza, direi persino che appare un po' più incisivo dell'universo reale. La visione è sempre perfettamente nitida, senza ostacoli né veli, senza miopia o altri difetti della vista, senza imperfezioni di nessun genere, perché non sono gli occhi a vedere.
D'altra parte, questo mondo che si offre alla vista in una maniera direi quasi così aggressiva, per lo meno così impeccabile, è un mondo al quale sembra non manchi nessuna caratteristica del mondo vero. Un mondo che sembra comportare una presenza illimitata di particolari virtualmente percepibili. L'immaginazione rinunce-

rebbe presto a inventarne così tanti. O meglio: dovrebbe, fin dall'inizio, dichiararsi vinta davanti a un compito che oltrepassa in maniera tanto evidente i suoi mezzi. Infatti una descrizione, per quanto particolareggiata al massimo, è contenuta in un numero finito di elementi; al contrario la realtà fornisce di primo acchito una scoraggiante abbondanza di elementi, che tanto più si moltiplicano, quanto più il nostro esame è insistente e approfondito. Per questo un racconto in cui l'autore vuol dare l'impressione del sogno non può consistere in trafiletti scheletrici, e tanto meno in un abbozzo sommario. Deve essere sovrabbondante, e se non esagerato, per lo meno più che esauriente. Così nel *Processo* o nel *Castello*, le descrizioni sono numerosissime, fino all'impossibile, fin quasi al punto di stancare il lettore.

da *L'incertezza dei Sogni*, Feltrinelli, Milano

La descrizione attraverso l'azione

Spesso si confonde la descrizione con quella parte di testo a essa esplicitamente dedicata. Quelle parti in cui non succede niente e in cui lo scrittore si dilunga a descrivere, rallentando il procedere della storia. Quelle parti, direbbe qualcuno, che spesso si saltano. In realtà molta parte del mondo della storia viene descritta attraverso i gesti, le azioni e le parole dei personaggi. Questa modalità di **descrizione**, che chiamiamo **indiretta, non è meno efficace e importante di quella diretta**. Anzi. Vediamo più facilmente un bicchiere quando il personaggio lo sta usando per bere che se qualcuno ci dice che è posato su un tavolo. Vediamo meglio un luogo se è percorso da un personaggio, che con quello spazio interagisce, piuttosto che un luogo descritto direttamente da un osservatore esterno.

Azione!

70. Immaginate un personaggio in un luogo. Fatelo muovere e agire senza descrivere direttamente lo spazio e l'ambiente che lo circonda. Tutto deve essere legato alle azioni che compie.

71. Provate ancora con la vostra stanza o con il luogo che avete scelto per la descrizione. Mettete in gioco due o più personaggi che avete invitato per qualche occasione. Scrivete un testo di circa 40 righe.

Descrizione oggettiva o soggettiva?

La **descrizione oggettiva consiste nel dare conto di quel che si percepisce** (quindi non solo di ciò che si vede, ma anche degli odori, dei suoni, di ciò che si tocca o si gusta) ma **in un modo apparentemente neutro** come se fosse tutto registrato e visto da una macchina insensibile. Nel caso della vista, per esempio, sarebbe come usare una macchina fotografica. Ci si illude di poter descrivere le cose come sono realmente, ma naturalmente non è così. Perché **un'oggettività pura è davvero difficile da ottenere**, se non altro perché nella selezione operiamo già dei "tagli", adottiamo dei punti di vista. **Diciamo che una descrizione è oggettiva quando vogliamo dare un'impressione di realtà neutra, che non dipende da un personaggio.** Descriviamo le cose come stanno, come farebbe un giornalista, uno scienziato o un fotografo documentarista, senza enfasi particolari.

Il fatto è che uno scrittore non è interessato principalmente alla descrizione oggettiva del mondo: anche quando crede di farlo ne sta creando uno nuovo. L'obiettivo non è la

descrizione ma la storia e il personaggio: altrimenti sarebbero scrittori di guide turistiche, cataloghi o enciclopedie.
In questo senso **la descrizione appartiene essa stessa alla storia**, al tema, al personaggio, alla trama.
Il tentativo di depurare la descrizione da ogni psicologismo, da ogni emozione, da qualsiasi riferimento all'interiorità è quindi un tentativo, perché ogni storia ha sempre un suo narratore visibile o invisibile che "guarda" da un preciso punto di vista. Immaginare **una descrizione che unicamente registra e non commenta**, una sorta di registrazione sensoriale **è un'illusione** che ci porta fuori dalla narrazione, verso altre forme di scrittura.

Descrivere soggettivamente

Che il genere o il tipo di storia che si racconta condizionino in modo determinante anche la descrizione può essere facilmente sperimentabile attraverso un semplice esercizio.

72. Descrivete la vostra stanza come se fosse l'ambiente per:
- un racconto o un romanzo giallo o horror;
- un romanzo rosa sentimentale;
- un romanzo sociale o di denuncia;
- un romanzo comico.

La stanza è sempre la stessa, siete sempre voi a raccontare e sicuramente anche l'intenzione di descrivere è uguale. Ma cambia lo scopo per cui si descrive.

Descrizione che tiene conto del punto di vista del personaggio

La domanda da cui partire è semplice. Immaginate un bambino che cammina tenendo stretta la mano della sua mamma lungo il marciapiede di una città: possiamo dire che vedono lo stesso mondo? No! La mamma presterà prima di tutto attenzione alle cose che la colpiscono, ma soprattutto a quello che potrebbe costituire un pericolo per il suo bambino, poi ad altre cose che in quel momento la interessano: l'autobus che arriva, le insegne di un negozio, qualche vetrina, i vestiti delle signore che incontra, l'edicola in cui dovrà comprare il giornale. Il bambino, che pure fa la stessa strada, vedrà altre cose e non solo per l'altezza diversa ma anche per gli interessi differenti che egli ha per le cose e per il mondo: un altro bambino che arriva in bicicletta, i giochi in una vetrina, la divisa di un vigile che lo incuriosisce o intimorisce.
Insomma sono due mondi diversi e quando descriviamo ciò che un personaggio percepisce dobbiamo avere l'accortezza di farlo dal punto di vista di quel personaggio.

Far vedere attraverso sguardi differenti

73. Individuate personaggi differenti e descrivete attraverso i loro occhi.
Ecco qualche suggerimento.
- Un meteorologo e un pittore di fronte a un cielo nuvoloso.
- Un poeta e un mercante di legnami di fronte a un bosco.
- Una macchina da movimento terra (un escavatore, una pala meccanica ecc.) raccontata da un meccanico e da una cuoca.
- ....

Gradi diversi di descrizione soggettiva: il ruolo di interiorità, emozione e sentimento

La descrizione raggiunge **un grado maggiore di soggettività quando domina l'interiorità, il vissuto, l'emozione**: non tanto il percepire ma il sentire, non tanto le cose come sono ma per il significato che assumono. Quando la descrizione soggettiva non è solo la registrazione sensoriale ma diventa una descrizione che potremmo dire, in senso lato, psicologica o "sentimentale", il grado di soggettività aumenta.
Immaginate un personaggio particolarmente depresso, di cui l'autore ha messo in luce il pessimismo e la disperazione. Come potrebbe vedere i luoghi, le persone, gli oggetti che incontra per strada mentre cammina? Immaginate un personaggio in preda al panico: che aspetto assumeranno le cose che lo circondano se non, appunto, un tono minaccioso? Potremmo dire che la descrizione soggettiva è guardare la realtà attraverso la lente interiore del personaggio: non solo occhi, ma anima.

Stati d'animo e descrizioni

74. Provate a immaginare un personaggio innamorato e tradito che torna nella sua casa. Come ci racconterà gli oggetti consueti, i quadri, la stessa cucina?
Con ogni probabilità ogni oggetto sarà legato a un'emozione, a un ricordo, alla rabbia o alla nostalgia. E quello che oggettivamente è un quadretto a olio diventerà lo struggente ricordo del primo appuntamento, così come il maglione acquistato insieme o una collana ecc.
Gli oggetti riflettono l'anima del personaggio, il suo vissuto.

75. Immaginate un personaggio che partecipa a una festa annoiandosi mortalmente perché non conosce nessuno. Come vedrà tutto ciò che oggettivamente si potrebbe definire allegro e vitale? Come manifesterà il suo disappunto per tutto ciò che accade, dal cibo alla musica, agli invitati, alle ragazze o ai ragazzi. Com'è il mondo visto da chi è annoiato e desidererebbe essere da un'altra parte?

Esattezza: la necessità di documentarsi

Poiché la descrizione deve essere verosimile e non disorientare il lettore, è necessario **documentarsi prima di scrivere**.
Se dovete ambientare una storia in barca a vela, non dovete confondere la poppa con la prua, o la stiva con il ponte.
Se il vostro personaggio è un muratore, sarà bene che impariate qualcosa su come si tirano su i muri, su come si costruisce un tetto ecc.
Ma attenzione: non stiamo parlando solo di nomenclature, per quelle esistono i vocabolari e i manuali che possiamo e dobbiamo consultare. **Per descrivere un particolare tipo di mondo è necessario** se non proprio viverlo, come fanno alcuni, quantomeno **documentarsi**.
Ricordate comunque che gli oggetti hanno nomi particolari e che **i vocabolari servono a dare a ciascun elemento il proprio nome**. La porta è fatta di stipite, varco, cardini, battenti, maniglie. Soprattutto dovete essere esatti e perciò documentarvi. Non c'è niente di più irritante dell'imprecisione, cancella ogni verosimiglianza e non rende credibile quello che state scrivendo.

Leggiamo per esempio ciò che scrive **Italo Calvino** a proposito dell'esattezza.

BIOGRAFIA
I. Calvino

Per essere precisi

Esattezza vuol dire per me soprattutto tre cose: 1) un disegno dell'opera ben definito e ben calcolato; 2) l'evocazione d'immagini visuali nitide, incisive, memorabili; in italiano abbiamo un aggettivo che non esiste in inglese, "icastico", dal greco *eikastikós*; 3) un linguaggio il più preciso possibile come lessico e come resa delle sfumature del pensiero e dell'immaginazione. Perché sento il bisogno di difendere dei valori che a molti potranno sembrare ovvii? Credo che la mia prima spinta venga da una mia ipersensibilità o allergia: mi sembra che il linguaggio venga sempre usato in modo approssimativo, casuale, sbadato, e ne provo un fastidio intollerabile. Non si creda che questa mia reazione corrisponda a un'intolleranza per il prossimo: il fastidio peggiore lo provo sentendo parlare me stesso. Per questo cerco di parlare il meno possibile, e se preferisco scrivere è perché scrivendo posso correggere ogni frase tante volte quanto è necessario per arrivare non dico a essere soddisfatto delle mie parole, ma almeno a eliminare le ragioni d'insoddisfazione di cui posso rendermi conto. La letteratura – dico la letteratura che risponde a queste esigenze – è la Terra Promessa in cui il linguaggio diventa quello che veramente dovrebbe essere. Alle volte mi sembra che un'epidemia pestilenziale abbia colpito l'umanità nella facoltà che più la caratterizza, cioè l'uso della parola, una peste del linguaggio che si manifesta come perdita di forza conoscitiva e di immediatezza, come automatismo che tende a livellare l'espressione sulle formule più generiche, anonime, astratte, a diluire i significati, a smussare le punte espressive, a spegnere ogni scintilla che sprizzi dallo scontro delle parole con nuove circostanze. Non m'interessa qui chiedermi se le origini di quest'epidemia siano da ricercare nella politica, nell'ideologia, nell'uniformità burocratica, nell'omogeneizzazione dei mass-media, nella diffusione scolastica della media cultura. Quel che mi interessa sono le possibilità di salute. La letteratura (e forse solo la letteratura) può creare degli anticorpi che contrastino l'espandersi della peste del linguaggio.

da *Lezioni Americane*, Garzanti, Milano

... nome che trovi

76. Descrivete un oggetto utilizzando le nomenclaure solitamente presenti nei vocabolari.

6 Luoghi e atmosfere

Un luogo per la storia

Una storia si svolge sempre in qualche luogo. Più precisamente, si potrebbe dire in un mondo: un'isola deserta, una megalopoli, un piccolo paese di campagna, una barca, un castello, una città qualunque. Talvolta in luoghi o in tempi indefiniti, non rintracciabili nelle mappe geografiche o nei calendari.

BIOGRAFIA
U. Eco

Umberto Eco dice che quando comincia a scrivere un romanzo buona parte del lavoro preliminare lo dedica alla costruzione del mondo in cui ambientare la storia. Un mondo che deve essere **costruito con la massima precisione per renderlo il più verosimile e credibile possibile**. Pensiamo per esempio ai luoghi dei celebri romanzi di Eco: l'abbazia e la biblioteca labirinto de *Il nome della rosa*, la nave de *L'isola del giorno prima*, i luoghi, tra cui Parigi, de *Il pendolo di Foucault*.

Inventare un mondo

Ecco perché, quando ho scritto *Il nome della rosa*, ho passato un anno abbondante, se ricordo bene, senza scrivere un rigo (e per *Il pendolo di Foucault* ne ho spesi almeno due, e altrettanti per *L'isola del giorno prima*). Leggevo, facevo disegni e diagrammi, inventavo un mondo. Questo mondo doveva essere il più preciso possibile, in modo che io potessi muovermici con assoluta confidenza. Per *Il nome della rosa*, ho disegnato centinaia di labirinti e di piante di abbazie, basandomi su altri disegni e su luoghi che visitavo, perché avevo bisogno che tutto funzionasse, avevo bisogno di sapere quanto ci avrebbero messo due personaggi per andare parlando da un luogo all'altro. E questo definiva anche la durata dei dialoghi.
Se in un romanzo io dovessi scrivere "mentre il treno sostava alla stazione di Modena, egli scese rapidamente e comperò il giornale", non ci riuscirei se non fossi stato a Modena e non avessi verificato se il treno vi sosta per un tempo sufficiente, e quanto è lontana l'edicola dal binario (e questo vale anche se il treno avesse dovuto arrestarsi a Innisfree). Tutto questo avrebbe pochissimo a che fare con lo sviluppo della storia (immagino), ma se non lo facessi non potrei raccontare.
Nel *Pendolo di Foucault* dico che le due case editrici Manuzio e Garamond sono in due stabili diversi ma attigui, tra i quali era stato praticato un passaggio, con una porta smerigliata e tre scalini. Ho calcolato a lungo come si potesse praticare un passaggio tra quei due stabili e se occorresse prevedere un dislivello, disegnando varie piante. Il lettore fa quei tre scalini senza rendersene conto (credo), ma per me erano fondamentali.
Talora mi sono chiesto se occorreva disegnare il mio mondo con tale precisione, visto che dal racconto poi quei particolari non emergevano. Ma certamente servivano a me per prendere confidenza con l'ambiente. D'altra parte mi hanno raccontato che Luchino Visconti, se in un film due personaggi dovevano parlare di un cassetto pieno di gioielli, anche se il cassetto non veniva mai aperto, voleva che ci fossero gioielli veri, altrimenti i personaggi non sarebbero stati credibili – cioè gli attori avrebbero recitato con meno convinzione.
Così per *Il nome della rosa* avevo disegnato tutti i monaci dell'abbazia. Li avevo disegnati quasi tutti (ma non tutti) con la barba, anche se non ero affatto sicuro che all'epoca i benedettini portassero la barba – e questo è stato poi un problema filologico che Jean-Jacques Annaud, quando ha realizzato il film, ha dovuto risolvere con l'aiuto di dotti consulenti. Si noti pure che nel romanzo non si dice mai se quelle bar-

be ci fossero o meno. Ma io avevo bisogno di riconoscere i miei personaggi, mentre li facevo parlare o agire, altrimenti non avrei saputo che cosa fargli dire.
Per *Il pendolo di Foucault* ho passato sere e sere, sino all'ora di chiusura, nel *Conservatoire des Arts et Métiers*, dove si svolgevano alcune delle vicende principali della storia. Per poter parlare dei Templari sono andato a visitare la *Forèt d'Orient*, in Francia, dove esistono le vestigia delle loro capitanerie (a cui poi nel romanzo si accenna in poche e vaghe parole). Per descrivere la camminata notturna di Casaubon attraverso Parigi, dal *Conservatoire* sino a Place des Vosges e poi alla *Tour Eiffel*, ho passato varie notti tra le due e le tre a camminare, parlando in un registratorino tascabile e raccontandomi che cosa vedevo, per non sbagliare i nomi delle vie e gli incroci. Per *L'isola del giorno prima* sono stato naturalmente nei mari del Sud, nella precisa posizione geografica di cui racconto, per vedere il colore del mare, del cielo, dei pesci e dei coralli – e nelle varie ore del giorno. Ma ho anche lavorato per due o tre anni su disegni e modellini di navi dell'epoca, per sapere quanto poteva essere grande una cabina o un bugigattolo, e come si poteva passare dall'una all'altro.
Quando, recentemente, un editore straniero mi ha chiesto se non valeva la pena di accludere al romanzo un disegno della nave, come si era fatto in tutte le edizioni per il piano dell'abbazia del *Nome della rosa*, ho minacciato di andar per avvocati se lo avessero fatto. Nel *Nome della rosa* volevo che il lettore capisse alla perfezione come era fatto l'ambiente, nell'*Isola* volevo che il lettore si confondesse e non riuscisse più a orientarsi nel piccolo labirinto di quella nave che riservava sempre nuove sorprese. Ma per poter raccontare di un ambiente oscuro, incerto, vissuto tra sogno, veglia ed eccitazione alcolica, per confondere le idee al lettore, avevo bisogno di averle chiarissime io e di scrivere sempre riferendomi a una struttura della nave calcolata al millimetro.

da un'intervista a Umberto Eco di Maria Teresa Serafini, in *Come si scrive un romanzo*, Bompiani, Milano 1996

L'importanza dei luoghi e dei periodi storici

Creare un mondo significa **dare ai personaggi uno sfondo storico e geografico, costruire lo spazio in cui si svolgono le storie**, individuare luoghi precisi dove ambientare le scene, dove far abitare, camminare, combattere o amare i personaggi. Senza uno spazio nessuna storia potrebbe reggere.
Il problema dell'ambientazione è più evidente quando la distanza dalla contemporaneità è maggiore: è indiscutibile che se ambientate la storia nel periodo romano o in quello preistorico, se proiettate la storia in un futuro lontano come nella fantascienza o in luoghi altrettanto immaginari come nel genere fantasy, è necessario che vi documentiate e, letteralmente, costruiate un mondo. Se invece rimanete nel mondo attuale la questione pare essere secondaria: non c'è niente da costruire, solo da rappresentare. Ma non è così. Ci sono molte scelte "d'ambiente" che lo scrittore deve compiere nel momento in cui comincia a scrivere una storia. I registi cinematografici sanno bene quanto siano importanti quelli che chiamano *setting* e *location* e con quanta ossessiva precisione debbano essere curati i particolari dei luoghi in cui si svolgono le scene, non importa che sia una cucina di una casa popolare, un castello, un grande palazzo o una baracca di una periferia metropolitana.
E non si tratta solo di esattezza: il contesto ambientale non è un elemento casuale e intercambiabile della storia. **Cambiate ambientazione e la storia sarà anch'essa diversa.** Se è vero infatti che in fondo raccontiamo sempre le stesse storie, è altrettanto

vero che ciò che fa la differenza sono non solo i personaggi ma anche lo sfondo su cui le storie si dispiegano.
Chi comincia a scrivere deve dunque imparare da subito quanto siano importanti la scelta dei luoghi e il modo in cui questi influenzino la storia.

Stessa storia, altro luogo

Scrivete un "testo base" in cui si racconti di due personaggi che stanno compiendo una qualche azione in un certo luogo. Lasciamo l'indicazione così indefinita perché in questa fase non ci sono vincoli. Un consiglio utile: è bene che i due personaggi non siano in una situazione troppo statica, sul divano o seduti uno di fronte all'altro. Fate fare loro qualcosa che implichi un minimo di movimento e di azione, come nell'esempio che segue.

77. Non c'era modo di orientarsi. Avevano già percorso tre isolati scorrendo le insegne dei negozi alla ricerca di una pizzeria che nella mail era stata indicata come "quella di Via Teulada". Ma non c'era alcuna pizzeria. Avevano chiesto ad alcuni passanti ottenendo solo allargarsi dispiaciuti di mani e brevi cenni del capo. C'era però un ristorante cinese o meglio un takeaway e fu lì che decisero comunque di fermarsi confidando in un errore di Luigi. Luca restò fuori a tenere d'occhio la strada, Giovanni entrò a ordinare un paio di involtini primavera. Nell'attesa tanto valeva fare uno spuntino.

Una volta scritto il "testo base" cominciamo con le trasformazioni.

78. Riscrivete il testo base dell'esercizio precedente, ambientando la scena alternativamente:
- su una spiaggia;
- in montagna;
- lungo un fiume;
- in una foresta;
- in mare.

Eccovi un esempio.

1. Variazione montagna

Non c'era modo di orientarsi. Avevano imboccato il sentiero che si apriva tra i larici oltre il torrente e dopo mezz'ora si ritrovarono su una scarpata che precipitava su un vallone pietroso.
Luca cercò con lo sguardo il grande pino ma le uniche piante erano quelle del bosco da cui erano partiti. Giovanni si sedette sconfortato. Difficile immaginare che qualche turista passasse a quell'ora.
Grazie a Dio era un giornata fresca: un velo di nubi attenuava i raggi del sole e quando si sedettero a scartare i panini con il salame, seduti sul piano di una grande roccia, Luca disse solo: "Peggio per lui. Noi mangiamo".

2. Variazione spiaggia

Non c'era modo di orientarsi. Avevano camminato fino al promontorio a passo lento, mano nella mano, chiacchierando poco ma scambiandosi molti sguardi d'intesa quando dalla folla di bagnanti emersero, come in uno zoom improvviso, una signora con un bikini improvvido, un giovanotto con l'aria da Schwarzenegger a Milano Marittima, una mamma starnazzante che richiamava il bambino che aveva osato oltrepassare il canneto fitto di gambe immerse nell'acqua fino al ginocchio. Avevano zigzagato tra materassini, salvagenti, castelli di sabbia, sdraio e pedalò. Ed ora eccoli arrivati al promontorio. L'ombrellone doveva essere lì. "Arrivati al promontorio guardate verso terra, verso il canale. Noi siamo lì. Un ombrellone rosso a strisce blu". Così aveva detto. Dimenticando che il rosso e il blu erano dappertutto. Lucia ne aveva contati a prima vista almeno dieci. Provarono sui due più vicini. Poi ancora uno verso il fondo della spiaggia. E un altro ancora che grazie a Dio, dopo che ebbero rischiato un'insolazione, ebbe il merito di trovarsi vicino al bar. Lucia e Giovanni si diedero un ultimo sguardo e in un istante furono sotto la tettoia: "Io un gelato e tu?".

79. Provate ora a trasformare il "testo base" utilizzando altri luoghi (una stazione, un porto, un supermercato, un quartiere di case popolari ecc.).

Luoghi mai visti e luoghi familiari

Se gli scrittori dovessero conoscere o essere stati in tutti luoghi che descrivono, il "planisfero" letterario (cioè i luoghi in cui sono ambientate le storie) si ridurrebbe di almeno della metà e forse anche di più.
Secondo alcuni è necessario conoscere di persona i luoghi in cui si ambientano le storie, secondo altri è sufficiente "conoscerli", ma non necessariamente di persona. In realtà **l'immaginazione e l'esperienza sono sempre legate e anche quando inventiamo mettiamo in gioco frammenti di saperi e di ricordi**. La conoscenza è comunque sempre fondamentale. Se volete scrivere un racconto ambientato in Africa, potete non esserci mai andati, ma non potete non documentarvi, così come non riuscireste ad ambientare una storia in un periodo storico diverso da quello in cui vivete, senza conoscere quel periodo.

Documentarsi

80. Ambientate una scena in una città in cui non siete mai stati. Raccogliete le informazioni di base da enciclopedie, testi di geografia, Internet. Immaginate un personaggio che deve recarsi in quella città per la prima volta per una questione urgente e di vitale importanza.

81. Scrivete una scena ambientata in un periodo storico a vostra scelta (dalla preistoria al Medioevo fino all'Ottocento o anche solo a cinquant'anni fa). Dovete naturalmente documentarvi, facendo attenzione a ciò che caratterizza la vita quotidiana, le credenze religiose, i cibi, le abitudini ecc.

Luoghi conosciuti

Tutto diventa più facile se ambientiamo le storie nei luoghi che ci sono familiari e non solo perché siamo in grado di descriverli meglio, ma soprattutto perché sono **densi del nostro vissuto e della nostra esperienza**.
Sono luoghi che hanno significati particolari perché sono stati testimoni dei giochi della nostra infanzia, della nostra prima passeggiata in bicicletta, della prima uscita con gli amici, di un litigio, di un incontro importante ecc.

Immaginare un luogo conosciuto

82. Pensate alla città dove abitate, al paese dove andate in vacanza. Individuate un luogo particolarmente significativo, a cui legate un'emozione o un ricordo e che potrebbe, secondo voi, ospitare una storia.
Può essere un luogo che vi fa paura, che vi inquieta, in cui non andreste mai la sera tardi, oppure un luogo misterioso, avventuroso o romantico. Ma può anche essere un centro commerciale, un porto, una stazione ferroviaria, la fermata dell'autobus, un vicolo ecc.
Cercate di capire che cosa lo rende caratteristico, a quale stato emotivo è legato e immaginate quali personaggi potrebbero trovarsi in quel luogo e che cosa potrebbe accadere loro.

Luoghi tipici

La letteratura di genere, in particolare quella gotica e le più recenti horror e fantasy, ha fatto dei luoghi un elemento talvolta più importante dei personaggi. È quasi inevitabile che un romanzo d'avventura privilegi luoghi naturali, magari un po' selvaggi e pieni di pericoli. Così come un romanzo horror prima o poi si concentrerà su luoghi chiusi e labirintici (case abbandonate e solitarie, vecchi fari o cimiteri oppure corridoi di palazzi, vicoli di quartieri, garage) che sappiano reggere le dinamiche della *suspense* e della paura. Per una sorta di contagio ci sono luoghi che nel corso della storia della letteratura si sono imposti come "tipici", **adatti a contenere un certo tipo di storie**.

Ma ci sono anche luoghi che, al di là delle variazioni tematiche e stilistiche della letteratura sono rimasti come "archetipi": la foresta, il labirinto, la caverna, l'isola. Sono **luoghi** cioè **con forti valenze simboliche** che richiamano un certo tipo di esperienza emozionale ma anche esistenziale. Traversare la foresta, inoltrarsi nelle caverne, restare su un'isola o cercare di raggiungerla da naufraghi nel mare, smarrirsi in un labirinto, sono emblemi di esperienze che appartengono all'immaginario collettivo.

Sono qua

83. Immaginate di essere, per qualche motivo, da soli in uno dei luoghi elencati. Cominciate proprio con "*Sono qua*". Iniziate a muovervi e descrivete quel che vedete, ma soprattutto cercate di capire perché siete lì e dove state andando. Scrivete per 10 minuti, seguendo le regole dell'esercizio a tempo (vedi p. 115).
    - Una foresta
    - Un labirinto
    - Una nave
    - Un'isola
    - Una caverna
    - Un castello

Le tre porte

84. Anche questo è un esercizio di immaginazione.
    - Siete davanti a una porta. L'aprite ed entrate in una stanza. Dite che cosa vedete.
    - In questa stanza c'è una seconda porta: apritela e traversate la soglia. Siete in un'altra stanza. Anche qui cercate di descrivere con attenzione ciò che vedete.
    - Infine aprite la terza porta che si trova in questa stanza. Questa è l'ultima stanza del viaggio immaginario.

    Scrivete di getto senza curarvi delle parole e dello stile, seguendo l'immaginazione.

Sull'isola deserta

85. Scrivete l'inizio di una storia ambientata in un'isola deserta. Scrivetela in prima persona e raccontate quel che vede, sente e immagina il vostro personaggio.

Luoghi contemporanei

Ci sono luoghi della modernità e della contemporaneità che hanno anch'essi forti valenze simboliche ed esperienziali: la grande metropoli è insieme labirinto e foresta, contiene antri sotterranei, vecchie officine e garage scuri come caverne. Ma ci sono anche nuovi luoghi per nuove esperienze: gli aeroporti, le autostrade, i grandi centri commerciali, i parchi cittadini, i grandi palazzi, i bar e le stazioni.

Storie urbane

86. Scegliete uno di questi luoghi e cominciate ad ambientarvi una storia. Per esempio che cosa accade durante una coda in un'autostrada? Che cosa accade se il supermercato chiude e voi siete rimasti dentro? E l'ascensore? Cercate di immaginare l'inizio di una storia a partire da una complicazione o da un imprevisto.

L'atmosfera

Ecco un esempio che vi aiuterà a capire che cos'è l'atmosfera.

Immaginate una casa abbandonata, in parte diroccata. Immaginate che sia notte e ci sia la luna. Immaginate un ragazzo che si trovi in questo luogo perché si è perso durante un'escursione o perché sta fuggendo da qualcosa.
Siamo in campagna proprio al limite di un bosco, si sente il latrare dei cani in lontananza.
Il ragazzo è impaurito. Prende un ramo da terra per difendersi: un cane o un cinghiale potrebbero sbucare all'improvviso dal buio.
Segue il piccolo sentiero di ghiaia che si disperde in un'aia. Gli pare di riconoscere il profilo di vecchie macchine agricole addossate al muro che delimitano l'aia. Si arresta. Un fruscio veloce, come di un animale in fuga. Il cuore comincia battere forte.

Togliete a questa scena la notte, il silenzio e il latrare dei cani, metteteci il sole di mezzogiorno e i trattori che traversano lenti la campagna, una signora nell'aia che dà da mangiare alle galline e la tonalità emotiva sarà tutta un'altra.

L'atmosfera non è solo il luogo. È **un insieme di elementi che creano lo sfondo su cui si muovono i personaggi** e che in generale definiscono una tonalità, **un *mood*** direbbero gli inglesi, **che impregna di sé le azioni** che andranno ad accadere.
Se, per esempio, dovete raccontare o descrivere una scena romantica, dovete porre l'accento su elementi che siano in qualche modo coerenti con i sentimenti dei personaggi e con la storia che state raccontando (tramonti, un prato fiorito, un camino acceso, per fare qualche esempio banale).
Se invece si tratta di un racconto fantastico che deve rafforzare il senso d'inquietudine legato a un mistero o a un pericolo incombente, è probabile che la descrizione sia in qualche modo più carica di ombre, oscurità, incertezza.

Elementi che creano un'atmosfera

Alla definizione di un'atmosfera partecipano molti elementi: alcuni di contesto, relativi al luogo (un castello, un cimitero, una sala da biliardo, una discoteca), altri meno generali che caratterizzano il luogo in un certo modo e poi le persone, gli oggetti, gli odori, i suoni.
Se dobbiamo ambientare il racconto in una festa di compleanno in casa di amici non sarà tanto importante descrivere con cura le componenti dell'arredo, ma piuttosto tutti quegli elementi che siano in grado di far risaltare il caos festoso, la musica ad alto volume, il vorticare di bicchieri e vassoi, i gruppi che si formano in aree diverse della casa...

Leggiamo per esempio quanto scrive a questo proposito **Patricia Highsmith**.

BIOGRAFIA
P. Highsmith

I sensi dell'atmosfera

Una trascuratezza nel rendere l'atmosfera non è un vero e proprio intoppo ma può dare allo scrittore l'impressione di camminare sul ghiaccio senza che sappia il perché. Non riesco ad immaginare una formula per creare l'atmosfera, ma siccome l'atmosfera arriva attraverso uno o tutti i cinque sensi, o anche da un sesto è necessario usarli. L'odore di una casa, il colore dominante di una stanza – verde oliva, marrone spento o giallo vivace –. E i suoni: una lattina vuota spinta dal vento per strada, un malato che tossisce nella camera accanto, l'odore misto dei medicinali, spesso, un prevalere di canfora, che c'è nelle stanze di molti anziani. O in una proprietà di campagna dove non appare esserci nulla di strano o minaccioso, un personaggio sente senza nessuna ragione precisa che gli alberi stanno per cadere sulla casa e demolirla.

da *Suspense! Pensare e scrivere un giallo*, La Tartaruga, Milano

Creare l'atmosfera

87. Proviamo a creare delle ambientazioni o delle scene con particolari atmosfere.
Associate a ogni parola, che definisce una certa atmosfera, delle immagini o altre parole, utilizzando il metodo del *clustering* descritto a p. 115. Cercate di rafforzare l'idea facendo appello alle caratteristiche dei luoghi, ai particolari, a quello che accade.
Atmosfera:

- allegra
- cupa
- romantica
- nevrotica
- snervante
- inquietante
- angosciosa
- comica
- chiusa
- soffocante

Che tempo fa?

BIOGRAFIA
Virgilio

Il tempo, sia in riferimento alle **ore del giorno** (mattino, mezzogiorno, pomeriggio, tramonto, notte), ma anche e soprattutto relativo alle **condizioni atmosferiche** (sereno, tempestoso, ventoso, afoso ecc.) **e stagionali**, costituisce uno strumento molto importante nel caratterizzare l'atmosfera.
Ci sono emozioni che trovano corrispondenze nel tempo. La notte buia e tempestosa è un luogo comune ma sempre efficace: l'oscurità accompagna la paura, l'inquietudine. Il caldo afoso, il solleone si accompagna invece spesso con eccessi visionari o emozionali, con la perdita o l'indebolimento della volontà o della ragione. Anche il poeta latino **Virgilio** ci ha insegnato che un incontro tra prossimi innamorati trova nel temporale un ottimo alleato: la storia d'amore tra Didone ed Enea, raccontata nell'*Eneide*, ha inizio quando si rifugiano in una grotta durante un temporale.

Le fotografie

88. Scegliete una qualsiasi delle immagini presenti nell'antologia e immaginate una storia ambientata nell'atmosfera suggerita dalla scena che vi è rappresentata.
Scrivete l'inizio partendo dal luogo rappresentato.

Riambientare

89. Prendete una scena da un racconto dell'antologia o una delle scene che avete scritto nel corso di altri esercizi.
Cercate di mantenere tutto ciò che è possibile: i personaggi, i dialoghi, le riflessioni. Non cambiate niente se non ciò che fa riferimento all'ambiente. Create una nuova ambientazione.

90. Prendete il personaggio di una storia dell'antologia e mettetelo in un nuovo ambiente. In questo caso non dovete essere fedeli al racconto. Prendete solo il personaggio e verificate in quale modo la nuova ambientazione può cambiare la storia, la capacità di agire del personaggio, gli oggetti che può usare, il clima ecc.

7 Il dialogo

Rendere verosimile un dialogo

Scrivere un dialogo è abbastanza semplice. Si dà la parola ai personaggi e si interviene al massimo con dei verbi che spiegano in che modo le cose vengono dette e si registrano qua e là gli effetti delle parole su ciascun interlocutore.
Apparentemente si fa poco o nulla.
Eppure scrivere un buon dialogo è un'arte che non tutti gli scrittori padroneggiano alla stessa maniera. Chi sta imparando a scrivere è importante che tenga conto di alcune regole di base.

- La **prima** ha il sapore di un paradosso: **non si scrive come si parla**. I personaggi non parlano come realmente parlano le persone: tutto **lo sforzo della scrittura è rivolto a rendere il dialogo verosimile**, a far sì che sembri naturale e reale. Il motivo è semplice. Il parlare quotidiano è sostenuto da tutte le altre forme di comunicazione non verbale, i gesti, le espressioni, il tono, gli incisi, le ripetizioni, i sottintesi, le sovrapposizioni, le interruzioni ecc.
  Se provaste a registrare una conversazione in casa o su un tram e poi a trascriverla fedelmente subito dopo, vi accorgereste che così com'è è inutilizzabile. Dovreste passare molto tempo a "pulire", che vuol dire insieme togliere e aggiungere, dare ai dialoghi una forma accettabile e soprattutto leggibile.
  Il che significa, per esempio, che le persone possono parlare una alla volta, nel senso banale che a ciascuno spetta una linea o due di testo e poi tocca all'altro e poi ancora al primo e così via.
  Inoltre bisogna dare al lettore le giuste indicazioni per capire chi in quel momento sta parlando, cosa difficile se il dialogo è a più voci.

- La **seconda regola** è un **principio di economia**: non si può riempire una pagina di esclamazioni, borbottii, cenni, mezze frasi e tempi vuoti. **Ogni "battuta" di dialogo deve essere utilizzata al massimo** per far avanzare la comprensione del lettore circa i personaggi e quello che sta accadendo. Ciò che non serve a questo scopo è inutile. Un corollario di questa regola è che **il dialogo deve essere informativo senza diventare ridicolo e inverosimile**. Quindi niente costruzioni sintattiche complicate o argomenti complessi. Il lettore, come chi ascolta, è intelligente e in grado di capire quel che non viene detto esplicitamente se vengono forniti gli indizi sufficienti.

- La **terza regola** stabilisce che un dialogo deve essere **dinamico: non una sequenza monotona di domande e risposte**. La battuta che segue non necessariamente deve essere la risposta all'ultima domanda. Si possono fare dei salti logici, riprendendo argomenti precedenti o spostandosi su altri. Come accade nella realtà. Spesso in un dialogo si intrecciano due o tre argomenti che non vengono esauriti in modo sequenziale. Una risposta ha lasciato dei dubbi, una cosa detta ne ha richiamata un'altra.

- La **quarta regola** ci dice che i dialoghi **non devono dire tutto**. Come sempre i lettori sono intelligenti e sanno intuire ciò che non viene detto. Niente è più noioso dei personaggi che trattano i lettori come idioti cui bisogna per forza spiegare tutto. I lettori vogliono metterci anche del loro. Lasciate loro questa soddisfazione.

Come si trascrive un dialogo

Nel discorso diretto la battuta è preceduta da un **trattino**, andando a capo alla fine se è evidente chi pronuncia la battuta, altrimenti indicando il nome del personaggio separato da un altro trattino.
– *Buon giorno.*
– *Come stai?*
– *Oggi male – disse Giovanni.*
– *Nessuna notizia? – domandò Luca.*
– *Sono tre giorni che non si fanno vivi.*
– *Allora va proprio male.*

Un'altra modalità, che tuttavia non cambia la sostanza, prevede che le battute siano inserite tra **virgolette** (alte o basse) poste all'inizio e alla fine della battuta.
"Buon giorno".
" Come stai?".
" Oggi male" disse Giovanni.
"Nessuna notizia?" domandò Luca.

Le battute di dialogo possono altresì essere riportate all'interno della narrazione.
"Come stai?" mi chiese. "Bene" risposi, perché non sapevo che cosa dire. Ebbi la sventura di aggiungere "avrei preferito me lo chiedesse Lucia".
"Lucia non risponde neanche a suo padre" disse "non c'è nessuno che riesca a smuoverla da lì". Ecco cosa disse. E io capii che non avrei mai più...

È principalmente una questione di forma. Qualcuno addirittura omette all'interno del racconto le virgolette affidandosi solo alle virgole. Ma è una modalità da lasciare sicuramente agli scrittori più esperti. Gli apprendisti è bene che comincino con le modalità più semplici.

Cinque battute

91. Scegliamo due personaggi e cediamo loro la parola. Cinque battute a uno e cinque all'altro. Non preoccupiamoci di che cosa si dicono né chi siano. Cominciamo a scrivere cose banali, quotidiane. Pensate alla forma, provate prima con il trattino, poi con le virgolette e in ultimo con il dialogo inserito nel racconto.

Senza spiegare tutto

92. Due personaggi si incontrano dopo tanto tempo. Fateli parlare in modo che dal dialogo emergano una serie di informazioni relative alla loro vita: quale lavoro fanno, qual è la loro situazione sentimentale o familiare, se è accaduto qualche cambiamento importante nella loro vita ecc.

Ecco un breve esempio. Abbiamo espunto qualsiasi commento e ambientazione e persino il riferimento a chi parla. Ma può cominciare a farci capire la potenza del dialogo nel fornire informazioni sui personaggi e sulla loro vita senza che sia necessario spiegare tutto.

– Come stai? Sempre in ditta?
– No. Adesso sono in Project. Informatica.
– Anch'io ho cambiato. Tu al virtuale io alla carta. Ho una libreria.
– Mia moglie ti adorerebbe.
– Se viene a Firenze le preparo un pacco intero per i bimbi.
– Quando la vedo glielo dirò.
– Scusa non sapevo.
– Adesso abita a Fiesole. I bambini vengono da me un weekend al mese.
– Mi dispiace.
– E tu? Sempre scapolo?

Un'altra **regola** importante ha a che vedere con la funzione delle cose che diciamo. **Quando parliamo non solo informiamo, ma esprimiamo noi stessi.** Ciascuno ha un suo stile nel parlare ed esprime con un certo carattere. È un elemento aggiuntivo rispetto all'informazione "neutra" che possiamo ricavare non solo da quello che i personaggi dicono ma anche da come lo dicono.

Tre persone al bar

93. Immaginate tre persone che stanno discutendo in un bar su un fatto di cronaca: un incidente, un furto, un rapimento, un atto terroristico ecc.
Date loro la parola e fate in modo che si capiscano le differenze tra di loro: differenze che possono essere di tipo sociale, linguistico, valoriale (cioè il modo in cui valutano e giudicano positivamente o negativamente gli eventi). Immaginiamo, per esempio, che l'argomento sia uno scippo perpetrato da giovani "normali" ai danni di un'anziana signora appena uscita dall'ufficio postale dove ha ritirato la pensione.

Quando dire è fare

Il dialogo, in un racconto, è parte costituente dello sviluppo narrativo. In un dialogo si rivelano fatti, si fanno dichiarazioni, si esprimono intenzioni, si fanno promesse, si minaccia e si seduce. Insomma mai come nel linguaggio della narrativa il dire è parte dell'azione, il dire è fare.
Non è difficile capire questo punto se si considerano i dialoghi più semplici che conosciamo come quello di Cappuccetto rosso con il lupo travestito da nonna. Quando il lupo dice "**Per mangiarti meglio!**" non sta naturalmente dando un'informazione. Minaccia e annuncia quel che subito seguirà.
In alcuni brani dell'antologia questo meccanismo è particolarmente evidente.

Un dialogo rivelatore

94. Scrivete un breve testo ambientato in un momento particolare di una storia. È accaduto qualcosa di spiacevole, i due personaggi stanno per scontrarsi violentemente, il conflitto è in crescendo. Uno accusa l'altro di qualcosa di grave. Cominciate con il solo dialogo.

Vi proponiamo un esempio.

– Io non ne so niente.
– Niente? E la macchina?
– Non l'ho presa io la macchina.
– Certo. È stato il vento a portarla lì.
– Io non c'entro niente con questa storia. Sono rimasta in casa tutto il giorno.
– La macchina se n'è andata da sola fino al fiume.
– Non mi credi mai. Ecco il problema. Non ti fidi mai di me. Da sempre.
– Io vedo le cose.
– Tu vedi quel che vuoi vedere. Perché non ti chiedi chi altro potrebbe aver preso la macchina?
– Perché non ti viene in mente che potrebbe essere stata rubata. Semplicemente rubata. Capisci: ru-ba-ta?
– Ti hanno vista.
– Avranno visto la macchina. Non me. Io sono stata a casa tutto il giorno.
– Ti hanno vista!

Il dialogo nella scena

Il dialogo diretto è il momento più alto della drammatizzazione. Siamo dentro una scena: c'è la situazione, l'ambientazione, i personaggi. Tutto è pronto.
Ma come si gestisce un dialogo?
Non ci sono regole precise. Ma alcuni consigli possono essere utili.

- Fate capire chi sta parlando, nel caso in cui il dialogo sia costiuito da molte battute che potrebbero confondere il lettore. Poche battute non confondono ma molte sì.
  È anche bene alternare al consueto "dire" verbi diversi, per esempio: dichiarare, spiegare, esclamare, sussurrare, replicare, urlare, gridare, affermare, ribadire, ripetere, sostenere, annunciare, proclamare, precisare, borbottare, negare, insinuare, interrompere, domandare ecc. Attenzione alle sfumature di significato!
  Accompagnate, se necessario, con brevi commenti le frasi pronunciate. Si può, per esempio, dire quali reazioni provocano: sconcerto, sorpresa, noia.
- Intervallate i dialoghi con la descrizione dei gesti e della posizione fisica del personaggio. Anche se sta semplicemente seduto su una poltrona, non dimenticate che il personaggio ha un corpo, delle mani, dei piedi, degli occhi che guardano mentre ascolta o mentre parla.
- Intervallate i dialoghi con brevi descrizioni dello spazio. Brevi in modo da non compromettere la vivacità del dialogo se è in un momento importante.
- È probabile che abbiate bisogno di commentare le cose dette, per aumentarne la comprensione, o di riassumere quello che altrimenti diventerebbe un dialogo troppo lungo.
- Se avete interrotto il dialogo per molto tempo, quando ridate voce ai personaggi riposizionateli nello spazio e nel tempo. Vale a dire fate riferimento all'ora, alla posizione del personaggio, fategli fare qualcosa di normale e di quotidiano, riprendetene, per esempio, l'espressione del volto.
  Insomma ridate corpo e realtà.

Tra una battuta e l'altra

BIOGRAFIA
E. Hemingway

95. Un esercizio di "ricalco" può aiutarvi a comprendere i consigli sopra elencati.
Prendete nuovamente il brano di **Hemingway** nell'espansione digitale. Evidenziate tutte le parti di dialogo. Poi sottolineate, con un colore diverso, tutto ciò che sta tra una battuta e l'altra.
Riscrivete una parte cambiando luoghi, personaggi e battute, ma mantenendo le stesse proporzioni tra numero e lunghezza delle battute pronunciate dai personaggi e intercalari descrittivi o riassuntivi del narratore.

Costruire la scena con il dialogo

96. Riprendete il dialogo tratto dal brano di Hemingway. Continuate il dialogo creando una scena: inserite personaggi, descrizioni spazio-temporali, resoconti, commenti, riflessioni e tutto ciò che vi pare utile alla realizzazione della scena.

Il discorso indiretto

Non sempre è necessario o utile riportare precisamente tutto quello che viene detto, con le battute precise dei personaggi. Se i personaggi parlano per una notte intera, raccontandosi qualsiasi cosa, non è ragionevole pensare di riportare per esteso le battute del dialogo. Quando si vuole sintetizzare, riassumere, commentare e riflettere su quel che è stato detto nel dialogo, si può usare il discorso indiretto.

Diretto e indiretto, alternati

97. Cominciate un dialogo a due sostituendo lo scambio, ogni quattro o cinque battute, con un breve riassunto di quello che si dicono i personaggi, usando il discorso indiretto.

8 Il narratore e il punto di vista

Io non sono io

Le differenti tecniche narrative utilizzate dagli scrittori sono il frutto di analisi alquanto elaborate in cui si evidenziano differenze non sempre visibili o percepite dal lettore, ma ben chiare agli scrittori che ne hanno sfruttato tutte le potenzialità espressive e creative.
A parte l'intuitiva differenza tra **autore** e **narratore**, ci riferiamo:

- alle diverse **tipologie di narratore**;
- alla questione del **punto di vista**;
- all'utilizzo della **scrittura in prima** o in **terza persona**.

Nel passaggio dalla lettura alla scrittura, tuttavia, il percorso di apprendimento e di applicazione di tutte le variabili tecniche previste è più difficile, perché non si tratta di analizzare il testo scritto da qualcun altro, ma di scrivere, riuscendo a padroneggiare con sufficiente destrezza tutte queste competenze.
Soprattutto **nelle prime esperienze, la scrittura ha un inevitabile carattere autobiografico**: chi scrive e il personaggio sono la stessa persona, perché è difficile che chi scrive "io" pensi a un altro da sé.
Il percorso di scrittura deve cominciare dunque dall'**acquisizione** e dalla **sperimentazione pratica di questa prima basilare differenza**. E sapete per quale motivo? Comprendere e praticare nella scrittura questa differenza costituisce **il primo passo verso la scrittura di testi narrativi**.

Il punto di vista

L'importanza del punto di vista nel raccontare una storia è già stata evidenziata nel capitolo sul personaggio, in riferimento allo sviluppo della capacità empatica dello scrittore (vedi a p. 145). Qui ne esploreremo le possibilità innanzi tutto in riferimento alle differenze che comporta **raccontare la storia dal punto di vista di un personaggio piuttosto che di un altro**.

BIOGRAFIA
S. Ocampo

Qui di seguito trovate, a titolo di esempio, un racconto scritto da **Silvina Ocampo**. È la storia di una ragazza che si innamora di un medico da cui è andata a farsi visitare. Nella prima parte è la ragazza a raccontare la storia dal suo punto di vista. Nella seconda è il medico che invece narra secondo il proprio.
Leggete attentamente.

1. Il **punto di vista della paziente**, sdraiata di fronte a una fotografia del medico.

La paziente e il medico

Sono cinque anni che lo conosco e la sua vera natura non mi è stata rivelata. Alessandrina mi portò al suo ambulatorio un pomeriggio d'inverno. Nella sala d'attesa, per tre ore, dovetti guardare le riviste che erano sopra il tavolo. Non dimenticherò mai i bei garofani di carta che ornavano il vaso da fiori sopra la mensola. C'era molta gente: due bambini che correvano da una parte all'altra della stanza e mangiavano cioccolatini e una vecchia cattivissima, con un parasole nero e un cappello

di velluto. Sono cinque anni che lo conosco. A volte penso che è un angelo, altre volte un bambino, altre volte un uomo. Il giorno che andai al suo ambulatorio non pensavo che avrebbe assunto tanta importanza nella mia vita. Dietro un paravento mi spogliai perché mi visitasse. Annotò i miei dati personali e la mia storia clinica senza guardarmi.
Quando appoggiò la testa sul mio petto, è vero che aspirai il profumo dei suoi capelli e che apprezzai il colore castano dei suoi riccioli. Mi disse, guardando il neo che ho sul collo, che la mia malattia era lunga da curare, ma benigna. Gli ubbidii in tutto. Mi sarei gettata dalla finestra, se me lo avesse comandato. Sospesi le verdure crude, il vino, il caffè e il cioccolato, che mi piace tanto.
Mi alimentai di patate cotte e di carne arrostita; dormivo dopo il pranzo; anche se non dormivo, riposavo. Per sei mesi smisi di studiare; fu in quei giorni che mi diede la sua fotografia perché la mettessi di fronte al mio letto.
– Quando ti sentirai male, cara figliola, chiederai consiglio alla fotografia. Lei te lo darà. Puoi anche dirle delle preghiere, forse non li preghi i santi?
Questo suo comportamento sembrò strano ad Alessandrina.
La mia vita trascorreva monotona, perché ho un testimone costante che mi vieta la felicità: la mia malattia. Il dottor Edgardo è l'unica persona che lo sa.
Fino al momento di conoscerlo vissi ignorando che c'era qualcosa dentro il mio organismo che mi rodeva. Adesso conosco tutto quello che soffro: il dottor Edgardo me l'ha spiegato. È la mia natura. Alcuni nascono con gli occhi neri, altri con gli occhi azzurri.
Sembra impossibile che essendo così giovane sia così sapiente; eppure mi hanno informata che non è necessario essere anziani per essere sapienti. La sua pelle liscia, i suoi occhi da bambino, la sua capigliatura chiara, arricciata, sono per me l'emblema della sapienza.
Ci sono stati periodi in cui lo vedevo tutti i giorni. Quando ero molto debole veniva a trovarmi a casa. Nel vestibolo, al congedarsi, mi baciò diverse volte. Da qualche tempo mi assiste solo per telefono.
– Che bisogno ho di vederla, se la conosco tanto: è come se avessi il suo organismo in una tasca, come l'orologio. Nel momento stesso in cui lei mi parla, posso guardarlo e rispondere a qualunque domanda mi faccia.
Gli risposi:
– Se non ha bisogno di vedermi, io ho bisogno di vedere lei.
Al che replicò:
– La mia fotografia e la mia voce non le bastano?
Aveva paura di influire direttamente sul mio animo, ma io ho insistito molto per vederlo, troppo, così gli è venuto il capriccio di non accontentarmi. In un primo tempo feci in modo che gli telefonassero le mie amiche perché mi ricevesse nel suo gabinetto; gli mandai regali, mi destreggiai, senza perdere la mia verginità, per procurarmi del denaro. La prima sera uscii con Alberto, la seconda con Raúl, le altre sere con amici che loro mi presentarono. Alberto mi interpellò un giorno:
– Ma che cosa ci fai con i soldi. Piangi sempre miseria.
Gli risposi la verità:
– Sono per il medico.
Non avevo nessuna ragione di mentire a un mascalzone. In tal modo potei mandare al dottor Edgardo un portamatite, una pipa, un taccuino foderato di pelle, un fermacarte di vetro con fiori dipinti, una boccetta di acqua di Colonia delle più raffinate; poi incominciai a mandargli lettere scritte su carta di colori diversi, a seconda del mio stato d'animo. A volte, quando ero più allegra, di color rosa; quando ero tenera, di colore celeste; quando ero gelosa, di colore giallo; quando ero triste, di un colore viola incantevole; un viola così incantevole che a volte desideravo essere triste, per mandar-

glielo. I miei messaggeri erano i bambini del quartiere, che mi vogliono molto bene e che sono sempre disposti a portare le lettere a qualsiasi ora. Tra i fogli mettevo sempre qualche ramoscello o qualche fiore o qualche gocciolina di profumo o di lacrime. Invece di firmare con il mio nome in fondo alla pagina lo facevo con le mie labbra, in modo da lasciare impresso il rossetto. Poi incominciai ad abusare di tutti questi espedienti: gli mandavo, per esempio, tre regali in un giorno, quattro lettere l'altro; oppure lo chiamavo cinque volte per telefono. Non posso vivere senza di lui, la verità sia detta. Per me vederlo ancora una volta sarebbe come piangere dopo aver trattenuto il pianto per tanto tempo. E qualcosa di necessario, qualcosa di meraviglioso.

Nessuno capisce, nemmeno Alessandrina lo capisce. Ieri, ho deciso di mettere fine a queste vane insistenze. In farmacia ho comprato del veronal. Prenderò il contenuto di questa boccetta perché il dottor Edgardo venga a trovarmi. Se rimango addormentata non potrò godermi la sua visita e perciò non la prenderò tutta: prenderò giusto quanto basta per stare calma e poter mantenere le palpebre chiuse, immobili sopra i miei occhi. Il resto della boccetta lo getterò via e quando la padrona della pensione, che ogni sera mi porta una tazza di tiglio, entrerà nella mia stanza, crederà che mi sono suicidata. Accanto alla boccetta vuota del veronal lascerò il numero di telefono del dottor Edgardo con il suo nome. Lei gli telefonerà, poiché ho già preso le mie precauzioni: qualche mattina fa le ho detto, come senza volerlo, mentre tornavamo dal mercato:

– Se mi succedesse qualcosa, non deve chiamare la mia famiglia ma il dottor Edgardo, che è come un padre per me.

Mi sdraierò sul letto, con il vestito che mi sono fatta il mese scorso; quello turchino mare con il colletto e i polsini bianchi. Il modello era così difficile che per copiarlo impiegai più di quindici giorni; eppure, quei quindici giorni passarono volando, perché sapevo che il dottor Edgardo mi avrebbe vista morta o viva con quel vestito addosso. Non sono vanitosa, ma mi piace che le persone che io amo mi vedano ben vestita; inoltre, sono consapevole della mia bellezza e sono persuasa che se il dottor Edgardo mi evita è perché ha paura di innamorarsi troppo di me. Gli uomini amano la loro libertà e il dottor Edgardo non solo ama la sua libertà ma anche la sua professione. Anche se so da buona fonte e perché lo ha confessato lui stesso che di notte stacca il telefono perché i suoi pazienti non lo sveglino e che solo per un caso grave sarebbe capace di disturbarsi, è un martire della sua professione. Se fosse altrettanto generoso nella sua vita intima, non avrei ragione di lamentarmi! Mi sdraierò sopra il letto e sistemerò ai miei piedi Micino. Ieri gli ho messo la polvere contro le pulci e l'ho spazzolato.

Gli metterò un po' di acqua di Colonia, a costo di farmi graffiare. Sarà commovente vedermi morta, con Micino che mi veglia. Qualche volta ho avuto l'impressione di odiare Edgardo: tanta freddezza non mi sembra umana. Mi ha trattato come i bambini trattano i loro giocattoli: i primi giorni li guardano con avidità, li baciano negli occhi se sono dei bambolotti, li accarezzano se sono automobili, e poi, quando ormai sanno come li si fa gridare o scontrare, li abbandonano in un angolo. Io non mi sono rassegnata a quest'abbandono perché sospetto che Edgardo ha dovuto combattere una battaglia con se stesso per abbandonarmi. Sono convinta che mi ama e che la sua vita è stata un deserto fino al momento in cui mi ha conosciuta. Sono stata come lui mi ha detto l'incontro della primavera nella sua vita e se ha rinunciato ai miei baci è stato perché lo assediava un desiderio che non poteva soddisfare per riguardo alla mia verginità. Altre donne che lui non ama, prostitute che tolgono i soldi agli uomini, godranno la sua compagnia.

Non ho motivi di nasconderlo né di infuriarmi con lui; tuttavia, cinque anni di speranza frustrata mi portano a una soluzione che forse è l'unica che mi resta.

2. Il **punto di vista del medico**, che pensa tra sé e sé mentre cammina per le strade di Buenos Aires.

Il medico e la paziente

Andrò a piedi. Forse otterrà quel che voleva: vedermi. Mi hanno telefonato con urgenza. Li conosco bene, questi casi. Un simulacro di suicidio, sicuramente. Attirare l'attenzione in qualche modo. L'ho conosciuta cinque anni fa e un secolo mi sarebbe sembrato meno lungo. Quando entrò nel mio ambulatorio e la vidi per la prima volta mi interessò: era una giornata con pochi clienti, una giornata di noia. La pelle bruna, il colore dei capelli, gli occhi allungati e azzurri, la bocca grande e golosa mi piacquero. Audace e timida, modesta e orgogliosa, fredda e appassionata, mi sembrò che non mi sarei stancato mai di studiarla, ma ahimè...! come conosciamo presto il meccanismo di certe malate, a che cosa corrispondono gli occhi socchiusi e la bocca un po' aperta, a che cosa la modulazione della voce. La auscultai quel giorno non pensando al tipo di paziente che sarebbe stata ma al tipo di donna che era.
Rimasi forse troppo con la testa appoggiata sul suo petto ad ascoltare i battiti accelerati del suo cuore. Odorava di sapone e non di profumo come la maggior parte delle donne. Mi sembrò divertente il rossore del viso e del collo, quando le ordinai di spogliarsi. Non pensai che quell'inizio della nostra relazione potesse finire in maniera cosi fastidiosa. Per parecchi mesi sopportai le sue visite senza trarne alcun profitto ma con la speranza di arrivare a qualche soddisfazione. Né il tempo né l'intimità modificarono le cose; eravamo una specie di fidanzati mostruosi, il cui anello di fidanzamento era la malattia, che è anch'essa circolare come un anello. Io sapevo che non avrei mai ricevuto un buon regalo, né avrei incassato i miei onorari. La signora Berlusea, dalla quale non ho mai preso un centesimo per le mie cure mediche, mi ha regalato un calamaio importantissimo di ottone con un Mercurio sul coperchio, un tagliacarte di madreperla con delle figure cinesi e un orologio con le zampe che ho nell'ambulatorio. Il signor Remigio Álvarez al quale non ho mai chiesto, nemmeno a lui, un centesimo, mi ha regalato un servizio di vassoi e un cigno d'argento da centro tavola. Tutti i miei pazienti alla meno peggio mi hanno sempre pagato, in qualche modo. Da lei che posso aspettarmi invece se non un amore da vergine che mi opprime, che mi perseguita. Fraudolentemente mi trovai chiuso in una trappola. Non volli vederla più, ma le diedi la mia fotografia per compassione. Le ordinai di metterla di fronte al suo letto: forse a causa degli sguardi che le ho prodigato da quella cornice, giorno e notte, incominciai a immaginarla involontariamente durante tutte le ore del giorno: quando si coricava, quando si alzava, quando si vestiva, quando riceveva la visita di qualche amica, quando accarezzava il gatto che saltava sopra il suo letto. Fu una specie di punizione le cui conseguenze sto ancora pagando. Quella donna, che ha appena vent'anni, che non mi attraeva per niente, giorno e notte perseguitava e perseguita il mio pensiero. Come se io fossi dentro la fotografia, come se io stesso fossi la fotografia, vedo le scene che si svolgono in quella stanza. Non le ho mentito quando le ho detto che conoscevo il suo organismo come l'orologio che porto in tasca. All'ora del pranzo sento perfino i sorsi del caffè che prende, il rumore del cucchiaino che batte in fondo alla tazzina per sciogliere le zollette di zucchero. Nella penombra della stanza vedo le scarpe che si toglie all'ora della siesta per appoggiare i piedi nudi e sottili sulla coperta a fiori del letto. Sento la vasca da bagno che si riempie di acqua nella stanza attigua, sento le sue abluzioni e la vedo nel vapore della stanza da bagno avvolta nell'asciugamano morbido con una spalla scoperta, che si asciuga le ascelle, le braccia, i ginocchi e il collo. Aspiro l'odore di sapone che aspirai sul suo petto il primo giorno che la vidi nell'ambulatorio, quell'odore che in un primo momento mi sembrò afrodisiaco e poi un miscuglio intollerabile di talco e semolino. Quando smisi di vederla, e fu difficilissimo, perché non risparmiò nessun sotterfugio per continuare a vedermi, cominciò a telefonarmi e a mandarmi dei regali. Se si possono chiamare regali! I ninnoli pullularono sul mio tavolo. A volte erano graziosi, non dico di no, ma erano poco pratici e io li conser-

vavo per ridere o li regalavo a qualcuno dei miei amici. Il più delle volte nascondevo quegli oggetti eterogenei dentro cassetti destinati all'oblio, perché non è mai riuscita a mandarmi qualcosa che mi piacesse sul serio. Quando vide che i regalini non facevano nessun effetto incominciò a mandarmi delle lettere, con i bambini del quartiere. Dal colore delle buste riconobbi subito da dove provenivano, e a volte le lasciavo sul tavolo senza aprirle. In questi ultimi tempi usava una carta viola ripugnante, che coincide con i suoi accenti più patetici. Mi scrisse che era in lutto e che il viola esprimeva meglio il suo stato d'animo. A volte ho pensato che sarebbe conveniente farle una narcoanalisi, forse si libererebbe da quest'ossessione che ha con me; naturalmente non ci si presterebbe nemmeno per amore. Credevo di allontanarla con una fotografia ed è successo il contrario: mi si è avvicinata più intimamente. Andrò a piedi. Le darò il tempo di morire. Sento i suoi lamenti, il miagolio del gatto, le gocce che cadono dal rubinetto nel bagno accanto. Cammino, vado verso di lei dentro la mia fotografia maledetta.

da *Porfiria*, Einaudi, Torino

Si possono fare molti esempi della variazione del punto di vista. Il più citato è naturalmente **Faulkner** che lo ha utilizzato sia in *Urlo e furore* dove la stessa storia viene scritta quattro volte da punti di vista diversi e nel romanzo *Mentre morivo* dove i punti di vista di molti personaggi si intercalano nel corso della narrazione.

BIOGRAFIA
W. Faulkner
S. Atzeni

L'incidente

98. C'è stato un incidente. Un signore in auto nei pressi di un semaforo ha investito un giovane in bicicletta o con lo *skate-board*. Non ci sono state gravi conseguenze. Un po' di spavento e qualche piccola escoriazione del giovane.
Provate a descrivere in 20 righe ciò che è accaduto.
- Fate parlare il conducente dell'auto;
- poi il giovane investito in bicicletta;
- poi un testimone: una donna o un uomo che ha il negozio proprio di fronte all'incrocio e che ha visto tutta la scena.

È facile capire che l'esperienza dei tre sarà completamente diversa. Ciascuno racconterà la stessa realtà, lo stesso evento, non solo in relazione alla dinamica degli eventi ma soprattutto a quello che ha provato. Spavento, dolore, colpa, irritazione, rabbia ecc. E il testimone? Forse anche lui è spaventato o preoccupato. Magari conosceva la vittima o l'autista? **Sfruttare questa differenza dei punti di vista è molto importante quando si racconta una storia.** Provate a immaginare quanto sia diversa una storia raccontata dal punto di vista del tradito o del traditore, della vittima o dell'aguzzino, dell'assassino o del detective ecc.

Dicono di lui

Un esercizio interessante può essere proposto prendendo spunto dal romanzo di **Sergio Atzeni** *Il figlio di Bakunin* che ricostruisce la storia di un sindacalista sardo, soprannominato appunto Bakunin, attraverso le testimonianze in prima persona di quanti lo hanno conosciuto. A ognuno di essi è dedicato un capitolo di diversa lunghezza: dalle molte pagine delle persone più vicine, alle poche righe di chi lo ha appena intravisto. Ciascuno aggiunge un frammento alla storia e al carattere del personaggio.
Ve ne riportiamo alcuni esempi.

X
L'ho conosciuto a Carbonia. Aveva l'amante e non gli piaceva lavorare.

XI
Lui non lo ricordo, che vuole, sono vecchia, ma la madre sì, quand'ero bambina la vedevo passare, era la donna più bella e ben vestita del paese. Quando non ha più avuto i soldi per le camicie di seta, si è uccisa.

XIII
Negli anni del fascismo ero impiegato a Montevecchio. Ricordo bene quell'uomo. Era un parolaio, un arruffapopoli, uno dei peggiori. Una testa calda. A chi diceva che lui e quel Serra, altro bell'elemento, fossero gli armatori migliori, rispondevo allora, e oggi posso ripeterlo tale e quale, che se avessero avuto figli da mantenere non sarebbero stati così lenti. E resto dell'idea che certe rifiniture d'armatura sono più vizi che pregi, non servono a nulla. La disgrazia, se è destino, capita ugualmente. Nel '44 ho cambiato lavoro e paese.

XIV
I primi giorni a Montevecchio era tutto un "signorino" di qua, "signorino" di là, per sfottere, per scherzo, un po' tutti glielo dicevamo, – hai finito di sfoggiare scarpe nuove! –, o – un vero gagà scende in miniera, quando mai! –, battute senza malevolenza, nessuno di noi minatori avrebbe augurato a nessun uomo di finire in miniera, se non al peggior nemico. Era una novità, Tullio Saba con gli scarponi marci come i nostri, che saliva per la stessa strada verso i pozzi assieme a tutti noi.
A quel tempo, la mattina presto si andava a lavorare con qualcosa sulla testa, per proteggersi dall'umido, chi aveva cicia, chi bonette. Lui, dal primo giorno, basco alla francese. Sembrava lo facesse apposta per continuare a distinguersi dal gregge. Poi si è visto che ai sorveglianti e agli impiegati di Montevecchio quel basco dava fastidio, chissà perché, gli sembrava un'arroganza? Lo guardavano male. Ma cosa potevano dire? Il duce mica aveva proibito ai minatori di portare basco alla francese. In capo a quindici giorni tutti quelli che non ci accontentavamo, che avremmo voluto un mondo o almeno un lavoro diverso, avevamo copricapo uguale al suo.

XX
Fui io a licenziare quell'uomo, nel mese di aprile dell'anno 1950, ricordo perfettamente ogni particolare, ho sempre avuto un'ottima memoria. Quella vicenda risultò decisiva per la mia vita. Fu a causa della vittoria riportata alla Montevecchio che la Mineco mi offrì la direzione dei suoi impianti in Bolivia.
Il licenziamento non fu, come allora dissero gli sciocchi, una rappresaglia per l'uccisione del mio predecessore alla direzione della miniera. Nel mese di aprile il Saba non era ancora stato imputato di favoreggiamento in omicidio, anche se grazie ai carabinieri sapevo ch'era fra i sospettati. Del resto nell'ambiente si mormorava il suo nome da mesi, assieme a quelli degli altri che furono poi processati. Ma non era in me alcuna intenzione di sostituirmi al regolare corso della legge, né di giudicare colpevole chi ancora non era stato riconosciuto all'evidenza come tale. Per comprendere bene il mio racconto il cittadino dell'Italia di oggi dovrebbe fare uno sforzo per calarsi nel clima generale che dominava in quegli anni nel nostro paese.

XXII
Quel guspinese che cantava con Cappelluti nel dopoguerra? Un figurino. Altro non saprei dirle. Non che Gonnos è lontana da Guspini, non è lontana, ma a quel tempo io non andavo a Guspini, e oggi ci vado anche meno. Quello che dico sarà scritto sul giornale? Su un libro? Allora mi ascolti bene: i guspinesi sono cattivi e maligni quasi quanto quelli di Villacidro, bell'altra gente, famosi perché ammazzano i fratelli.
Son cose risapute.

XXIII
Mia sorella era innamorata di lui, quando lui faceva la corte a Edvige Zuddas. Poi invece mia sorella si è sposata con quell'uomo con cui si è sposata. Uomo così non lo vorrei manco morta. A mia sorella le ha avvelenato la vita. Mai ho conosciuto uomo così sospettoso e pronto a credere al male come mio cognato. Geloso e manesco, brutto come un cane e cattivo come una piaga.

Poi Tullio Saba non si è sposato con Edvige e se ne è andato dal paese, altro non so. Ma cosa fa ancora sulla porta? Entri, le preparo il caffè.

da *Il figlio di Bakunin*, Sellerio, Palermo

99. Provate a costruire la storia di un personaggio di vostra invenzione, sommando testimonianze diverse. Non sapete ancora niente di preciso di lui. Ricostruitelo immaginando che dieci perone che lo hanno conosciuto (parenti compresi) ne dicano qualcosa in bene o in male e che riportino avvenimenti che lo riguardano.

Esercizio in quattro frasi

100. Nell'esercizio che vi proponiamo ora avrete modo di esercitarvi sui diversi tipi di punti di vista. Per ciascuna fase scrivete un testo di circa 10 righe.

Prima fase

Siete in un mercato, a una fiera, in una piazza con tante bancarelle e state cercando qualcosa che volete comprare. Oppure se volete uno scenario alternativo entrate in una discoteca o passeggiate in un parco pubblico. L'importante è che sia una situazione in cui non state fermi e dove ci siano altre persone. Non si tratta di inventare. Dovete raccontare in prima persona un'esperienza vissuta.
Scrivete in prima persona e siate sinceri, raccontate davvero quello che vi è capitato, come nell'esempio che segue.

Oggi pomeriggio sono andata al mercato con mia sorella. Non abbiamo dovuto litigare come accade sempre perché oggi dovevo comprarmi una maglia come quella della mia amica Giulia. Quando siamo arrivati mi ha già preso il panico: una marea di gente che neanche si riusciva a passare. Le bancarelle sono messe in due file ma tra una e l'altra c'è così poco spazio che tra chi va su e chi va giù c'è sempre uno schivarsi, un darsi colpi con le buste piene di verdure, uno schivare quelle borse carrello che paiono trolley d'aeroporto. Insomma un caos. Comunque ho fatto un grosso respiro e mi sono buttata dietro mia sorella che faceva strada. Io avrei voluto andare subito alla bancarella dei vestiti e poi fare la spesa ma lei è molto metodica. Ha le sue bancarelle preferite e quando gliel'ho detto ha fatto finta di non sentire. Così abbiamo traversato mezzo mercato fino al suo banco della frutta e delle verdure. Faceva tutto lei. Ha tirato fuori la lista dalla tasca e ha aspettato il suo turno. Io intanto guardavo il ragazzo delle verdure che è molto carino che scherzava con le signore mentre sceglieva finocchi, peperoni, arance. Aveva mani velocissime: insaccava nelle buste, pesava, prendeva i soldi con una velocità impressionante e sempre ridendo e scherzando. Ci sono voluti almeno 10 minuti prima che toccasse a noi.

Seconda fase

Adesso prendete lo stesso testo e riscrivetelo in terza persona come se foste un narratore esterno con focalizzazione interna. Non aggiungete niente a quello che avete raccontato. I contenuti sono quelli del vostro scritto precedente. Non potete aggiungerne. Vi accorgerete subito che saranno necessari alcuni interventi e correzioni. Per esempio, non potete dire "io" ma "egli" e probabilmente dovrete indicare il personaggio con un nome proprio. Se avete dedicato spazio a pensieri, ricordi, riflessioni, dovete trovare il modo di riprodurli. Se avete parlato con qualcuno, dovete cercare di riportare quel che avete detto voi e quel che detto il vostro interlocutore ecc. Mantenete la prospettiva soggettiva. Tutto quel che accade lo state vedendo attraverso voi stessi. Seguiamo ancora l'esempio.

Luisa oggi pomeriggio è andata al mercato con sua sorella Giulia. Non è stato come le altre volte. Non c'è stato nessun litigio e la mamma non era dovuta intervenire. Un fatto più unico che raro. Naturalmente c'era il trucco perché Luisa voleva comprarsi la maglia che aveva visto indossare dalla sua amica Marta. Quando sono arrivate il mercato era invaso da un folla che pareva un muro insuperabile. Le due file di bancarelle erano così strette che la gente ecc.

Terza fase

Riscrivete il testo come se foste un narratore esterno con focalizzazione esterna, immaginando che un signore incaricato da qualcuno di seguirvi vi stia guardando dall'alto da una finestra di fronte e scriva un rapporto. La regola è che, essendo distante, non può sentire quello che eventualmente avete detto ai negozianti, né tantomeno potrà sentire tutto quello che avete pensato. Può solo osservare da lontano e descrivere quel che ragionevolmente può vedere e capire. Può fare ipotesi sui vostri movimenti sui vostri gesti ma niente di più.
Questo brano scrivetelo in terza persona e al presente. La descrizione deve essere oggettiva. Nel senso che racconta solo quello che vede. Nient'altro. E soprattutto niente commenti, come nell'esempio che segue.

Le due sorelle sono arrivate al mercato verso le due e mezza del pomeriggio. Indossano tutte e due un piumino: la più grande bianco panna, la più piccola nero, si perdono in mezzo alla folla. Mi pare di poter dire che chi comanda è la prima, perché la più piccola la segue e ogni tanto resta indietro perché si sofferma a guardare le bancarelle dei vestiti. Ma di fretta. Poi la raggiunge velocemente. Si sono fermate al banco della frutta e verdura: hanno dovuto aspettare un po'. Sembra uno dei banchi con più clienti. Comprano: banane, mele, finocchi, cime di rapa. La ragazza più giovane pare distratta. Si guarda in giro ma mi pare stia osservando il ragazzo che serve al banco. È probabile che le piaccia. Quando le buste sono pronte c'è il passaggio dalle mani del ragazzo a quelle della sorella e infine alla più piccola. Ha l'aria scocciata ma non mi pare che la più grande ci faccia caso.

Quarta fase

Immaginate che la scena del mercato venga raccontata da un quarto narratore: non quello che sta alla finestra, un altro, molto più in alto, qualcuno che sa tutto di voi, dove siete nati, che genitori avete, come andate a scuola, perché siete lì al mercato; ma sa anche che qualcuno vi sta osservando e sa anche che cosa accade a quelli che avete citato nel brano, ma che non sono qui. Che sa tutto di vostra madre, della vostra famiglia, della famiglia dell'osservatore alla finestra, del perché vi sta osservando, qualcuno che riesce a capire anche le impressioni che avete fatto sul ragazzo al banco o a interpretare quel che veramente pensa la sorella. Conosce presente, passato e futuro: il vostro e quello di tutti personaggi che vi stanno attorno.
Provate a riscrivere alcune righe sfruttando le possibilità offerte a un narratore onnisciente a focalizzazione zero, seguendo l'esempio.

Quello era un sabato pomeriggio insolito. Dopo tanto le due sorelle Luisa e Giulia si erano ritrovate d'accordo. La madre era rimasta persino sorpresa. Le aveva viste confabulare nel corridoio e poi la voce acuta di Luisa aveva lasciato il passo al tono più sobrio di Giulia. E lei, la madre, si era sentita per un poco felice nel vederle uscire insieme. Non accadeva da tempo. In realtà Giulia non era affatto contenta. E a dire il vero neanche Luisa. Camminavano insieme senza parlare, una più in fretta dell'altra ma ciascuna con i suoi pensieri. Giulia ripassava mentalmente l'elenco della spesa, Luisa continuava a pensare alla sua amica Marta e alla festa. Sarebbero andate vestite uguali. Ugualissime. Stessi jeans, stessi orecchini, stesse scarpe. Mancava solo la maglia. Per questo era lì, lei che non sopportava il mercato, perché veniva assalita da una inspiegabile ansia ogni volta che ci andava da sola. Una volta le era persino mancato il respiro ed era dovuta scappare di corsa, come se stesse per morire.
Era contenta di avere una sorella più grande. Di tutto ciò Giulia naturalmente non sapeva niente. La riteneva una immatura, capricciosa e opportunista. Così non diede retta alla sue insistenze.
– Prima si va al banco della frutta, poi a cercare la tua maglia! – aveva detto, guardandola dritta negli occhi. E così era stato.

Proseguendo

101. E se immaginassimo di riscrivere tutto prendendo il punto di vista della sorella più grande? Avremmo ancora un'altra storia.

9 Il tempo

Tempo che vai storia che trovi: l'uso dei tempi

I tempi verbali svolgono funzioni diverse all'interno della narrazione.

Alla ricerca dei tempi

102. Vi proponiamo di seguito un brano tratto dal romanzo di **Georges Simenon** *L'uomo che guardava passare i treni*, complicato dall'uso del discorso indiretto legato per esprimere ciò che avverrà in un futuro prossimo e che nel presente sembra inverosimile. Individuate:

- i tempi di sfondo;
- i tempi di primo piano;
- i tempi che preannunciano eventi futuri.

BIOGRAFIA
G. Simenon

Per quel che riguarda personalmente Kees Popinga, si deve convenire che alle otto di sera c'era ancora tempo, perché a ogni buon conto il suo destino non era segnato. Ma tempo per che cosa? E poteva lui agire diversamente da come avrebbe poi agito, persuaso com'era che i suoi gesti non fossero più importanti di quelli di mille altri giorni del suo passato?
Avrebbe scrollato le spalle se gli avessero detto che la sua vita sarebbe cambiata di punto in bianco, e che quella fotografia sulla credenza, che lo ritraeva in piedi tra i familiari, una mano distrattamente poggiata sulla spalliera di una sedia, sarebbe stata riprodotta dai tutti i giornali d'Europa. Se, insomma, avesse cercato in se stesso, in tutta coscienza, qualcosa che lo predisponesse a un burrascoso avvenire, sicuramente non avrebbe pensato a quella certa emozione furtiva, quasi vergognosa, che lo turbava vedendo passare un treno, un treno della notte soprattutto, dalle tendine calate sul mistero dei viaggiatori.
Se poi qualcuno avesse osato dirgli in faccia che il suo principale, Julius de Coster jr., in quel momento sedeva a un tavolo del Petit Saint Georges e si ubriacava scrupolosamente, lo avrebbe giudicato tanto insulso quanto immeritevole di attenzione, giacché Kees Popinga non indulgeva affatto alla mistificazione e aveva una propria opinione su persone e cose.
Ora, a dispetto di ogni verosimiglianza, Julius de Coster jr. si trovava per davvero al Petit Saint Georges.
E ad Amsterdam, in un appartamento del Carlton, una certa Paméla faceva il bagno prima di andare al Tuchinski, il cabaret alla moda.
E che cosa aveva a che fare, tutto questo, con Popinga? Come pure il fatto che a Parigi, in un piccolo ristorante della Rue Blanche, Chez Mélie, una certa Jeanne Rozier, rossa di capelli, sedesse in compagnia di un tal Louis, al quale chiedeva, servendosi di senape:
– Lavori stasera?
O anche il fatto che a Juvisy, non distante dalla stazione di smistamento, sulla strada per Fontainebleau, un garagista e sua sorella Rose...

Insomma, tutto ciò ancora non esisteva! Era il futuro – il futuro imminente di Kees Popinga, che quel mercoledì di dicembre, alle otto di sera, era lontanissimo dal sospettarlo e si apprestava a fumare un sigaro.
Una cosa non avrebbe mai confessato a nessuno, perché a rigore si poteva intenderla come una critica alla vita in famiglia: dopo cena aveva una spiccata tendenza ad appisolarsi. Il cibo non era affatto parte in causa, perché, come nella maggior parte delle famiglie olandesi, la cena consisteva in un pasto leggero: tè, pane imburrato, affettati e formaggio, a volte un dolce.
Responsabile semmai era la stufa, una stufa imponente, la migliore nel suo genere, in piastrelle di ceramica verde con pesanti decorazioni in nichel, una stufa che non era soltanto una stufa ma che, con il suo tepore, con il suo respiro si potrebbe dire, ritmava la vita della casa.
Le scatole di sigari erano sul caminetto di marmo, e Popinga ne scelse uno lentamente, annusando il tabacco e facendolo scricchiolare, perché è indispensabile farlo quando si voglia apprezzare un sigaro, e anche perché così si è sempre fatto.
Allo stesso modo, appena sparecchiata la tavola, Frida la figlia di Popinga, che aveva quindici anni e capelli castani, disponeva i quaderni sotto la lampada e se ne stava per un pezzo a guardarli coi suoi occhioni scuri, che non esprimevano niente o non si capiva quel che volessero esprimere.
Le cose seguivano il loro corso. Il ragazzo, Carl, che aveva tredici anni, porgeva la fronte alla madre, poi al padre, baciava la sorella e saliva a coricarsi.
La stufa continuava a far sentire il suo ronzio e Kees chiedeva, per abitudine:
– Che cosa fate, *maman*?
La chiamava *maman* per via dei figli.
– Devo aggiornare l'album.
Lei aveva quarant'anni e la stessa dolcezza, la stessa dignità di tutta la casa, persone e cose. Si sarebbe quasi potuto aggiungere, come per la stufa, che era la migliore qualità di moglie d'Olanda, e del resto era una fisima di Kees parlare sempre di prima qualità.
A proposito di qualità, per l'appunto, solamente il cioccolato era di seconda scelta. Pure continuavano a mangiarne di quella marca perché ogni confezione conteneva una figurina, e quelle figurine trovavano posto in un apposito album in cui, di lì a qualche anno, sarebbero stati riprodotti a colori tutti i fiori della terra. La signora Popinga dunque si accomodò davanti al famoso album a ordinare le figurine. Frattanto Kees girava le manopole della radio, sicché del mondo esterno si udiva solo una voce di soprano e ogni tanto un cozzare di piatti che proveniva dalla cucina, dove la domestica stava rigovernando.
L'aria era così pesante che il fumo del sigaro non si spandeva neppure verso il soffitto ma ristagnava tutt'attorno alla faccia di Popinga, che a tratti lo fendeva con la mano, come fosse una grande ragnatela.
Da quindici anni le cose andavano così, e da altrettanti loro erano irrigiditi negli stessi atteggiamenti.
Ebbene, poco prima delle otto e mezzo, quando il soprano era ammutolito e una voce monotona leggeva le quotazioni della Borsa, Kees si mosse nella poltrona, guardò il sigaro e con voce esitante disse:
– Mi chiedo se tutto è veramente a posto, a bordo dell'*Océan III*.

da *L'uomo che guardava passare i treni*, Adelphi, Milano

103. Scrivete una storia in cui voi siete protagonisti. Raccontate quello che avviene attraverso tempi di primo piano e tempi di sfondo e immaginate che cosa potrebbe succedere se qualcuno vi dicesse che...

Se avessi...

104. Un altro esercizio per comprendere le possibilità espressive legate al tempo è provare a pensare che cosa sarebbe successo se invece di fare una cosa ne aveste fatta un'altra.

Immaginate una situazione in cui avreste voluto che tutto fosse diverso.
Cominciate dal presente, da una situazione concreta, visibile e continuate: "*Ah, se avessi... non sarei qui*".

L'ordine della narrazione

Quando raccontiamo una storia dobbiamo decidere con quale ordine narrare i fatti. Possiamo esporli nell'ordine in cui sono accaduti, seguendo cioè una successione cronologica, oppure interrompere la progressione lineare andando indietro nel passato o anticipando un evento futuro. Nel primo caso *fabula* e intreccio corrispondono, nel secondo caso invece si verificano delle discordanze chiamate anacronie.

Disordinare l'ordine: il passato

I narratori hanno inventato strategie per rendere il racconto più interessante e ricco. Invece di cominciare dall'inizio, qualche volta partono dalla fine o nel mezzo della storia o un po' di qua e un po' di là. Giocano con il tempo, disordinando l'ordine temporale, come spesso fa ciascuno di noi quando racconta qualcosa che gli è accaduto. Quando la narrazione si volge all'indietro nel passato si parla di analessi o *flashback*.

Un passo indietro

105. Un personaggio sta per fare qualcosa di decisivo, di estremamente importante, qualcosa che cambierà la sua vita. Descrivetelo in questa situazione, con chiarezza di dettagli (dov'è, quali azioni compie, chi c'è intorno a lui), trascurando in un primo tempo la ragione per cui si trova lì. In un secondo tempo fate fare alla narrazione un salto all'indietro e spiegate perché è lì: insomma ripartite dal passato con un *flashback*.

Ecco un esempio.

Aveva posato il biglietto sul tavolo della cucina. Un foglio a quadretti piegato in due: *Per Claudia*. La valigia era nell'entrata vicino allo specchio. Indossò il soprabito. Aprì la porta stette un attimo sulla soglia. Richiuse e tornò in cucina. Riprese il biglietto, lo rilesse.
Non c'era motivo per esitare. Quel che aveva visto due giorni prima...

Disordinare l'ordine: il futuro

Immaginare il proprio futuro, non quello lontano per ora, ma quello prossimo, ciò che accadrà fra un giorno o una settimana, è una possibilità espressiva importante.
Consente di dare prospettiva al personaggio, di confrontare i suoi desideri con lo svolgersi effettivo degli eventi futuri. Quando si anticipa un evento futuro si parla di prolessi o *flashfuture*.
Ecco come esempio l'inizio di un breve racconto di **Augusto Monterroso**. Il padre in attesa dell'ingresso sul palcoscenico della figlia, una grande pianista, immagina quello che succederà dopo il concerto, cioè la commozione consueta della figlia dopo ogni applauso.

BIOGRAFIA
A. Monterroso

Tra pochi minuti prenderà posto con eleganza sullo sgabello davanti al pianoforte. Riceverà con un inchino quasi impercettibile la rumorosa ovazione del pubblico. Il suo vestito luccicherà come se la luce riflettesse sopra l'accelerato applauso delle centodiciassette persone che riempiono questa piccola ed esclusiva sala, dove i miei amici approveranno o disapproveranno – non lo saprò mai – i suoi intenti di riprodurre la più bella musica, almeno così credo, del mondo. Lo so, lo so. Bach, Mozart, Beethoven. Sono abituato a...

da *Moto perpetuo*, Marcos y Marcos, Milano

Seguono due brevi pagine nelle quali la narrazione si sposta al passato: il padre ripensa alle fatiche della figlia per arrivare dov'è arrivata, agli ammiratori, ai giornalisti, a se stesso come padre che non avrebbe voluto che la figlia seguisse quella strada, alla sua, forse, invidia per i successi della figlia. Nella conclusione del racconto lo sguardo del padre si rivolge nuovamente al futuro.

Ormai si è fatto quell'improvviso silenzio che annuncia la sua comparsa. Presto le sue lunghe dita e armoniose scorreranno sulla tastiera, la sala si riempirà di musica, e io mi troverò ancora una volta a soffrire.

da *Moto perpetuo*, Marcos y Marcos, Milano

Un passo in avanti

106. Seguendo questo modello, costruite un breve racconto in cui un personaggio immagina il futuro prossimo di una situazione, ripercorre e riconsidera la situazione facendo riferimento al passato e conclude nuovamente con il futuro.

Il ritmo della narrazione

Il rapporto tra il **tempo della storia** e il **tempo del racconto** fornisce il **ritmo**, cioè la velocità della narrazione.
Possiamo raccontare dieci anni (tempo della storia) in quattro righe (tempo del racconto) oppure una giornata (tempo della storia) in settecento pagine (tempo del racconto). Nel primo caso la narrazione è veloce, nel secondo invece è lenta. Infine possiamo raccontare una storia impiegando lo stesso tempo che del suo svolgimento reale. In questo caso la velocità della storia e del racconto sono uguali.

La narrazione riproduce il tempo reale

Quando il tempo della storia e il tempo del racconto coincidono, si parla di **scena** perché è come se chi legge, dal punto di vista dello svolgimento temporale, assistesse di persona a ciò che viene raccontato.

BIOGRAFIA
G. Hemingway

Ecco un esempio di scena tratto da un racconto di **Ernest Hemingway**.

Voglio un gatto

Aprì la porta della stanza. George era sdraiato sul letto e leggeva.
– Hai trovato il gatto? – chiese, posando il libro.
– È sparito.
– Chissà dov'è andato, – disse lui, riposandosi gli occhi dalla lettura.
Lei si sedette sul letto.
– Lo desideravo tanto, – disse. – Non so perché lo desideravo tanto. Volevo quel po-

vero micino. Non è affatto divertente essere un povero micino fuori sotto la pioggia.
George si era rimesso a leggere.
Lei andò a sedersi davanti allo specchio della toeletta e si guardò con lo specchio da viaggio. Studiò il suo profilo, prima da una parte e poi dall'altra. Poi si esaminò la nuca e il collo.
– Non credi che sarebbe una buona idea se mi lasciassi crescere i capelli? – chiese, guardando nuovamente il suo profilo.
George alzò gli occhi e vide la sua nuca, con i capelli corti come quelli di un ragazzo.
– A me piacciono così come sono.
– Sono stufa, – disse lei. – Sono stufa di sembrare un ragazzo.
George, sul letto, cambiò posizione. Non aveva distolto lo sguardo da sua moglie da quando lei si era messa a parlare.
– Sei maledettamente bella, – disse.
Lei depose lo specchio sulla toeletta e andò alla finestra e guardò fuori. Stava facendosi buio.
– Voglio pettinarmi con i capelli all'indietro, lisci e ben tirati, e farmi sulla nuca un bel nodo grosso e pesante, – disse lei. – Voglio avere un gatto da tenere sulle ginocchia, e che faccia le fusa quando lo accarezzo.
– Sì? – disse George dal letto.
– E voglio mangiare a tavola con la mia argenteria e voglio le candele. E voglio che sia primavera e voglio spazzolarmi i capelli davanti allo specchio e voglio un gattino e voglio dei vestiti nuovi.
– Oh, smettila e cercati qualcosa da leggere, – disse George. Aveva ripreso la lettura.
Sua moglie guardava fuori dalla finestra. Ormai era buio pesto e sulle palme continuava a piovere.
– Comunque, voglio un gatto, – disse lei, – voglio un gatto. Voglio subito un gatto. Se non posso avere i capelli lunghi né divertirmi, posso almeno avere un gatto.

da *Gatto sotto la pioggia*, in *I quarantanove racconti*, Einaudi, Torino 2007

Una scena

107. Raccontate qualche cosa che vi è capitato in modo che ciò che scrivete nel testo occupi lo stesso tempo che ha occupato quando è avvenuto nella realtà.

La narrazione rallenta

Intervenire sul tempo all'interno di una reazione è possibile perché **il tempo è una dimensione variabile e strettamente legata alla percezione personale**. Un conto è il tempo cronologico, un conto è la percezione che ne abbiamo. Ci sono minuti che paiono non dover mai finire e ci sono ore che trascorrono troppo in fretta. Di questa variabilità si trova riscontro nella scrittura, con effetti che giocano sulla dilatazione e sulla sintesi. La sintesi è più utilizzata della dilatazione. È infatti, generalmente, più utile, ai fini di una narrazione, riassumere giorni, mesi o anni in due righe piuttosto che dilatare un secondo in una pagina o un giorno in cento pagine. Il rallentamento del ritmo è utile soprattutto quando si vuol fare emergere la psicologia del personaggio o descrivere uno stato d'animo.
Qui di seguito trovate alcuni esempi di "dilatazione".

Il primo esempio è tratto dal romanzo *Il borgomastro di Furnes* di Georgers Simenon.

BIOGRAFIA
G. Simenon

Tra le cinque meno 2 e le cinque

Le cinque meno due minuti. A Joris Terlinck, che aveva alzato la testa per guardare l'ora sul suo cronometro, posato come sempre sulla scrivania, rimaneva giusto il tempo.

Anzitutto il tempo di sottolineare con la matita rossa un'ultima cifra e di richiudere un fascicolo in carta giallastra che recava la dicitura: "Preventivo per l'impianto idrico e in genere per tutte le opere idrauliche del nuovo ospedale di Saint-Éloi".
Poi quello di spingere un po' indietro la poltrona, prendere dalla tasca un sigaro, farlo crocchiare e tagliarne la punta con un grazioso attrezzo nichelato che tirò fuori dal panciotto.
Era la fine di novembre e faceva già buio. Sopra la testa di Joris Terlinck, nell'ufficio del sindaco di Furnes, era acceso un intero cerchio di candele, di quelle elettriche però, con tanto di finte lacrime gialle.
Il sigaro tirava bene. Tutti i sigari di Terlinck tiravano bene, dal momento che li fabbricava lui e ne riservava per sé una qualità speciale. Acceso il tabacco, umettata e accuratamente smussata la punta, bisognava poi togliere il bocchino d'ambra dall'astuccio che, richiudendosi, produceva un rumore secco molto caratteristico – a Furnes c'era gente che riconosceva la presenza di Terlinck da quel rumore!
E non era finita. Non aveva ancora esaurito i due minuti. Dalla poltrona, girando appena la testa, Terlinck scorgeva, fra le tende di velluto scuro delle finestre, la piazza principale di Furnes, le case dai caratteristici frontoni scalettati, la chiesa di Sainte Walburge e i dodici lampioni a gas lungo i marciapiedi. Sapeva quanti erano perché li aveva fatti mettere lui! Nessuno invece poteva vantarsi di sapere esattamente quante fossero le selci della piazza, quelle migliaia di cubetti irregolari e tondeggianti che parevano esser stati disegnati coscienziosamente, a uno a uno, da un qualche pittore primitivo.
Su tutto si stendeva un velo di vapore, biancastro nel riverbero dei fanali; e per terra, benché non fosse piovuto, ristagnava come una sorta di vernice, una lacca di fango nerissimo su cui spiccavano in rilievo le tracce delle ruote dei carri.
Ancora mezzo minuto appena. La nube di fumo si dilatava intorno a lui, e attraverso quel fumo Terlinck vedeva, sopra il camino monumentale, il famoso ritratto di Van de Vliet nel suo magnifico abito, con le maniche a sbuffo, i nastri annodati e le piume sul cappello.
Joris Terlinck stava forse ammiccando al suo predecessore? O sbatteva semplicemente le palpebre perché il fumo gli pungeva gli occhi?
Lì dal suo posto avrebbe potuto annunciare che era entrato in azione, e stava per scattare, un meccanismo a orologeria, prima sopra la sua testa, nella torre del municipio, dove un orologio dal suono grave si apprestava a battere cinque rintocchi, poi, con lo scarto di un decimo di secondo, sulla torre campanaria, da cui si sarebbe sprigionato il ritornello del carillon.
Allora guardò, all'altro capo dell'ampio ufficio, una porta mimetizzata nel rivestimento intagliato della parete. Aspettò il timido tocco, il colpetto di tosse, e scandì:
– Entri pure, signor Kempenaar!

da *Il borgomastro di Furnes*, Adelphi, Milano

BIOGRAFIA
D. Del Giudice

Il secondo esempio è preso da *Staccando l'ombra da terra* di **Daniele del Giudice**.

Tra il secondo 1423 e il secondo 1797

Scese la notte sul campo, erano andati via tutti, i meccanici, Bruno, gli uomini della torre, partita anche la signora del bar, restavo solo con le luci della pista, insetti azzurrini tra l'erba, insetti luminosi e muti in file regolari. Guardavo le ombre dei tavoli proiettate dalla luna sulla terrazza, guardavo la notte, l'orizzonte sconfinato della notte, cielo e mare separati soltanto da sottili strisce di luce di coste lontane.
Io mi sentivo custode di questo spazio notturno, qualcuno mi aveva lasciato la chiave della torre, prima di andar via dovevo spegnere le luci della pista. Non ero mai rimasto fino a così tardi, la notte d'agosto scivolava in un caldo umido verso il suo

cuore più profondo. Forse fu il caldo, o forse mi addormentai, tra un secondo, pensavo, tra un secondo mi alzo e vado via, ancora un secondo e mi alzo, spengo le luci della pista e vado via, e forse l'avrei fatto, stavo per farlo, ma il secondo successivo mi accorsi della loro presenza.
Erano seduti nel buio di fronte a me, come avevo fatto a vederli solo adesso?, erano in due, pensai che fosse un'immagine mentale, ma la voce, con un brivido, mi dette la certezza che erano proprio lì. Ci fosse stato un tempo così quella sera, disse l'uomo più giovane, ci fosse stata una luna così, un sereno così..., poi distolse lo sguardo dal cielo, abbassò il viso e mi fissò, e io distinsi con un nuovo brivido i suoi occhi nell'oscurità. L'altro, più anziano, guardava di lato come se volesse rendersi conto del luogo, guardava di lato e con l'unghia di una mano tormentava un'unghia dell'altra, quasi che parlare fosse una fatica o un dolore insopportabile.
Adesso, disse il più giovane, adesso, dopo tanto tempo possiamo contare il tempo che fu così breve quella sera, un tempo di stupore assoluto, lo stupore con cui nell'istante finale tu dicesti "precipitiamo..." senza nemmeno gridare, con la voce soffocata dalla pressione e dalla gravità che ci tirava giù, rassegnato a un evento incredibile, un evento così stupido, così antiquato, come uno stallo da ghiaccio. Eri tu il comandante, io il tuo secondo, oltre all'età ci separava la tua abitudine ai jet e la mia abitudine all'elica... Sì, ero io il comandante disse il più anziano, ma quella tratta la facesti tu, io intervenni solo alla fine, comunque ormai non importa, credimi davvero non importa. Al secondo 1423, riprese il più giovane, tu dicesti alla hostess di distribuire la cena ai passeggeri, ricordi?, avevi un tono conviviale, tutto andava bene, nessuna turbolenza, quando fai il caffè me ne porti un po' con lo zucchero? Le domandasti anche se restava un vassoio in più per noi due, lei rispose che i vassoi erano contati ma forse non tutti i passeggeri avrebbero mangiato, tu ordinasti che se ne fosse avanzato uno sarebbe stato per me.
Strano, parlammo così tanto del mangiare? disse l'uomo più anziano scuotendo appena la testa. Sì, parlammo del cibo, poi al secondo 1492, quando l'aereo fu ben impostato nella salita verso le Alpi tu dicesti riposiamoci un po', e fu più o meno in quei secondi che passammo per il punto esatto in cui un altro aereo prima di noi aveva invertito la rotta per via del ghiaccio, ma chi poteva saperlo? noi eravamo collegati su un'altra frequenza e non sentimmo le sue comunicazioni. Continuammo a salire e al secondo 1653 mi resi conto che qualcosa non andava, perdevamo velocità ascensionale, pensammo tutti e due la stessa cosa, pensammo subito al ghiaccio, io accesi le luci d'ala e cercai di vedere dove si stesse formando, non sembrava anche a te che fosse lungo il bordo d'uscita dell'ala?, tu mi rispondesti sì, è là sopra, guarda. Ghiaccio vetroso, il peggiore dei ghiacci aeronautici, ghiaccio che si forma di colpo come uno schiaffo entrando in nube, difficile da mandare via, acqua sopraffusa all'interno di una nuvola, acqua ancora allo stato liquido nonostante la temperatura sia sotto zero, goccioline invisibili in equilibrio instabile che restano goccioline solo per la pellicola d'acqua che avvolge ogni gocciolina e le impedisce di ghiacciare, ma non appena qualcosa urta la pellicola e la rompe le goccioline solidificano istantaneamente attorno a ciò che le ha rotte, noi entrammo in quella nube a duecentosettanta chilometri l'ora, rompemmo milioni, miliardi di goccioline che solidificarono attaccandosi di colpo alle ali come crostacei a una balena, ci riempimmo di ghiaccio vetroso, il profilo delle ali non era più quello, per non parlare del peso. Al secondo 1740 tu mi dicesti guadagna quegli altri quattro nodi se no non saliamo più, e io eseguii, ma al secondo 1748 ci fu un'improvvisa caduta d'ala dalla mia parte, di colpo l'aereo andò giù sul fianco di quaranta gradi, nemmeno tanti, sembrava una virata stretta, sganciai immediatamente il pilota automatico e presi l'aereo al volantino, fui così rapido che tu nemmeno te ne accorgesti, dicesti stacca l'autopilota e io ti risposi ma l'ho già staccato, al secondo 1750 suonò l'avviso di stallo, cercavo di tener dritto l'aeroplano che cominciava a

perdere quota ma ci fu una caduta d'ala dalla tua parte, cento gradi di inclinazione a sinistra, cento gradi, lei sa cosa vuol dire? domandò il giovane rivolgendosi a me, vuol dire l'ala a coltello, un aereo passeggeri messo a coltello, e scosse la testa sconsolato, al secondo 1755 sentii un colpo sui comandi, era il congegno automatico che spinge in avanti il volantino con una pressione di quaranta chili per fronteggiare lo stallo, io dissi a voce alta giù... giù... giù..., tu dicesti a voce alta fermo... fermo..., e prendesti i comandi. Stallammo di nuovo, era il terzo stallo, questa volta andò in stallo di nuovo l'ala dalla mia parte, altri cento gradi a destra, tu gridasti un'imprecazione contro l'aereo, gridasti mortacci sua, me lo ricordo bene...
Il comandante ascoltava come se quei secondi li avesse percorsi e ripercorsi un milione di volte. Lo sente?, mi domandò aggiustandosi la visiera del berretto, sente come ne parla?, 1492, 1653, 1748, come se fossero anni, date storiche, furono appena trecento secondi, cinque minuti, cinque minuti per capire, per renderci conto, per agire disperatamente in una notte di primo autunno, in un attraversamento eterno delle nubi, in un cielo di ghiaccio terribile. Ecco, non facciamo altro, siamo rimasti uniti anche dopo lo schianto, lui non si dà pace, eppure ci attenemmo al manuale, né più né meno, ma vede com'è lui, forse perché è giovane, e lo resterà per sempre.
Tacemmo tutti e tre e il nostro silenzio portò in superficie le cicale e il soffio caldo del mare. Guardavamo l'aeroporto: messo così, con quella luna e quegli alberi in fianco, con la palazzina degli anni Trenta e i vecchi hangar di metallo a mezza botte, le officine littorie abbandonate dall'altra parte della pista e la pista in erba e la doppia striscia di luci che finivano nel mare, avrebbe potuto essere ogni aeroporto, ogni campo d'aviazione, in un qualunque punto del mondo sul limite tra terra e mare, in attesa di un qualunque decollo e di un qualunque atterraggio, in uno qualsiasi degli anni e dei decenni di questo primo secolo aviatorio, il luogo di ogni partenza e di ogni arrivo, di ogni mancata partenza, di ogni mancato arrivo.
Poi, riprese piano il giovane in divisa, poi al secondo 1760 l'aereo andò giù di nuovo dalla mia parte, tu mi ordinasti di ridurre motore e io eseguii, al secondo 1764 suonò ancora l'avviso di stallo, l'ala dalla tua parte stallò per l'ennesima volta, e questa volta fino a 135 gradi, l'aereo affondò quasi rovesciato, ci pensa?, un aereo passeggeri in volo rovescio, sospirò il giovane girando la mano col palmo verso l'alto e lasciandola cadere, anche tu e io eravamo rovesciati, e non so come, col sangue alla testa e mentre tutto ballava io riuscii a distinguere l'anemometro tra le luci sul pannello dei comandi, la velocità saliva rapidamente da 185 a 231 nodi, piano piano l'inclinazione si ridusse, cessarono gli stalli d'ala, pensai ce la facciamo forse, forse lo riprendiamo, tentammo una rimessa cabrando un po', era il secondo 1771, io ti gridai tiralo su... tiralo su..., tu mi rispondesti sto tirando, in quel momento superammo i 250 nodi, la velocità massima operativa, e così prese a suonare anche l'allarme di overspeed. Al secondo 1779 tu dicesti nuovamente sto tirando, ma eravamo in picchiata, oltre 330 nodi di velocità, il limite massimo di manovrabilità e tu gridasti ho i comandi bloccati!, al secondo 1787 gridasti ancora tira su e io ti risposi sto tirando, suonavano gli stalli, suonava l'overspeed, suonava tutto, tutto vibrava e cadeva e a quel punto, davvero non so con quale forza, in quella posizione e a quella velocità io aprii la radio, era il secondo 1789, aprii la radio e dissi Milano, Alitalia 460, siamo in emergenza..., come se quel messaggio potesse salvarci, come se qualcuno potesse fare qualcosa per noi e per l'aereo, capii che l'avevamo perduto, eravamo perduti, come crederci? eppure eravamo perduti, e fu a quel punto, al secondo 1797, che tu mi dicesti piano, con voce soffocata, precipitiamo, dicesti piano e desolato e stupefatto precipitiamo...
Il secondo successivo...
Ti prego, disse il comandante, ti prego, e lo disse come una preghiera rituale e un po' scettica sul risultato, non tanto perché non volesse ascoltare il fracasso di

quell'ultimo istante, forse voleva tranquillizzare il suo primo ufficiale, forse voleva che quell'istante non lo ascoltasse lui, che dimenticasse per sempre quell'istante, preghiera inutile, perché l'istante successivo il giovane riprese nello stesso tono, disse non si vedeva più nulla, precipitavamo a diecimila piedi al minuto, io mi accorsi che qualcosa nell'aereo non andava al secondo 1653, al secondo 1797, meno di due minuti dopo, quello non era più un aereo, eravamo semplicemente quindicimila chili di metallo e fibre e plastica e persone che venivano giù a piombo, quasi rovesciati, nel buio e nell'opaco della notte e delle nubi, senza poter far niente, senza neanche renderci conto di come e perché fosse accaduto. Ci pensa? Avevamo sbattuto contro una nube, avevamo preso in pieno una nube che pochi secondi dopo, intatta e sgravata di qualche quintale di ghiaccio, proseguiva pacifica verso est, e il mattino dopo, quando ci trovarono in un bosco, scivolava inconsapevole sullo Ionio o sui Balcani. Di nuovo ci fu silenzio, pensai di prendere la mano del primo ufficiale vincendo la paura, che cosa poteva capitarmi?, era un gesto di solidarietà e come tale, pensai, Qualcuno o la Natura o il Cosmo mi avrebbero esentato da ogni orrore o conseguenza, ma il comandante mi lesse il gesto nello sguardo e con tranquillità fece cenno di no scuotendo la testa. Lei è qui ogni sera?, domandò cambiando argomento. È fortunato, sa, è proprio un bel posticino, a quest'ora poi, e di questa stagione, disse aggiustandosi la visiera del berretto, guardando attorno con un'infinita, sconsolata nostalgia. Dopo un secondo aggiunse potrei dare un'occhiata agli aerei nell'hangar? Mi dispiace, risposi io, mi dispiace davvero ma non ho le chiavi, ho solo le chiavi della torre per spegnere le luci della pista. Peccato, disse il comandante e si alzò in piedi. Anche il giovane primo ufficiale si alzò, ed io con lui. Camminavamo verso la torre, camminavamo senza fretta, ciascuno preso nei propri sentimenti, tutto ciò che poteva accadere era già accaduto, accaduto e terribile e irrevocabile, e questa certezza e la dolcezza del luogo e la luce della luna sembravano infondere in ciascuno di noi una totale aderenza al paesaggio, un'accettazione di tutto ciò che è, così com'è.

da *Staccando l'ombra da terra*, Einaudi, Milano

Un minuto infinito

108. Concentratevi su un evento qualsiasi della vostra giornata che non sia durato più di 2 o 3 minuti. Il tempo trascorso, per esempio, da quando vi siete svegliati a quando avete fatto colazione, da quando siete usciti di casa a quando siete arrivati a scuola. Oppure il quarto d'ora di attesa a un appuntamento in cui un vostro amico o amica erano in ritardo, i cinque minuti prima di una visita dal dentista e così via. Raccontate nei minimi dettagli che cosa stavate facendo, che cosa stavate pensando, chi e che cosa c'era attorno a voi: raddoppiando il tempo della storia.

La narrazione accelera

Se dalla grande vicinanza dei minuti e dei secondi vi allontanate verso le ore e le giornate o i mesi e gli anni vi accorgerete facilmente che ogni racconto gioca con il tempo attraverso salti temporali. Lo scrittore racconta un'azione, descrive una situazione in un certo punto temporale e poi salta: un'ora, un giorno, un mese dopo.
Senza questa possibilità ogni racconto entrerebbe in una continuità impossibile da rappresentare. Non posso seguire un personaggio minuto per minuto (se non nel gioco di dilatazione di cui abbiamo parlato (vedi a p. 185).
Raccontare significa selezionare, all'interno del flusso temporale, i momenti più significativi, quelli che acquistano un significato per la storia nel suo complesso. Gli altri elementi, e quindi in questo caso "i tempi vuoti", quelli in cui non accade niente, vengono semplicemente espunti – **ellissi** o riassunti in poche righe o poche frasi **sommario**.
Le "tracce" di questa manipolazione, senza le quali il lettore troverebbe difficile orientarsi, le troviamo negli avverbi e in altre locuzioni temporali che costellano tutti i racconti.

Leggiamo un esempio di accelerazione, ottenuta con l'uso di **ellissi**, tratto da un racconto di **Friedrich Glauser**.

Dieci anni dopo

Il giorno seguente Niemayer negò: cercò di giustificare la sua assenza in quella notte con una forte emicrania che lo aveva indotto a fare una passeggiata notturna. La classica scusa. Il giudice istruttore rise. Il raglan del commerciante fu grattato, bisognava confrontare la polvere con la sporcizia delle unghie di Niemayer. Il commerciante aveva dichiarato di non aver mai portato il cappotto in ufficio.
La sera il giudice si recò nel laboratorio. – Ebbene, qual è il risultato? – Negativo – disse freddamente la signorina Hilde. Il giudice istruttore si infuriò. La signorina Hilde tacque, accese il proiettore. Sullo schermo bianco apparve in un cerchio un intrico di strani vermi lucenti, violetti. – Questo era sotto le unghie di Niemayer – disse la signorina Hilde. – E questa è la polvere del raglan –. Comparve un altro cerchio, filamenti neri, opachi. Nessuna somiglianza tra i due. – Se non mi crede – disse la signorina Hilde, – faccia fare l'analisi a un altro laboratorio. Ecco i campioni –. E porse al giudice istruttore due pacchettini di carta. Lui fece cenno di no e se ne andò a casa affranto. L'inchiesta su Niemayer fu archiviata, testimoni non ce n'erano. Subito dopo Niemayer lasciò la città. Sei mesi più tardi la signorina Hilde si licenziò. Il giudice istruttore rimase scapolo. L'assicurazione coprì il danno del commerciante.
Circa dieci anni dopo il giudice istruttore, che nel frattempo era diventato procuratore, fece un viaggio in automobile in Provenza in compagnia di amici. In una piccola cittadina era stato loro raccomandato un albergo per la sua buona conduzione. Si fermarono là. Il padrone era un uomo biondo, robusto, che l'ex giudice istruttore e attuale procuratore ebbe l'impressione di conoscere. Ma non perse altro tempo ad almanaccarsi, aveva visto tante facce. Finché al termine della cena comparve la padrona – lui rimase a bocca aperta, e fece per balzare in piedi. L'albergatrice lo guardò ridendo, si chinò sulla sua sedia e gli mormorò in tono risoluto: – Monsieur le procureur, dopo venga un po' da noi, anche a mio marito farà piacere.

da *I primi casi del sergente Studer*, Sellerio, Palermo

BIOGRAFIA
L. Tolstòj

Quello che segue è un esempio di **sommario** tratto da un romanzo di **Lev Tolstòj**: in poche righe l'autore riassume la caduta dell'*ancien régime*, la Rivoluzione francese del 1789 e l'avventura di Napoleone.

Da Luigi XIV a Napoleone

Luigi XIV era un uomo molto orgoglioso e sicuro di sé. Aveva le tali e tali amanti, e i tali e tali ministri, e governò male la Francia. Gli eredi di Luigi XIV furono anch'essi uomini deboli, e anch'essi governarono male la Francia. A loro volta ebbero i tali e tali favoriti e le tali e tali amanti. Per di più c'erano a quel tempo certe persone che scrivevano libri. Alla fine del XVIII secolo si riunirono a Parigi circa due dozzine di persone, le quali cominciarono a dire che tutti gli uomini sono liberi e uguali. A causa di ciò, in tutta la Francia i cittadini presero a trucidarsi e ad affogarsi l'un l'altro. Questa gente uccise il re e moltissimi altri. A quel tempo c'era in Francia un uomo di genio: Napoleone. Egli sconfisse tutti dappertutto, cioè uccise moltissima gente perché era un uomo di genio; e, per qualche ragione, andò a uccidere gli africani, e li sterminò così bene, fu così abile e astuto che, tornato in Francia, ordinò a tutti di obbedirgli, cosa che essi fecero. Proclamatosi imperatore, ripartì per uccidere altre masse di persone in Italia, Austria e Prussia. E anche là ne uccise moltissime.

da *Guerra e pace*, Mondadori, Milano

Salti temporali

109. Condensa in non più di 10 righe gli avvenimenti dell'ultima settimana.

Appendici
Biografie degli autori

Alberoni Francesco
È nato nel 1929 ed è un noto sociologo, giornalista e scrittore. Dopo avere studiato psicoanalisi, matematica e teoria dell'informazione, ha proseguito la sua formazione sotto la guida di padre Agostino Gemelli, fondatore dell'Università cattolica. Con Alfred McClung Lee ha approfondito lo studio dei mezzi di comunicazione di massa. Docente presso l'Università Cattolica di Milano, nel corso della sua lunga e brillante carriera ha pubblicato numerosi saggi dedicati ai temi della passioni individuali e collettive. Tra i piú noti *Consumi e società* (1964), *Classi e generazioni* (1970), *Movimento e istituzione* (1977), *Innamoramento e amore* (1979), *L'albero della vita* (1982), *L'amicizia* (1984), *L'erotismo* (1986), *Pubblico e privato* (1987), *Genesi* (1989), *Il volo nuziale* (1992), *Ti amo* (1996), fino ai piú recenti Leader e masse (2007) e *Racconti d'amore* (2010). Collabora con numerosi giornali e riviste e tra il 1982 e il 2011 ha mantenuto una rubrica fissa sul "corriere della Sera" dal titolo *Pubblico e privato*.

Atzeni Sergio
Scrittore e giornalista italiano (1952-1995), è autore di romanzi spesso ambientati nella sua nativa Sardegna, alla quale lo unisce un forte legame. Fra le sue opere, *L'apologo del giudice bandito* (1986), *Il figlio di Bakunin* (1991), *Il quinto passo è l'addio* (1995).

Augias Corrado
È nato a Roma nel 1935. Collabora con il quotidiano "la Repubblica" e per anni è stato corrispondente da Parigi e da New York per lo stesso quotidiano, oltre che per i settimanali "l'Espresso" e "Panorama". All'attività di giornalista affianca da sempre quella di scrittore e di conduttore televisivo. Tra i suoi libri piú famosi vi sono i gialli *Quel treno da Vienna* (1981), *Il fazzoletto azzurro* (1983), *L'ultima primavera* (1985) e saggi come *Modigliani, l'ultimo romantico* (1999), *Leggere. Perché i libri ci rendono migliori, piú allegri e piú liberi* (2007), fino agli ultimi *Il disagio della libertà* (2012) e *Inchiesta su Maria* (2013), con il quale l'autore prosegue un itinerario di indagine nell'ambito religioso iniziato nel 2006 con *Inchiesta su Gesú* . Ha condotto trasmissioni televisive di successo come *Telefono giallo*, *Enigma* e *Le storie. Diario italiano*.

Auster Paul
Ebreo di origini polacche, è nato a Newark, nel New Jersey, nel 1947 e ha incominciato a scrivere le prime poesie già durante l'adolescenza Dopo la laurea presso la Columbia University, nel 1970, si è trasferito a Parigi, guadagnandosi da vivere come traduttore. Al ritorno negli Stati Uniti ha pubblicato i volumi di poesie *Unearth* (1974) e *Wall Writing* (1976) e nel 1981 ha sposato la scrittrice di origine norvegese Siri Hustvedt; dall'unione è nata una figlia, Sophie, oggi nota cantante e attrice.
La carriera di Auster come romanziere ha avuto inizio nel 1982 con *L'invenzione della solitudine*, un romanzo autobiografico sul rapporto problematico con il padre, ma la consacrazione a livello internazionale è giunta con la *Trilogia di New York* (1985-1987), composta da tre romanzi polizieschi vagamente collegati tra di loro: *Città di vetro*, *Fantasmi* e *La stanza chiusa*. Seguono i romanzi *Nel paese delle ultime cose* (1988), *Moon Palace* (1990), *La musica del caso* (1990). Oggi Auster è divenuto uno scrittore di culto dalle poliedriche attività, da sceneggiatore di film (*Smoke* e il suo seguito ideale, *Blue in the Face*, entrambi del 1995) a regista cinematografico (*Lulu on the Bridge*, 1998). Tra i suoi ultimi romanzi ricordiamo *Il libro delle illusioni* (2002), *Follie di Brooklyn* (2005), *Sunset Park* (2010).

Borroughs William
Scrittore e saggista statunitense (1914-1997), una delle voci piú dissonanti e innovative della letteratura d'avanguardia americana novecentesca, vicino al movimento della Beat Generation, la cui esistenza, e la cui opera, spesso di carattere autobiografico, fu segnata dall'esperienza della droga. Conobbe la notorietà con *La scimmia sulla schiena* (1953), ma la sua opera piú celebre rimane *Il Pasto Nudo* (1959), espressione surreale di un radicale pessimismo.

Brooks Terry
Scrittore statunitense (1994), è uno dei piú celebri autori di romanzi fantasy; il suo nome è soprattutto legato al ciclo di Shannara, il cui primo titolo, *La spada di Shannara*, uscì nel 1977, riscuotendo un vastissimo successo. Ha anche collaborato alla stesura di testi per il cinema, fra cui *Guerre stellari*.

Browning Robert
Poeta e scrittore inglese (1812-1889), pubblicò i suoi primi poemetti tra il 1833 e il 1840; ma fu negli anni seguenti, stabilitosi in Italia, che diede le sue maggiori prove in opere come *La vigilia di Natale e il giorno di Pasqua* (1850), sorta di meditazione metafisica, e i componimenti poetici raccolti in *Uomini e donne* (1855) e *L'anello e il libro* (1868-69), spesso giocati su una pluralità di prospettive e punti di vista che, nel frantumare la centralità univoca del soggetto, aprono già alla poesia sperimentale del Novecento.

Caillois Roger
Saggista francese (1913-1978), dopo essersi avvicinato alla corrente surrealista, dedicò la sua vasta opera critica a prendere le distanze da certo sperimentalismo eccessivo e dall'arbitrarietà di molta arte contemporanea a favore di una chiarezza critica che tuttavia apre all'analisi di aspetti culturali quali il sacro, il sogno, la fantasia creatrice. Fra le sue opere, *Il mito e l'uomo* (1938), *Babele* (1948), *Istinti e società* (1964).

Calvino Italo
Nacque nel 1923 a Santiago de Las Vegas (Cuba) dove il padre dirigeva una stazione sperimentale di agricoltura; nel

1925 la famiglia rientrò in Italia e si stabilì a San Remo, dove Italo compì gli studi, assorbendo dall'ambiente familiare la cultura laica e l'interesse per le scienze. Terminato il liceo, si iscrisse a Torino alla Facoltà di Agraria, pur prediligendo gli studi letterari e iniziando a comporre brevi racconti, apologhi, testi teatrali. Nel 1943, alla chiamata di leva della Repubblica Sociale Italiana, scelse con il fratello la clandestinità sulle Alpi Marittime, aggregandosi ai partigiani della brigata Garibaldi. Dopo la guerra, passato alla Facoltà di Lettere, si laureò nel 1947 con una tesi su Joseph Conrad ed entrò in contatto con Vittorini e Pavese, da cui fu introdotto nella casa editrice Einaudi, che nel 1947 pubblicò il suo primo romanzo, *Il sentiero dei nidi di ragno*, nel 1949 la raccolta di racconti *Ultimo viene il corvo* e nel 1950 lo assunse stabilmente. Agli inizi degli anni Cinquanta Calvino abbandonò le tematiche neorealistiche delle prime opere per volgersi da un lato verso un "realismo a carica fiabesca" (la definizione è di Vittorini), dall'altro verso la riflessione su alcuni aspetti della società contemporanea: sul primo versante, comparvero così *Il visconte dimezzato* (1952), *Il barone rampante* (1957) e *Il cavaliere inesistente* (1959), che andranno a costituire nel 1960 la trilogia de *I nostri antenati*, e le *Fiabe italiane* (1956), importante opera di trascrizione del patrimonio folklorico italiano; sull'altro, dopo la *Formica argentina* (1951), iniziò ad uscire nel 1952 la serie di *Marcovaldo*, cui seguirono *L'entrata in guerra* (1954), *La speculazione edilizia* (1957), *La nuvola di smog* (1958). Nel 1963 uscì il breve romanzo *La giornata di uno scrutatore*. Nel 1964 si sposò con l'argentina Esther Judith Singer e si trasferì a Parigi. Escono *Le cosmicomiche* (1965), *Ti con zero* (1967), *Il castello dei destini incrociati* (1969), *Le città invisibili* (1972), *Se una notte d'inverno un viaggiatore* (1979).
Tornato in Italia nel 1980, si stabilì con la famiglia a Roma, allontanandosene spesso per conferenze e convegni internazionali. A parte l'ultima opera narrativa, *Palomar* (1983), gli ultimi anni furono dedicati prevalentemente alla saggistica; nel 1985 stava preparando una serie di lezioni da tenere all'università americana di Harvard, quando morì improvvisamente a Siena per emorragia cerebrale. Postume sono uscite appunto le *Lezioni americane* (1988), le raccolte narrative *Sotto il sole giaguaro* (1986) e *La strada di San Giovanni* (1990) e quella saggistica *Perché leggere i classici* (1991); un volume di scritti inediti intitolato *Prima che tu dica «Pronto»* è stato poi pubblicato nel 1993.

Cameron James

È nato in Canada nel 1954. È regista di film di grandissimo successo come *Terminator* (1984), *Titanic* (1997) e *Avatar* (2009), e ha girato anche diversi documentari, tra cui uno dedicato all'affondamento del Titanic (2003). Nel 2005, in collaborazione con alcuni scienziati della NASA, ha realizzato una ripresa della Dorsale Medio-Atlantica, la catena montuosa sottomarina che collega il Polo Nord all'Antartide.

Canetti Elias

Nacque a Rušcuk (oggi Ruse) nel 1905, in Bulgaria, dove i genitori, ebrei di origine spagnola, si erano stabiliti. Fin da piccolo rimase orfano di padre e con la madre e i fratelli si trasferì dapprima a Zurigo, poi a Francoforte e infine a Vienna. Nel 1931 si impose sulla scena letteraria con *Auto da fé*, primo e unico romanzo nel quale esplora in modo magistrale gli abissi della solitudine dell'animo umano. Nel 1938, dopo l'*Anschluss*, per sfuggire alle leggi antisemite promulgate da Hitler si rifugiò a Londra, dove rimase fino al 1971, quando tornò a Zurigo. Durante gli anni londinesi scrisse opere di grande valore come *Massa e potere* (1960), un saggio sulla psicologia del controllo sociale. Di grandissimo valore è anche la sua autobiografia, divisa in tre volumi – *La lingua salvata*, *Il frutto del fuoco* e *Il gioco degli occhi* – pubblicata fra il 1977 e il 1985. Le sue opere lo hanno imposto come uno dei piú grandi scrittori di ogni tempo, tanto che nel 1981 gli fu assegnato il premio Nobel per la letteratura. Morì a Zurigo nel 1994.

Carofiglio Gianrico

È nato nel 1961 e ha intrapreso la carriera di magistrato. Ha esordito come scrittore nel 2002 con *Testimone inconsapevole* e ha proseguito con *Ad occhi chiusi* (2003), *Il passato è una terra straniera* (2004) e *Ragionevoli dubbi* (2006). Eletto senatore con il Partito Democratico nel 2008, ha in seguito abbandonato l'impegno politico per dedicarsi completamente all'attività di scrittore. Tra le opere piú importanti degli ultimi anni: *Le perfezioni provvisorie* (2010), *Il silenzio dell'onda* (2011) e *La sorte del bufalo* (2013).

Carver Raymond

Nacque nel 1938 a Clatskanie, nell'Oregon, da una famiglia di umili condizioni economiche. Nonostante le gravi ristrettezze economiche si sposò giovanissimo e svolse una quantità di lavori manuali. Trasferitosi in California, riprese gli studi seguendo anche vari corsi di scrittura creativa e ampliando il suo orizzonte culturale. Laureatosi nel 1963, incominciò a pubblicare racconti su diverse riviste, sempre assillato da problemi economici e familiari, cambiando frequentemente lavoro e residenza. Mentre vagabondava attraverso l'America insegnando in varie università, scrivendo poesie e racconti e vincendo premi letterari – tra cui, due volte, il prestigioso "O. Henry Short Story Prize" –, fu afflitto da seri problemi di alcoolismo, dai quali riuscì a liberarsi solo alla fine degli anni Settanta. Nel frattempo andava affermandosi come uno tra i maggiori narratori di *short story* e, nel 1981, la raccolta di racconti *Di cosa parliamo quando parliamo d'amore* gli valse la consacrazione, da parte della critica, di maestro riconosciuto del cosiddetto "minimalismo", per via della sua capacità di ridurre la narrazione al minimo essenziale, una definizione nella quale, del resto, Carver non si riconobbe mai. Cionondimeno, il suo stile asciutto, oggettivo, freddo e preciso fece scuola, e un'intera generazione di autori verrà associata a Carver con il nome, appunto, di "minimalisti".
La povertà, l'alcolismo, la solitudine, segnarono profondamente la sua opera di narratore e di poeta, capace però di riscattarsi dal pessimismo e dall'angoscia facendo emergere la visione del fantastico dalla banalità del quotidiano. Morì per una grave forma di tumore nel 1988.
Tra le sue raccolte di racconti: *Vuoi star zitta, per favore?* (1976); *Stagioni furiose e altri racconti* (1977); *Di cosa parliamo quando parliamo d'amore* (1981); *Cattedrale* (1983); *Voi non sapete che cos'è l'amore* (1983); *Da dove sto chiamando* (1988); postumi sono usciti *Elefante* (1988); *Per favore non facciamo gli eroi* (postumo, 1991); *Se hai bisogno, chiama* (postumo, 2000). Alla prima raccolta di poesie, *Near*

Klamath (1968), seguirono *Winter Insomnia* (1970); *At Night the Salmon Move* (1976); *Racconti in forma di poesia* (1986); *Blu oltremare* (1986), *Il nuovo sentiero per la cascata* (postumo, 1988). Ai racconti di Carver si è ispirato il regista Robert Altman per il film *America oggi* (postumo, 1991).

Citati Pietro
È nato a Firenze nel 1930 ed è, oltre che scrittore, uno dei piú apprezzati critici letterari. Ha compiuto gli studi a Torino e dopo il bombardamento della città nel 1942 si è trasferito in Liguria. In seguito ha studiato Lettere moderne a Pisa, presso la Scuola Normale Superiore dal 1951. Già durante gli anni dell'università inizia a collaborare come critico letterario con riviste come "Il punto" (dove lavora a fianco di Pasolini), "L'approdo" e "Paragone". Negli anni Sessanta inizia a scrivere per "il Giorno"; dal 1973 al 1988 è stato critico letterario per il "Corriere della Sera" e dal 1988 al 2011 per "la Repubblica". Come scrittore, si è dedicato soprattutto alla saggistica scrivendo biografie di grandi personaggi, soprattutto letterari (*Goethe*, 1970; *Manzoni*, 1980; *Tolstoj*, 1983; *Kafka*, 1987, *Leopardi*, 2010) contribuendo a rinnovare il genere. Attualmente scrive anche sulle pagine culturali del "Corriere della Sera".

Colombo Cristoforo
Nacque a Genova nel 1451. Appresa fin da giovanissimo l'arte della navigazione, progettò di raggiungere l'Asia via mare con una "rotta breve", ossia attraversando l'Atlantico. Il 3 agosto 1492 salpò da Palos de la Frontera con il mercantile Santa Marìa, due caravelle (velieri a due o tre alberi adatti a viaggi di lunga durata), la Pinta e la Niña, e 90 uomini di equipaggio. Sospinte dagli alisei (venti costanti che spirano da est a ovest), le navi solcano l'Atlantico e il 12 ottobre arrivarono a Guanahani, un'isola dell'arcipelago delle Bahamas di cui Colombo prese possesso in nome del re di Spagna, chiamandola San Salvador.
L'anno dopo fece nuovamente rotta verso l'Europa lasciando l'equipaggio di stanza nell'isola e portando con sé oro, tabacco, alcuni pappagalli e dieci indiani per mostrare ai sovrani la ricchezza del nuovo territorio.
Dopo la prima spedizione, tra il 1493 e il 1504 Colombo ne portò a termine altre tre, che si conclusero con la scoperta di nuove terre ma segnarono anche la fine della fortuna del navigatore il quale, accusato di aver abusato del potere concessogli dai sovrani, venne arrestato e ricondotto in patria. Trascorse gli ultimi anni a Valladolid, dove morì nel 1506.

Colvin Marie
Nacque nel 1956 negli Stati Uniti. Iniziata la carriera di giornalista, dal 1985 ha lavorato come corrispondente di guerra in Medio Oriente per il quotidiano britannico "The Sunday Times" ricevendo per i suoi reportage numerosi riconoscimenti, tra cui i premi Journalist of the Year e Courage in Journalism nel 2000, e il premio Foreign Reporter of the Year per due volte, nel 2001 e nel 2010.
Nel febbraio 2012 la Colvin arrivò di nascosto a Homs, città siriana simbolo della rivolta contro il governo, e insieme ai pochi inviati rimasti sul posto allestì in un appartamento del quartiere di Baba Amr un improvvisato centro stampa che trasmetteva alle principali TV del mondo filmati e articoli sulla terribile repressione in atto.
Dopo due settimane di incessanti bombardamenti il centro stampa venne colpito e la Colvin morì dilaniata da un ordigno incendiario riempito di chiodi insieme al fotoreporter francese Rémi Ochlik e ad altre 13 persone, tra cui diversi giornalisti e attivisti locali.

Covito Carmen
Scrittrice italiana (1948), ha esordito nella narrativa con il romanzo *La bruttina stagionata* (1992), cui ha fatto seguito, tre anni dopo, *Del perché i porcospini attraversano la strada*. Tra le altre sue attività, la cura e la realizzazione di un sito Internet dedicato alla narrativa.

Crepet Paolo
È nato a Torino nel 1951 ed è un noto psichiatra, sociologo e scrittore, spesso ospite di trasmissioni televisive. È autore di saggi sui temi dell'educazione, come *Non siamo capaci di ascoltarli. Riflessioni sull'infanzia e sull'adolescenza* (2001), *I figli non crescono piú* (2005), *L'autorità perduta. Il coraggio che i figli ci chiedono* (2011). Notevole anche la sua produzione nel campo della narrativa, con *Solitudini. Memorie d'assenza* (1997), *La ragione dei sentimenti* (2002) e *Dannati e leggeri* (2004).

Del Giudice Daniele
Scrittore italiano e critico letterario (1943) ha esordito nel 1983 con il romanzo *Lo stadio di Wimbledon*, cui fecero seguito altre opere come *Atlante occidentale* (1985) e *Staccando l'ombra da terra* (1994) sino al libro autoritratto *In questa luce* (2013).

Dickens Charles
Nacque a Landport, nel Regno Unito, nel 1812 e la sua giovinezza fu segnata dalle precarie condizioni economiche della famiglia. Nel 1824 il padre venne imprigionato per debiti e il piccolo Dickens dovette trovare lavoro in fabbrica, acquisendo così una conoscenza diretta delle miserabili condizioni di vita delle classi lavoratrici nell'Inghilterra vittoriana. Questo tema, insieme a quello della trasformazione urbana conseguente alla rivoluzione industriale, sarà al centro di molte delle sue opere.
Dopo avere svolto svariati altri lavori divenne cronista parlamentare e collaboratore di giornali umoristici; in quest'ambito incominciò la sua attività letteraria con i *Bozzetti di Boz* (1836) e poi con *Il Circolo Pickwick* (1836-1837), che riscosse uno straordinario successo. La popolarità di Dickens aumentò con i romanzi successivi, quasi tutti pubblicati a dispense mensili: *Oliver Twist* (1837-1838), *Nicholas Nickleby* (1838-1839), *La bottega dell'antiquario* (1840), *Barnaby Rudge* (1841), unico romanzo storico di Dickens accanto al *Racconto di due città* (1859). Un soggiorno negli Stati Uniti gli ispirò il diario di viaggio *L'America* (1842) e il romanzo *Martin Chuzzlewit* (1843-1844), mentre da un viaggio in Italia nel 1844-1845 nacquero le *Impressioni d'Italia* (1846). Intanto, nel 1843, era uscito *Canto di Natale*, il primo e piú celebre di una serie di racconti natalizi. Tornò brevemente al giornalismo dirigendo il "Daily News" (1846), quindi fondò i settimanali "Household Words" (1850-1859) e "All the Year Round" (1859-1888), sui quali pubblicò quasi tutti i suoi ultimi romanzi, accogliendo anche importanti contributi di noti scrittori come Wilkie Collins, con il quale scrisse il diver-

tente *Il pigro viaggio di due apprendisti oziosi* (1857). Tra *Dombey e figlio* (1847-48) e *Casa desolata* (1852-1853), dal forte impegno sociale, uscì *David Copperfield* (1849-1850), romanzo a sfondo autobiografico che rimane uno dei suoi libri piú fortunati. Lo strapotere del denaro, lo sfruttamento del proletariato industriale e la crudeltà delle istituzioni sono centrali nell'ultima produzione di Dickens: *Tempi difficili* (1854), *La piccola Dorritt* (1857-1858), *Grandi speranze* (1860-1861), *Il nostro comune amico* (1864-1865). L'analisi psicologica si fa particolarmente sottile nel romanzo poliziesco, rimasto incompiuto alla morte dell'autore nel 1870: *Il mistero di Edwin Drood*.

Eco Umberto

È nato ad Alessandria nel 1932 ed è uno scrittore, filosofo e linguista di fama internazionale. Dagli anni Sessanta, si è affermato come uno dei protagonisti della vita culturale italiana, interessandosi di poetica d'avanguardia, storia dell'estetica, comunicazione di massa e fenomeni di costume. Tra le sue opere ricordiamo: *Opera aperta* (1962); *Apocalittici e integrati* (1964); *La struttura assente* (1968), *Trattato di semiotica generale* (1975); *Lector in fabula* (1979). Nel 1980 Eco esordì nella narrativa con il romanzo *Il nome della rosa*, seguito nel 1988 da *Il pendolo di Foucault* e nel 1994 da *L'isola del giorno prima*.

Fante John

Narratore statunitense di origine italiana (1911-1983), conosce la fama con il suo primo romanzo, *Aspettiamo la primavera, Bandini* (1938), dove è già tutto presente quell'ambiente italo-americano di ispirazione autobiografica che si conferma nella sua opera meglio riuscita, *In tre ad attenderlo* (1952). Svolse anche intensa attività di sceneggiatore.

Faulkner William

Nacque nel 1896 a New Albany, Mississippi, da una famiglia ricca e importante. Crebbe nell'atmosfera del "profondo Sud" degli Stati Uniti. Trascorse quasi tutta la vita a Oxford, nel Mississippi, tranne qualche breve parentesi a New Orleans come giornalista (1924) e in occasione di un viaggio in Europa (1925). Il ritorno alla terra natale segnò la nascita dei suoi primi grandi romanzi (*Zanzare*, 1927; *Sartoris*, 1929; *L'urlo e il furore*, 1929; *Mentre morivo*, 1930), che tuttavia incontrarono l'indifferenza di critica e pubblico. Dopo il successo di *Santuario* (1931) e *Luce d'agosto* (1932), fino al 1945 lavorò come sceneggiatore per le maggiori Case cinematografiche di Hollywood. In America, l'autentico riconoscimento della sua grandezza di scrittore arrivò soltanto nel 1949 dopo l'attribuzione del premio Nobel. Il mitico "profondo Sud", tradizionalmente conservatore ma scosso da drammatici rivolgimenti, è fondamentale nei suoi romanzi, molti dei quali sono ambientati nell'immaginaria contea di Yoknapatawpha, ispirata alla contea di Oxford, dominata da violenti conflitti razziali, politici e sociali, che alla fine si riassumono nell'eterno conflitto tra il bene e il male. Morì nel 1962, poco prima di ricevere per la seconda volta il premio Pulitzer.

Gandhi Mohandas Karamchand

Nacque nel 1869 a Portbandar, nell'India occidentale, da una famiglia appartenente alla casta dei *vaisya* (mercanti), la terza in ordine di importanza nel sistema indiano. Nel 1888 si recò in Inghilterra per studiare Legge: una scelta che gli costò l'espulsione dalla sua casta. Ritornato in India esercitò la professione di avvocato e nel 1893 accettò di rappresentare legalmente una ditta indiana in Sudafrica; qui, dopo aver sperimentato in prima persona il razzismo nei confronti delle minoranze, guidò la protesta della comunità indiana contro le misure discriminatorie. Fu in questa fase che Gandhi conia il termine *satyagraha* (forza della verità), che da allora definirà il suo metodo di lotta pacifica.
Nel 1915 tornò in India, dove intraprese la carriera politica promuovendo proteste non violente a difesa dei lavoratori. Dal 1921 guidò il Partito del Congresso e continuò la strada della lotta non violenta.
Nel marzo 1930 iniziò la marcia del sale per combattere il monopolio inglese dell'estrazione e della vendita del sale, una delle maggiori cause di povertà nel Paese. Gli Inglesi reagirono con l'arresto di migliaia di persone, ma l'anno successivo Gandhi riuscì a ottenere che chi risiedeva vicino al mare potesse liberamente estrarre il sale necessario ai propri bisogni o a quelli del villaggio.
Nel 1932 venne arrestato perché intendeva riprendere la campagna di disubbidienza civile di massa; dal carcere fondò un'associazione per l'aiuto degli intoccabili e iniziò un digiuno contro le leggi che tengono in vita le divisioni di casta.
Il 15 giugno 1947, pochi mesi prima che il Paese diventasse effettivamente indipendente, la penisola indiana venne divisa in due Stati, l'India (di religione indú) e il Pakistan (di religione musulmana). Questa scelta determinò un'ulteriore ondata di violenza: il 20 gennaio 1948 Gandhi sfuggì a un attentato messo in atto da un indú sfollato dai territori ceduti al Pakistan, ma dopo 10 giorni un altro indú , il giornalista Nathiram Vinayak Godse, riuscì ad avvicinarsi a lui nel corso di una preghiera pubblica e lo uccise con tre colpi di pistola.

Gatti Fabrizio

È nato a Como nel 1966. Giornalista e scrittore, si occupa soprattutto di temi legati alla criminalità collaborando con il "Corriere della Sera" e, dal 2004, con il settimanale "l'Espresso". Ha ricevuto numerosi premi per le sue inchieste di denuncia, soprattutto sui fenomeni dell'immigrazione e dello sfruttamento dei clandestini. Famose quella riguardanti il trattamento subito dai rifugiato kosovari che cercavano di varcare il confine con la Svizzera e quella sulle condizioni di vita nei centri di permanenza temporanea a Lampedusa. È anche autore di importanti saggi quali *Viki che voleva andare a scuola. La storia vera di un bambino albanese in Italia* (2003), *Bilal. Il mio viaggio da infiltrato nel mercato dei nuovi schiavi* (2007), *Gli anni della peste* (2013). Per le sue domande scomode riguardo alle connivenze fra imprenditori e camorra in Lombardia, nel 2013 è stato minacciato di morte e in seguito sequestrato e poi rilasciato.

Gide André

Scrittore francese (1869-1951), fu tra i fondatori della "Nouvelle Revue Française" (1908), prestigiosa rivista letteraria e luogo privilegiato di raccolta degli intellettuali parigini. Le sue prime opere si muovevano nell'ambito della poetica simbolista; con *I nutrimenti terrestri* (1987) compose un inno alla vita permeato di sensualità, mentre un precario, ricercato equilibrio fra egotismo e cura dell'altro informa il romanzo *L'immoralista* (1902) e *La porta stretta* (1909). Ironicamente anticattolico è *I sotterranei del Vaticano* (1914) e denuncia contro il colonialismo sono il *Viaggio al Congo* (1927) e *Ritorno dal Ciad* (1928). Nel 1930 esce il suo *Diario*, testimonianza della vita e del pensiero di una figura centrale della cultura e della letteratura europea novecentesca. Fu anche autore di opere teatrali e fu insignito del Premio Nobel nel 1947.

Glauser Friedrich

Nacque a Vienna nel 1896. Le sue opere di carattere poliziesco si ambientano nella provincia svizzera di inizio Novecento: *Il sergente Studen* (1936), *Il grafico della febbre* e *Il Cinese* (1939, postumi). Fu anche autore anche di romanzi autobiografici. Morì nel 1938.

Goldberg Natalie

Nata nel 1948, è una scrittrice americana, conosciuta soprattutto per i suoi libri di scrittura creativa.

Greene Graham

Scrittore britannico (1904-1991), convertitosi al cattolicesimo, svolse attività di cronista e di editore. I suoi numerosi romanzi sono improntati a un realismo spesso risolto in storie di guerra, di spionaggio, di intrighi polizieschi, ma narrati con sottile, ironico e misurato distacco e al contempo ponendo al centro della propria partecipata riflessione i temi della solitudine umana e della persecuzione. Alcune delle sue opere piú celebri hanno conosciuto duraturo successo, come *Il potere e la gloria* (1940), *Il terzo uomo* (1950), *Il nostro agente all'Avana* (1958), *Il fattore umano* (1978).

Gysin Brion

Poeta e scrittore britannico (1916-1986), è stato un rappresentante di spicco della Beat Generation, elaborando numerosi testi sperimentali che mescolano l'aspetto calligrafico con quello visuale e sonoro.

Hack Margherita

Nacque a Firenze nel 1922. Dopo la laurea in Fisica insegnò all'Istituto di Ottica dell'Università di Firenze e all'Istituto di Fisica dell'Università di Milano, collaborando anche con molti atenei esteri in qualità di ricercatrice. Dal 1964 al 1987 diresse l'Osservatorio Astronomico di Trieste facendone un centro di fama internazionale; successivamente guidò il Centro Interuniversitario Regionale per l'Astrofisica e la Cosmologia (CIRAC) di Trieste partecipando attivamente a incontri e conferenze allo scopo di diffondere la conoscenza dell'astronomia e promuovere lo sviluppo della mentalità scientifica.

Fondatrice della rivista *L'Astronomia*, ha collaborato con diversi giornali e periodici specializzati ed è autrice di numerose pubblicazioni. Per la sua attività di ricerca ha ricevuto prestigiosi riconoscimenti, tra cui i premi *Accademia dei Lincei* (1980) e *Cultura della Presidenza del Consiglio* (1987). È morta a Trieste nel 2013.

Hemingway Ernest

Nacque a Oak Park, nei pressi di Chicago, nel 1899. Seguendo il padre che svolgeva la professione di medico nelle riserve indiane, molto presto il giovane Ernst venne a diretto contatto con la natura, ed ebbe le prime violente impressioni del dolore e della morte. Rinunciò all'università per diventare giornalista di cronaca a Kansas City, e l'imperativo della concisione giornalistica fu fondamentale per l'elaborazione della sua tipica "esattezza" descrittiva. Nel 1918 si arruolò volontario come autista di ambulanze sul fronte italiano, dove fu gravemente ferito. Come per esorcizzare il fantasma della morte, anche a causa della tragica fine del padre (morto suicida), cercò da allora quasi ossessivamente il confronto con il pericolo e la violenza, due temi ricorrenti nella sua opera.

Negli anni Venti, facendo base a Parigi, viaggiò in Europa come corrispondente di vari giornali, maturando quella sua tipica tecnica narrativa capace di rendere la "cosa reale", cioè, come egli stesso scrisse, «*la sequenza costituita dall'emozione e dall'evento che l'ha prodotta*». La pubblicazione di *Fiesta* (*Il sole sorge ancora*, 1926) lo consacrò scrittore di successo. In *Addio alle armi* (1929) rievoca la guerra sul fronte italiano e la ritirata di Caporetto, intrecciati a un idillio amoroso, mentre nel saggio sulla corrida *Morte nel pomeriggio* (1932) e in *Verdi colline d'Africa* (1935), sulla caccia grossa, Hemingway entra come personaggio nelle proprie pagine, accreditando la leggenda dello scrittore come eroe coraggioso, dotato di destrezza fisica e distacco emotivo. Dopo il romanzo breve *Avere e non avere* (1937), nel 1938 apparvero *I quarantanove racconti* – comprendenti, fra l'altro, quel piccolo capolavoro che è *Le nevi del Kilimanjaro* –, considerati uno dei capisaldi della moderna narrativa americana. Presente alla guerra civile spagnola come inviato speciale, ne cantò l'epopea in *Per chi suona la campana* (1940). Al romanzo *Di là dal fiume e tra gli alberi* (1950) seguì *Il vecchio e il mare* (1952), che nel 1953 gli valse premio Pulitzer. L'anno successivo, allo scrittore fu assegnato il premio Nobel per la letteratura.

Dopo una vita cosmopolita e brillante, stanco e malato, morì suicida a Ketchum, Idaho, nel 1961. Apparvero postumi *Festa mobile* (1964), *Isole nella corrente* (1970), *Il giardino dell'Eden* (1986) e *Vero all'alba* (1999).

Highsmith Patricia

Scrittrice statunitense (1921-1995), vissuta a lungo in Europa, è una delle maggiori autrici di romanzi noir, nei quali spesso l'apparente normalità si apre su scenari di tormento e di incubo. Esordì nel 1950 con *Sconosciuti in treno* cui fecero seguito un numero considerevole di opere, fra le quali *Quella dolce follia* (1960), *Il sepolto vivo* (1970), *Gente che bussa alla porta* (1983).

Kafka Franz

Nacque il 3 luglio 1883 a Praga da un'agiata famiglia di commercianti di origine ebraica. Dopo l'esame di maturità, si iscrisse all'università tedesca di Praga, prima alla facoltà di Chimica, poi a quella di Germanistica, infine a Legge. Nel 1906 si laureò ed entrò in servizio nell'agenzia praghese delle Assicurazioni Generali di Trieste. L'anno successivo fu assunto nell'Istituto di assicurazioni contro gli infortuni dei lavoratori del Regno di Boemia, dove resterà fino al 1922.

A Praga partecipò sia alle riunioni dei circoli social-rivoluzionari, come il "Club mladych" (Circolo dei giovani), sia alle serate con i migliori intellettuali della città (tra questi spiccava

il giovane Albert Einstein), con i quali si discutevano la teoria della relatività, i fondamenti della psicoanalisi e, in generale, i problemi dell'epoca.
Il 1912 fu un anno importante nella biografia di Kafka, con la pubblicazione di *Il fochista*, *La metamorfosi* e *La condanna*. Nello stesso anno avvenne il primo incontro con Felice Bauer, con cui si fidanzerà due anni dopo, sciogliendo quasi subito il fidanzamento.
I temi dominanti della produzione letteraria kafkiana sono il conflitto con la figura paterna – che rende impraticabile la strada del matrimonio e della felicità domestica – l'accusa nei confronti della famiglia oppressiva e la dipendenza dell'individuo da un sistema spersonalizzante.
Nel 1914 Kafka incominciò a lavorare a *Il processo* e scrisse il racconto *Nella colonia penale*; l'anno successivo riallacciò la relazione con Felice Bauer, con la quale si fidanzerà nuovamente due anni dopo. Il vero anno cruciale per lo scrittore fu però il 1917: il 4 settembre il medico gli diagnosticò la tubercolosi polmonare, che costrinse Kafka ad alternare i suoi soggiorni praghesi con quelli in campagna, a Zurau, in compagnia della sorella Ottla. Alla fine di dicembre il fidanzamento con Felice venne sciolto definitivamente. La malattia progrediva, ma lo scrittore intensificò la sua attività letteraria: nel 1919 scrisse la *Lettera al padre* e pubblicò la raccolta di racconti *Un medico di campagna*; si fidanzò con Julie Wohryzek, ma l'anno successivo sciolse il fidanzamento, anche perché la recrudescenza della malattia lo costrinse a un ricovero nel sanatorio di Matliary, sui Monti Tatra.
Gli ultimi due anni di vita furono segnati da una sorta di rinnovata spinta esistenziale e creativa: nel 1922 scrisse il romanzo *Il castello* e alcuni racconti che confluiranno poi nella raccolta *Un digiunatore*; nel 1923, durante il soggiorno nella stazione balneare di Muritz, conobbe Dora Dymant, con la quale decise di andare a vivere, trasferendosi a Berlino.
Il 1924 fu caratterizzato da continui spostamenti in diverse case di cura e infine fu accolto nel sanatorio di Kierling, vicino a Vienna, dove morì il 3 giugno. Buona parte delle sue opere verrà distrutta, per sua volontà, dalla stessa Dora, mentre un'altra parte sarà requisita, successivamente, dai nazisti, e perduta per sempre.

Kennedy Paul

È nato a Wallsend, nel Regno Unito, nel 1945. Dopo essersi laureato alla Newcastle University ha iniziato la sua carriera di scrittore come giornalista sportivo per il "Sporting Chronicle". Appassionato di studi storici, ottenne una borsa di studio per un dottorato in Storia a Oxford, terminato il quale gli venne affidato un incarico di docenza alla University of East Anglia e in seguito a Yale, negli Stati Uniti. È noto per i suoi contributi nel campo dell'economia e della storia; tra le sue opere piú famose: *Ascesa e declino della potenza navale britannica* (1976), *L'antagonismo anglo-tedesco, 1860-1914* (1980), *Verso il XXI secolo* (1993), *Il parlamento dell'uomo. Le Nazioni Unite e la ricerca di un governo mondiale* (2006).

King Martin Luther jr.

Nacque il 15 gennaio 1929 ad Atlanta (Georgia), dove frequentò il Morehouse College. Nel 1948 studiò teologia nel Seminario di Chester (Pennsylvania) e nel 1951, grazie a una borsa di studio, si iscrisse all'università di Boston, dove conobbe Coretta Scott, che sposò nel 1953.
Nel 1954 si trasferì a Montgomery, in Alabama, con l'incarico di pastore della Chiesa battista; successivamente entrò a far parte dell'Associazione Nazionale per il Progresso dei Neri (NAACP) e diventò vicepresidente del Consiglio dell'Alabama per i Rapporti Umani.
Nel 1955 organizzò la lunga protesta non violenta contro la segregazione sui mezzi di trasporto pubblico; nello stesso anno fu nominato Presidente dell'Associazione per il miglioramento di Montgomery (MIA) e nel 1957 venne eletto capo del Congresso dei leader cristiani degli Stati del Sud (SCLC), che combatteva per i diritti delle minoranze.
Tornato a vivere ad Atlanta, tra il 1960 e il 1964 organizzò marce e sit-in per sensibilizzare l'opinione pubblica sul problema della disuguaglianza e promuovere i diritti civili degli afro-americani contro la politica segregazionista.
Nell'agosto 1963 guidò la marcia per il lavoro e la libertà verso Washington, che coinvolse 250.000 persone, tra cui 50.000 afroamericani, e in quell'occasione pronunciò il celebre discorso *I have got a dream*.
Nel 1964 ricevette il premio Nobel per la Pace e nei mesi successivi intraprese numerose marce pacifiche al fine di ottenere il diritto di voto per i neri. Il 6 agosto 1965 il presidente Johnson firma la *Voting Rights Act*, che permetteva a tutti i cittadini neri di partecipare alle elezioni.
Nel 1967 King organizzò la Campagna dei poveri, con l'obiettivo di ottenere aiuti economici non solo per gli afroamericani ma per tutte le fasce sociali deboli degli Stati Uniti.
Il 4 aprile 1968 a Memphis (Tennessee) venne colpito alla testa da un proiettile sparato da un fucile di precisione mentre si trovava sul balcone della sua camera d'albergo: qualche mese dopo per l'omicidio fu arrestato e processato James Earl Ray.

King Stephen

È nato nel 1947 a Portland, nel Maine. Sin dall'infanzia ha provato una grande attrazione per il genere horror e si è dedicato avidamente alla lettura di libri di autori come Poe, Lovecraft e Matheson. Precocemente votato alla scrittura, a 19 anni ha pubblicato il suo primo racconto, fra il giallo e l'horror, *The Glass Floor*, sulla rivista pulp "Startling Mistery Stories". Dopo la laurea e un breve periodo di insegnamento, lo straordinario successo del suo primo romanzo horror, *Carrie* (1974), gli ha consentito di dedicarsi interamente alla letteratura; i successivi *Le notti di Salem* (1975), *Shining* (1977), *L'ombra dello scorpione* (1978), *La zona morta* (1979) l'hanno consacrato come uno degli scrittori piú letti al mondo.
Negli anni Ottanta King diviene un vero e proprio autore *cult* per milioni di lettori, quasi una "pop star" della letteratura, ma deve anche affrontare una grave crisi personale dovuta all'abuso di alcol e alla tossicodipendenza. Escono intanto, fra gli altri, alcuni dei suoi capolavori, come *Cujo* (1981), *Christine. La macchina infernale* (1983), *It* (1986), *Misery* (1987), *La metà oscura* (1989). Proprio all'inizio degli anni Ottanta, con *L'ultimo cavaliere* (1982) intraprende anche una serie di romanzi fantasy noti con il titolo complessivo di *La torre nera*, che si svilupperà sino ad anni recenti (*La leggenda del vento*, 2012). Allo stesso periodo risale ancora il suo fondamentale contributo critico sul genere horror in letteratura, cinema e televisione, *Danse macabre* (1981). Altrettanto prolifica la produzione degli anni Novanta (una

decina di titoli, fra cui *Dolores Claiborne*, 1991; *Il miglio verde*, 1996; *Mucchio d'ossa*, 1998), ma nel 1999 rimane vittima di un grave incidente stradale, in seguito al quale lo scrittore rallenta alquanto il suo ritmo produttivo. Benché il suo nome sia inscindibilmente legato al genere horror – il suo ultimo romanzo, uscito nel settembre 2013, è *Doctor Sleep*, un sequel di *Shining* – specie in anni recenti King ha affrontato anche il thriller (*Colorado Kid*, 2005; *Joyland*, 2013) e la fantascienza (*The Dome*, 2009; *22/11/'63*, 2011). Bisogna infine ricordare che un contributo determinante al successo planetario di King lo hanno dato le numerosissime trasposizioni cinematografiche e televisive dei suoi racconti e romanzi, spesso affidate a registi di prima grandezza come Stanley Kubrick, John Carpenter, Brian De Palma, David Cronenberg.

Levi Montalcini Rita

Nacque a Torino nel 1909 da una famiglia di origini ebree. Entrambi i genitori erano persone molto colte (il padre era ingegnere e matematico, la madre pittrice) e trasmisero ai figli la passione per la conoscenza e la ricerca. Dopo gli studi superiori, Rita iniziò gli studi di Medicina e dopo la laurea si specializzò in neurologia e psichiatria e incominciò il suo percorso di ricerca nel campo della neurologia. Nel 1938, a causa delle leggi razziali introdotte in Italia dal regime fascista, emigrò in Belgio, dove proseguì i suoi studi. Tornata a Torino dopo la fine della guerra, nel 1947 fu invitata negli Stati Uniti a ricoprire la cattedra di Neurologia alla Washington University di St. Luis. Ritiratasi dall'insegnamento nel 1977, continuò le sue ricerche sia negli Stati Uniti sia in Italia. Nel 1986 ricevette il premio Nobel per la Medicina e nel 2001 fu nominata senatrice a vita. Proseguì sempre i suoi studi, fino alla morte, avvenuta nel 2012. Oltre alle numerosissime opere di carattere scientifico fu autrice anche di saggi di divulgazione, tra cui *Elogio dell'imperfezione* (1987), *L'asso nella manica a brandelli* (1998), *La galassia mente* (1999), *Abbi il coraggio di conoscere* (2004).

Mancuso Vito

Nato nel 1962 a Carate Brianza, è teologo e docente di Storia delle dottrine Teologiche presso l'Università degli Studi di Padova. I suoi scritti hanno suscitato notevole attenzione da parte del pubblico, in particolare *L'anima e il suo destino* (Raffaello Cortina) e *Io e Dio Una guida dei perplessi*, (Garzanti) due bestseller da oltre centomila copie con traduzioni in altre lingue e una poderosa rassegna stampa, radiofonica e televisiva. Il suo pensiero è oggetto di discussioni e polemiche per le posizioni non sempre allineate con le gerarchie ecclesiastiche, sia in campo etico sia in campo strettamente dogmatico. Dal 2009 è editorialista del quotidiano "*la Repubblica*". Il suo ultimo libro è "*Il principio passione. La forza che ci spinge ad amare*" (Garzanti).

Mandela Nelson Rolihlahla

Nacque il 18 luglio 1918 a Mvezo, nella zona sudorientale del Sudafrica. Ammesso all'università, diviene leader delle organizzazioni studentesche insieme a Oliver Tambo, con il quale successivamente condividerà numerose battaglie.

Nel 1940 fu costretto a lasciare gli studi per ragioni politiche e a trasferirsi a Johannesburg, dove entrò in uno studio legale come praticante.

Dopo l'affermazione elettorale del National Party, del 1948, il suo impegno politico aumentò e da quel momento promosse campagne di disobbedienza civile e partecipò al Congress of the People di Soweto (1955), cui aderivano gli esponenti dei movimenti democratici sudafricani. Negli stessi anni, insieme a Oliver Tambo, aprì uno studio legale per la tutela giuridica dei neri, totalmente indifesi di fronte alla giustizia.

Dopo essere stato arrestato, processato e assolto, nel 1961 Mandela passò in clandestinità e divenne il capo dell'organizzazione militare dell'African National Congress (ANC), guidando la campagna di sabotaggio contro obiettivi militari e civili.

Il 5 agosto 1962 fu nuovamente arrestato con l'accusa di terrorismo e condannato a cinque anni di prigione. Pochi mesi dopo tutto il gruppo dirigente dell'ANC venne arrestato con l'accusa di sovversione e terrorismo in una fattoria nei pressi di Johannesburg; anche Mandela, che si trovava già in prigione, viene coinvolto nel processo, al termine del quale fu condannato all'ergastolo e trasferito nel penitenziario di Robben Island. Qui trascorse diciotto anni di regime carcerario duro, durante i quali mantiene la leadership sul movimento, divenendo un simbolo della lotta all'*apartheid* in tutto il mondo.

Nel marzo del 1982 venne trasferito nella prigione di Pollsmoor, dove rifiutò la libertà che il governo gli offre in cambio della rinuncia alla lotta.

Mentre nel mondo cresceva la campagna "Free Nelson Mandela", nel 1989 venne eletto presidente del Sudafrica Fredrik de Klerk, che nel febbraio del 1990 liberò Mandela e pose fine al bando dell' ANC. Accomunati da un incessante impegno per la pacificazione nazionale, nel 1993 Mandela e de Klerk ricevettero insieme il premio Nobel per la Pace.

Nel 194 Nelson Mandela divenne il primo presidente nero del Sudafrica. Morì a Johannesburg il 5 dicembre del 2013.

Maraini Dacia

Scrittrice italiana (1936) si rivela con il romanzo *L'età del malessere* (1963), cui seguirono numerose altre prove, romanzi e racconti, nei quali si fa interprete acuta della realtà politico-sociale contemporanea, particolarmente attenta alla condizione femminile: *Donna in guerra* (1975), *La lunga vita di Marianna Ucria* (1990), *Bagheria* (1993). È anche autrice di testi poetici e teatrali.

Menchú Rigoberta

È nata nel 1959 da un famiglia di indios Quiche – uno dei tanti gruppi indigeni che discendono dall'antica civiltà maya – e sin da bambina lavorò come bracciante negli altopiani settentrionali del Paese e nelle piantagioni di caffè situate sulla costa del Pacifico.

Quando i guerriglieri si insediarono nel territorio in cui viveva la sua famiglia, il padre Vicente venne arrestato con l'accusa di aver partecipato all'omicidio di un proprietario terriero. Dopo il rilascio, l'uomo entrò a far parte del Comitato di Unità Contadina (CUC) a cui nel 1979 si unì anche Rigoberta; nello stesso anno uno dei suoi fratelli fu arrestato, torturato e ucciso dai militari.

Nel gennaio dell'anno successivo un gruppo di indios tentò di denunciare la repressione in atto nel Quiché occupando pacificamente l'ambasciata spagnola, ma la polizia diede fuoco

all'edificio provocando la morte di molti manifestanti, tra cui Vicente Menchú ; a distanza di pochi mesi anche la madre di Rigoberta venne rapita, torturata e uccisa dai militari.
In questo periodo l'impegno della Menchú crebbe: partecipò a scioperi e dimostrazioni organizzate dal CUC per migliorare le condizioni di lavoro delle braccianti e insegnò agli indigeni le strategie per resistere all'oppressione dei militari.
Nel 1981 entrò in clandestinità e poco dopo fuggì in Messico, da dove continuò a portare avanti la sua lotta per i diritti degli indios e, dall'anno seguente, partecipò alle sessioni annuali della Sottocommissione di Prevenzione delle Discriminazioni e Protezione delle Minoranze all'interno della Commissione per i Diritti umani dell'ONU.
Nel 1982 ha raccontato la sua storia all'antropologa Elisabeth Burgos, che ne ha ricavato un libro intitolato *Mi chiamo Rigoberta Menchú* (1983), tradotto in dodici lingue e accolto da una notevole attenzione internazionale.
Per la sua incessante attività in difesa degli indios – non solo guatemaltechi – Rigoberta Menchú nel 1992 ha ricevuto il premio Nobel per la Pace.

Mereghetti Paolo
È nato a Milano nel 1949 ed è un noto critico cinematografico. Dopo essersi laureato in Filosofia con una tesi su Orson Welles ha iniziato a collaborare con quotidiani e riviste. Tuttora collabora con il "Corriere della Sera" e con programmi televisivi e radiofonici in onda su Rai 3 e Radiotre. Nel 2001 ha vinto il premio Flaiano per la critica cinematografica. Dal 1993 cura l'edizione annuale del *Dizionario dei film* per l'editore Baldini & Castoldi, pubblicazione di straordinario successo che l'hanno imposto anche al grande pubblico come personalità di spicco della cultura italiana, tanto che dal 1999 la pubblicazione si intitola *Il Mereghetti. Dizionario dei film*.

Molinari Maurizio
Giornalista e scrittore, è corrispondente da New York per il quotidiano "La Stampa".

Monterroso Augusto
Scrittore del Guatemala in lingua spagnola (1921-2003), è autore che ha privilegiato il genere del racconto breve, spesso di carattere fantastico e segnato da una vena di acuta paradossalità. Fra le sue opere, *La pecora nera e altre favole* (1969), *Il resto è silenzio* (1978), *La parola magica* (1983).

Moravia Alberto (pseudonimo letterario di Alberto Pincherle, Moravia è il cognome della nonna paterna)
Nacque a Roma nel 1907. Non compì studi regolari perché ad appena nove anni fu colpito da una forma di tubercolosi ossea che lo costrinse a passare ben sei anni a letto e auna lunga degenza presso il sanatorio di Cortina d'Ampezzo. Raggiunta a fatica la licenza ginnasiale (suo unito titolo di studio), si dedicò appassionatamente e alla lettura, iniziando nel 1925 la stesura del romanzo *Gli indifferenti*. Entrò in contatto con Corrado Alvaro e Massimo Bontempelli e iniziò a collaborare con la rivista "Novecento", sulla quale pubblicò i suoi primi racconti.
Nel 1929 pubblicò a proprie spese *Gli indifferenti*, che ottenne il consenso della critica. Ad esso seguirono altri romanzi di successo, come *La romana* (1947), *Il conformista* (1951), *La ciociara* (1957) e *La noia* (1960), con il quale si aggiudicò il premio Viareggio. Tra le sue raccolte di racconti ricordiamo i volumi *Racconti romani* (1954) e *Nuovi racconti romani* (1959). Appassionato viaggiatore, Moravia ha pubblicato anche numerosi reportage delle sue esperienze da vari luoghi del mondo. Morì a Roma nel 1990.

Munari Bruno
Artista italiano (1907-1998), figura di spicco dell'arte italiana contemporanea, che si mosse con creatività e forza fantastica nella pittura, nella scultura, nel design e fu anche autore di successo di libri per l'infanzia.

Nizan Paul-Yves
Nacque nel 1905 a Tours, in Francia e studiò a Parigi, dove nel 1917 incontrò per la prima volta il filosofo Jean-Paul Sartre. Durante gli studi universitari stringe amicizia con il famoso sociologo e giornalista Raymond Aron. Nel 1926 intraprese un viaggio nello Yemen, ad Aden, che gli offrirà l'ispirazione per il suo romanzo più famoso, *Aden Arabia* (1931). Divenuto membro del Partito comunista francese, con la moglie Henriette Halphen, fra il 1934 e il 1935 soggiornò in Unione Sovietica, dove partecipò al Primo Congresso degli scrittori sovietici. Nel 1939 si oppose al trattato Molotov-Rippentrop che sanciva di fatto un'alleanza fra l'Unione Sovietica e la Germania nazista. Per questo motivo si trovò a dovere lasciare il Partico comunista francese. Richiamato alle armi allo scoppio della Seconda guerra mondiale, morì in battaglia durante l'offensiva tedesca contro Dunkerque il 23 maggio 1940. Altri romanzi famosi di Nizan sono *Il cavallo di Troia* (1935), *La cospirazione* (1938) e *Cronaca di settembre* (1939).

Ocampo Silvina
Poetessa e narratrice argentina (1903-1994), moglie di Bioy Casares; esordisce nel 1942 con i versi di *Enumerazione della patria* cui seguirono *Piccola antologia* (1954) e, insieme ad altri volumi poetici, racconti e romanzi di carattere fantastico.

O'Connor Flannery
Narratrice e saggista statunitense (1925-1964), nei suoi romanzi (*Buon sangue*, 1952; *Il cielo dei violenti*, 1960) e nei suoi racconti (raccolti ne *La vita che salvi può essere la tua*, 1960) ambientati nel Sud degli Sati Uniti, a un realismo di fondo si unisce una visione violenta e grottesca dei personaggi e delle situazioni che determinano una lacerante tensione morale. È riconosciuta ormai come una delle voci centrali del romanzo americano del XX secolo.

Perec Georges
Scrittore francese (1936-1982), fu romanziere, saggista, drammaturgo, poeta ed esperto di enigmistica. La sua opera è tutta segnata da un forte sperimentalismo, attento a sondare, in modo oggettivo e classificatorio, le potenzialità tecniche del linguaggio, letterario e non, con intenzioni e risultati spesso parodistici e paradossali: *Le cose* (1965), *La sparizione* (1969), *Mi ricordo* (1978), sino al fondamentale *La vita: istruzioni per l'uso* (1978).

Poglio Gianni
Giornalista, collabora con il settimanale "Panorama".

Rampini Federico
Giornalista e scrittore corrispondente da New York per il quotidiano "la Repubblica", è autore di molti libri dedicati all'attualità.

Rodari Gianni
Scrittore italiano (1920-1980), è uno degli autori più noti e diffusi di opere per l'infanzia, sia in versi sia in prosa, che ha innovato profondamente il genere favolistico; nelle sue pagine la fantasia si unisce a una lettura e caratterizzazione della realtà svolta con leggera ironia, comicità e gusto del surreale. Tra le sue opere: *Le avventure di Cipollino* (1951), *Favole al telefono*(1961), *Il libro degli errori* (1964), *C'era due volte il barone Lamberto* (1978); in *Grammatica della fantasia* (1973) ha esposto i principi della propria poetica.

Rumiz Paolo
È nato a Trieste nel 1947 e svolge principalmente attività di giornalista. Dal 1986 segue gli eventi dell'area balcanica e danubiana. Negli anni che hanno visto la dissoluzione della Jugoslavia ha seguito come inviato i conflitti in Croazia e in Bosnia ed Erzegovina. Nel 2001 è stato inviato a Islamabad e a Kabul per documentare la guerra in Afghanistan. Vincitore di numerosi premi nazionali e internazionali è anche autore di numerosi saggi, tra i quali *Danubio. Storie di una nuova Europa* (1990), *Maschere per un massacro. Quello che non abbiamo voluto sapere della guerra in Jugoslavia* (1996), *L'Italia in seconda classe* (2009), *Il bene ostinato* (2011). Nel 2012 ha pubblicato il suo primo libro per ragazzi, intitolato *A piedi*, nel quale narra il suo viaggio a piedi attraverso l'Istria, da Trieste a Capo Promontore.

Russel Edson
Scrittore e poeta statunitense (1935), è autore di numerose raccolte di poemi in prosa e di romanzi e novelle fra i quali *Il canto di Percival Peacock* (1992).

Schneider Robert
Scrittore e drammaturgo austriaco (1961), si è imposto con il romanzo *Le voce del mondo*(1992), che ottenne un clamoroso successo internazionale.

Scott King Coretta
Nacque in una fattoria di Marion, in Alabama nel 1927, da una famiglia di piccoli proprietari terrieri che non resse il difficile periodo della Grande Depressione e così Coretta e i suoi fratelli si trovarono costretti a lavorare nelle piantagioni di cotone. Poté però diplomarsi e proseguire la carriera scolastica grazie a una borsa di studio che le permise di frequentare il New England Conservatory of Music di Boston, dove incontrò Martin Luther King. I due si sposarono nel 1953 e da allora Coretta seguì il marito, condividendone le battaglie per i diritti civili. Dopo l'assassinio di Martin Luther King, divenne custode delle sue memorie insieme ai quattro figli (tutti coinvolti nel percorso di promozione dei diritti civili condiviso dai genitori) e ricevette numerosi riconoscimenti per il suo impegno. Morì a Playas de Rosarito, nello Stato messicano di Baja California nel 2006.

Simenon George
Nacque a Liegi, in Belgio, nel 1903. Già a 16 anni iniziò a collaborare con alcuni giornali e a 18 pubblicò il primo romanzo. Trasferitosi a Parigi, continuò l'attività giornalistica e scrisse circa 200 romanzi galanti e d'avventura pubblicati con decine di pseudonimi diversi. Soprattutto per questi suoi trascorsi, Simenon è stato a lungo considerato uno scrittore "popolare", benché sin dagli anni Trenta André Gide lo avesse segnalato come uno dei più grandi romanzieri del XX secolo. *Pietr il lettone*, scritto nel 1929 e pubblicato due anni dopo, è il primo romanzo che ha come protagonista il suo personaggio più famoso, il commissario Maigret, che lo accompagnerà per oltre quarant'anni in settantasei romanzi e ventisei racconti. Simenon affiancò intanto alla serie di Maigret quella dei romanzi "psicologici", tra i quali *Il fidanzamento del signor Hire* (1933), *Il testamento Donadieu* (1937), *Il borgomastro di Furnes* (1939). Altro filone è quello che Simenon stesso definì dei «*romanzi duri*» o «*romanzi-romanzi*»: oltre cento titoli fra cui *La locanda d'Alsazia* (1931), *L'uomo che guardava passare i treni* (1938), *I fantasmi del cappellaio* (1949), nei quali ambì a creare, come recita uno dei suoi titoli, un autentico *Romanzo dell'uomo* (1980), analizzando i comportamenti umani con lucida e partecipe solidarietà, senza giudizi né condanne. Verso gli anni Quaranta affrontò la scrittura autobiografica: *I tre crimini dei miei amici* (1938), *Mi ricordo* (1945), *Pedigree* (1948), considerato uno dei suoi capolavori. Falsamente accusato di collaborazionismo durante la Seconda guerra mondiale, dal 1945, per circa un decennio, si trasferì negli Stati Uniti e in Canada in una sorta di esilio volontario: tra i romanzi di questo periodo *Tre camere a Manhattan* (1946), *Lettera al mio giudice* (1947), *La neve era sporca* (1948), *L'orologiaio di Everton* (1954). Nel 1955, tornato in Europa, si stabilì definitivamente a Losanna. Nel 1972 chiuse la serie di Maigret con *Maigret e il signor Charles* e decise di rompere con l'ormai insopportabile "mestiere" di scrittore: detterà al registratore le sue ultime opere, che poi saranno riversate in dattiloscritto dalle segretarie. Questa "astensione" dalla scrittura, che produsse comunque una ventina di volumi, venne interrotta dopo il suicidio della figlia Marie-Jo, quando Simenon tornò a scrivere di suo pugno il romanzo autobiografico *Memorie intime seguite dal libro di Marie-Jo* (1981). Morì nel 1989.

Suskind Patrick
Scrittore e drammaturgo tedesco (1949), ha conosciuto fama internazionale con il romanzo *Il profumo* (1985); molto rappresentato è il suo più celebre monologo, Il contrabbasso (1981). Svolge anche intensa attività di sceneggiatore cinematografico.

Tizian Giovanni
Laureato in criminologia, scrive per il quotidiano "la Repubblica" e il settimanale "l'Espresso" dove si occupa principalmente di cronaca giudiziaria.

Tolstòj Lev Nikolaevič
Nacque in Russia nel 1828. Studiò legge a San Pietroburgo, ma non concluse gli studi, e da giovane combatté nella guerra russo-turca, che gli ispirò i primi racconti, di genere autobiografico: *L'incursione* (1853), *Racconti di Sebastopoli* (1855), I cosacchi (1863). In seguitò delineò un grande affresco storico nel primo dei suoi capolavori, *Guerra e pace* (1868), che si pone sullo sfondo delle campagne napoleo-

niche in Russia, cui fece seguito, nel 1877, *Anna Karénina*, atto d'accusa contro una società gretta e ipocrita cui si contrappone la forza della passione. Dopo una profonda crisi morale e spirituale si dedicò a opere di carattere etico e religioso, enucleando un pensiero, con valenze e attenzioni pedagogiche, che trova al proprio centro il rifiuto della violenza, l'aiuto ai miseri e ai sofferenti; atteggiamento che ebbe esiti letterari in opere come *Resurrezione* ((1899), *La morte di Ivan Il'ič* (1886), *La sonata a Kreutzer* (1889). Morì nel 1910.

Tzara Tristan

Scrittore francese di origine moldava (1896-1963), una delle figure di spicco delle avanguardie letterarie novecentesche. Nel 1916 fu tra i fondatori del movimento dada, firmandone il manifesto, precursore del movimento surrealista nelle cui file, pur con posizioni personalissime, si muoverà dal 1924 al 1934, continuando coerentemente nell'affermazione di una poetica di ribellione radicale contro la società contemporanea, le regole e le convenzioni tanto sociali quanto estetiche e culturali. Di questa sua prolungata esperienza darà conto nello scritto *Il surrealismo e il dopoguerra* (1947).

Vassalli Sebastiano

È nato a Genova nel 1941, ha esordito nell'ambito della "neoavanguardia" del Gruppo 63 e negli anni Sessanta e Settanta ha pubblicato diverse prose sperimentali (*Narcisso*, 1968; *Tempo di màssacro*, 1970; *Il millennio che muore*, 1972; *L'arrivo della lozione*, 1976) e alcune raccolte poetiche. Punto di arrivo e insieme di svolta rispetto a quelle esperienze sono i romanzi *Abitare il vento* (1980) e *Mareblu* (1982), con l'abbandono dello sperimentalismo e il ritorno a forme piú tradizionali, pur senza rinunciare alla sua tipica, amara ironia. Seguono *La notte della cometa* (1984), ove lo scrittore ripercorre le tormentate vicende del poeta Dino Campana; *L'alcova elettrica* (1986), divertente ritratto della Firenze del primo Novecento; *L'oro del mondo* (1987), grande affresco storico sull'Italia dal dopoguerra agli anni Ottanta. In effetti, l'opera di Vassalli è spesso caratterizzata da un'accurata ambientazione storica, il cui contesto rimanda costantemente al confronto con la società attuale: dall'Antichità latina (*Un infinito numero*, 1999) al Quattrocento (*Stella avvelenata*, 2003), dalla Controriforma (*La chimera*, 1990) al Settecento (*Marco e Mattio*, 1992; *Dux*, 2002), dall'Italia di fine Ottocento (*Il cigno* (1993) a quella del Sessantotto (*Archeologia del presente*, 2001). *Sangue e suolo* (1985), in forma di reportage, riflette invece sul tema della convivenza tra culture diverse, mentre *Il neo-italiano* (1989) è un'indagine sul possibile, residuo "senso" del linguaggio in una realtà che Vassalli vede come sostanzialmente insensata. Dai primi anni Ottanta lo scrittore vive in campagna, nella pianura tra Novara e Vercelli, «*del tutto estraneo a gruppi, circoli e mode letterarie*», come egli stesso ha sottolineato. Il Piemonte – cui ha reso omaggio con il libro fotografico *Il mio Piemonte* (2003) e con *Terra d'acque* (2005) – è spesso la cornice dei suoi romanzi, dall'immaginario paese di Rocca di Sasso in *Le due chiese* (2010) alla Novara di *Cuore di pietra* (1996), romanzo della vita di una casa dagli inizi del Regno d'Italia ai giorni nostri. Citiamo ancora *Dio il Diavolo e la Mosca nel grande caldo dei prossimi mille anni* (2008), *Comprare il sole* (2012), le raccolte di racconti *La morte di Marx* (2006) e *L'italiano* (2007), mentre *Amore lontano* (2006) è una sorta di "romanzo della parola" attraverso le biografie di sette poeti. Nel 2010 è uscita l'autobiografia-intervista *Un nulla pieno di storie*.

Virgilio (Publio Virgilio Marone)

Nacque nel 70 a.C. ad Andes, nei pressi di Mantova. Visse a Roma, dove fra il 42 e il 39 a.C compose le *Bucoliche*, dieci poesie di argomento pastorale ma con riferimenti all'attualità. Entrò a far parte del circolo di Mecenate, che sosteneva la politica sociale culturale di Ottaviano Augusto, dominatore della scena politica romana; tra il 37 e il 30 a.C. compose le *Georgiche*, poema didascalico in quattro libri dedicato all'agricoltura e all'allevamento. Dal 29 a.C. sino alla morte, avvenuta nel 19 a.C., si dedicò alla composizione dell'*Eneide*: un poema epico nazionale che celebrava Roma e il principato augusteo, esaltando i valori religiosi e civili tradizionali.

Wolf Christa

Scrittrice tedesca (1929-2011), vive nella parte Est della Germania divisa dopo il secondo conflitto mondiale, e di questa situazione di separatezza, e di contrapposizione fra i due blocchi, dà conto nel suo primo romanzo, *Il cielo diviso* (1963). Fra le sue opere, sempre attente a esplorare, con raffinata cura psicologica, la realtà politico-sociale contemporanea, *Riflessioni su Christa T.* (1968), *Trame d'infanzia* (1976), *Cassandra* (1983).